互联网金融理论与实务

主　编　于立新
副主编　刘立坤　陈尹立　李　乐

中国水利水电出版社
www.waterpub.com.cn
·北京·

内容提要

本书共分三篇十二章,第一篇"基础理论",运用普惠金融、平台经济、长尾理论分析了互联网金融的优势与特点,对互联网金融发展的理论逻辑、客观现状及必然趋势作了概述。第二篇"运营实务",全面梳理了目前我国互联网金融运营的主要业态,并详细阐述了第三方支付、P2P网贷、众筹、互联网理财、互联网保险、互联网消费金融及数字货币等业态的特点、运营模式、风险分析等方面,同时对比分析了国内外互联网金融的发展。第三篇"规则环境",对互联网金融征信、安全管理、法律监管及大数据发展趋势做了详细阐述,并就各业态的风险管理和监管措施及法律法规展开实践探索。

本教材理论联系实际,注重结合我国改革开放实践并紧跟当代数字经济和我国"互联网+"发展的金融创新实践,特别安排了我国互联网金融发展的经典案例、操作实务等内容。

本教材既适合高等财经类院校的国际经济与贸易、金融工程与金融学、国际商务与营销、国际证券与投资、经济与财务管理、保险学、会计学、国际商法等专业本科生使用,也适合为各类互联网金融企业、大数据公司及金融机构从业人员及对互联网金融感兴趣的读者普及专业知识并提供相关的专业参考。

图书在版编目(CIP)数据

互联网金融理论与实务 / 于立新主编. -- 北京:中国水利水电出版社,2017.2
ISBN 978-7-5170-5037-7

Ⅰ.①互… Ⅱ.①于… Ⅲ.①互联网络－应用－金融－高等学校－教材 Ⅳ.①F830.49

中国版本图书馆CIP数据核字(2017)第002773号

策划编辑:石永峰　责任编辑:李炎　加工编辑:夏雪丽　封面设计:梁燕

书　名	互联网金融理论与实务
作　者	主　编　于立新 副主编　刘立坤　陈尹立　李乐
出版发行	中国水利水电出版社 (北京市海淀区玉渊潭南路1号D座 100038) 网址:www.waterpub.com.cn E-mail:mchannel@263.net(万水) 　　　　sales@waterpub.com.cn 电话:(010)68367658(营销中心)、82562819(万水)
经　售	全国各地新华书店和相关出版物销售网点
排　版	北京万水电子信息有限公司
印　刷	北京泽宇印刷有限公司
规　格	184mm×240mm　16开本　15.5印张　306千字
版　次	2017年2月第1版　2017年2月第1次印刷
印　数	0001—3000册
定　价	36.00元

凡购买我社图书,如有缺页、倒页、脱页的,本社营销中心负责调换

版权所有·侵权必究

前　　言

互联网金融和跨境电子商务是 21 世纪初叶，新常态下中国经济新的增长点。这两种新业态也是当今全球数字经济发展的前沿领域，其数字化贸易和服务的国际交易规则正在酝酿并将在不久的未来产生。从理论上说，互联网金融是世界贸易组织（WTO）划分的十二大类服务贸易中，计算机信息服务和金融服务两大类别跨界融合发展所产生的服务贸易新业态。它的特征是中间服务成本低，操作便捷，服务效率高，同时还具有明显的外溢作用，边际效应呈现递增规律并高于规模效应。目前主要涉及第三方支付、P2P 网贷、众筹、大数据金融和信息化金融机构等多重业态和业务创新领域。

2013 年被业界视为中国互联网金融爆发式增长的元年，金融互联网化的不断推进，促使越来越多的企业开展了线上业务，互联网金融便是借此机遇与其他行业领域融合发展。如线上供应链金融，就是供需的线上对接，使供应链协同电子商务得以完整实现"商流—资金流—物流—信息流"的所有功能在线提供、在线使用。互联网与金融的深度融合，打破了金融服务空间以及时间的局限，不仅大大简化了业务流程，更能提高用户体验，促使金融服务更加专业化，提高了金融资源的配置效率。

互联网金融在中国的快速发展也暴露出部分企业设假标、非法设立资金池、"跑路"、侵害金融消费者权益等监管不到位问题。对互联网金融如何监管也引起我国政府的高度关注。2014 年 3 月初李克强总理在《政府工作报告》中就提出，"要继续推进利率市场化改革，扩大金融机构利率自主定价权。促进互联网金融健康发展，完善金融监管协调机制"。这是互联网金融首次被写入《政府工作报告》，体现了党和国家对互联网金融发展的重视。2015 年 3 月李克强总理在《政府工作报告》中进一步提出"促进互联网金融健康发展，完善金融监管协调机制，让金融成为一池活水，更好地浇灌小微企业、'三农'等实体经济之树"。2015 年 7 月 18 日，中国人民银行等十部委联合发布《关于促进互联网金融健康发展的指导意见》，进一步推进金融改革创新和对外开放，促进行业的健康可持续发展。金融消费者既是金融市场的重要参与者，也是金融行业持续健康发展的推动者。为了解决金融消费纠纷、金融消费者权益保护意识不强、识别风险能力亟待提高等问题，2015 年 11 月 4 日国务院办公厅专门印发《关于加强金融消费者权益保护工作的指导意见》，从切实关心金融消费者的财产安全权、知情权、公平交易权，依法求偿权等八大权益出发，提出了完善互联网金融监督管理机制，促进普惠金融发展，提高渗透力，尤其是积极支持欠发达地区和低收入群体获得必要金融产品和服务。

随着互联网金融的深入发展，我国经济社会转型升级对互联网金融专业方向的人才需求也越来越迫切，但是互联网金融行业不同于其他行业，在中央高度关注互联网金融规范发展的政策背景下，要求从事相关行业的人员必须具备扎实的金融业务知识，熟练掌握金融学、统计学、国际服务贸易、网络信息技术等相关专业知识，还需要具有一定的国际经济、国际市场营销和专业法律等相关知识背景。这就要求高等财经类院校及相关职业教育培训机构在人才培养的教学环节方面，根据互联网金融的发展特点及趋势，制定有针对性的人才培养模式的方案。当前我们正处在大数据时代，各国激烈竞争的实质就是人才的竞争。因此，人才培养是第一要务。少年强，则中国强；学子智，则民族智。唯有加快教学改革步伐，迎接未来国际经济新型人才竞争的挑战，我国才能在激烈的国际竞争中立于不败之地。由此可见，教学改革要迎难而上，勇于探索；要顺应经济发展新常态、新业态的变化，使我国的人才培养能够紧跟世界数字经济时代发展的步伐。

财经类高校尤其应从以下几个环节着手进行教学改革，并开展有针对性的人才培养：第一，在专业课程体系建设方面，应该根据互联网金融发展对人才的需求进行相应的调整。在基础理论知识的课程设置上，为了提高互联网金融从业人员的数据收集分析能力，要重视数学和统计学的学习；在专业课程设置方面，要着重学习大数据技术、数据挖掘、网络安全、金融风险评估等课程。第二，要注重对相关金融法律法规的学习，以便为今后的工作提供一定的法律支持，积极寻求法律依据。尤其是对互联网金融征信内涵、征信模式及征信业务内容要有充分了解，对当前互联网金融发展中所产生的问题也要有清醒的认识，许多问题并不是互联网金融本身的问题，而是之外的规则环境缺失问题。解决这些问题必须要有专业治理的技术手段和符合规则的解决思路，即加快建设我国企业与个人由国家层面掌控的信用体系，构建诚信记录的数据库，为互联网金融健康可持续发展保驾护航。第三，要充分利用学校硬件资源，加大对基础设施的投入力度，建立互联网金融实验室，搭建相关互联网金融业务的模拟实操平台，加强与各大金融机构和互联网金融企业共同培养人才和合作办学，培养大学生创新创业的实际动手能力。第四，在互联网金融大发展的时代背景下，人才培养应该立足本国国情，并具备一定的国际视野，应该加大与国外合作办学的力度，以及国内外在互联网金融学术和办学方面的经验交流，加大对教师专业知识更新的支持力度。

互联网金融相关行业企业应该根据中国互联网金融发展的特点及趋势，在人才培训和使用方面着重从以下三方面入手：首先，应当加强金融风险的防范和管理，根据目前对中国互联网金融的发展现状分析，我国的互联网金融发展仍处在摸索阶段，各监管机构和运营机构的业务分工尚待明晰，因而要加强对从业人员风险防控意识的培养，使其具备基本的金融风险防范和预测能力；其次，要注重对从业人员在互联网金融相关技术方面的培训，数据自动化处理能力的高低、风险评估模型的好坏都直接关系到企业能否占有低成本差异化竞争的重要优势，因此应当注重在网络信息技术等专业知识学习方面的投入力度；最后，要注重在金融服务产品创新能力方面的人才培养，互联网金融的发展将会不断呈现多元化的发展趋势，新产品层出不穷，相关企业应当结合互联网金融服务市场的需求，充分挖掘客户需求信息，不断改善用户体验，在国家政策法规允许的前提下不断推陈出新，促进我国互联网金融产业的不断发展进步。

本书的策划编写、修改定稿及出版付梓历时两年，主编于立新教授以及武夷学院商学院沈慧芳常务副院长、梁丽萍教研室主任带领院系部分老师与学生，于2014—2015年先后前往上海自贸区、中国（杭州）跨境电子商务综合实验区、杭州师范大学阿里巴巴商学院和经济管理学院，以及河北金融学院、广东金融学院、浙江义乌工商职业技术学院等单位，通过调研当地互联网金融企业和教学机构的实践动向，了解我国最新的互联网金融发展现状和企业对人才培养的需求，同时听取了部分参与教改的学生的意见，从青年学子的视角来对教材进行适当的修改与调整，使得教材不仅贴近大学生的创新创业实际与学习兴趣，而且更具方向性、针对性地进行建设性的学科课程教材编写工作。本书的编写得到武夷学院李宝银、吴承祯、陈金瑞等校领导的大力支持，得到学院科研处、人事处、财务处各职能部门领导的热情帮助，商学院沈慧芳常务副院长、赵健全书记、袁宇副院长给予了真诚鼓励，在此谨向为本书编写做出睿智决策及提供鼎力支持的各级领导表示衷心感谢；也感谢陈荣冰教授对本教材出版的关心！

本书由于立新担任主编，刘立坤、陈尹立、李乐担任副主编，各章作者如下：第一章，于立新、张永起、李婷婷；第二章，李乐；第三章，丁光中、李乐；第四章，李乐、王妮；第五章，张永起；第六章，王妮；第七章，梁丽萍、李新光；第八章，李乐；第九章，刘立坤；第十章，彭华；第十一章，孙平安、卢荣辉、谢彬；第十二章，于立新、丘甜、潘瑜坤、谢晓晶；附录一、附录二，陈尹立。另外，参与本课程教改的学生有：李婷婷、潘瑜坤、谢晓晶、虞慧媛、汪俊、张日鹏、徐燕楠。

河北金融学院赵永新教授在审阅本教材后给予了肯定评价，并委托刘立坤老师参与教材统筹修改及撰写工作。广东金融学院互联网金融系主任陈尹立教授审阅本教材后也给予肯定评价，并撰写了附录一、附录二。武夷学院商学院周林逸博士对教材提出了许多宝贵的修改意见。本书作为武夷学院、河北金融学院、广东金融学院三所高校20余位老师及部分同学的集体劳动成果，在此一并向诸位表示衷心感谢！

在本书编写过程中参考了相关的教材、论文、期刊以及众多网站内容，在此表示衷心的感谢。由于编者能力有限，书中难免存在缺漏，烦请读者指出不足之处，以便修改和完善。

于立新
2016年11月

目 录

第一篇 基础理论

第一章 导论 ... 1
第一节 互联网金融的概念 ... 1
第二节 互联网金融的优势及特点 ... 4
第三节 互联网金融对传统金融的挑战 ... 8
第四节 互联网金融的发展现状 ... 12
第五节 互联网金融存在的问题和发展趋势 ... 15
第六节 互联网金融与其他金融业态的区别与联系 ... 18
本章小结 ... 22
复习思考题 ... 22

第二章 互联网金融的理论与逻辑 ... 23
第一节 金融中介理论与互联网金融 ... 23
第二节 普惠金融与互联网金融 ... 26
第三节 长尾理论与互联网金融 ... 29
第四节 平台经济理论与互联网金融 ... 32
第五节 互联网金融的经济逻辑与技术支撑 ... 34
本章小结 ... 37
复习思考题 ... 38

第二篇 运营实务

第三章 第三方支付 ... 39
第一节 第三方支付概述 ... 39
第二节 我国第三方支付发展现状 ... 42
第三节 第三方支付的风险与监管 ... 50
第四节 第三方支付典型案例 ... 54
本章小结 ... 57
复习思考题 ... 58

第四章 P2P 网络贷款 ... 59
第一节 P2P 网络贷款概述 ... 59

第二节　P2P 国内外发展概况	62
第三节　我国 P2P 主要模式	65
第四节　P2P 网贷的风险及监管	68
第五节　国内典型案例介绍	70
本章小结	72
复习思考题	73

第五章　众筹融资 … 74

第一节　众筹概述	74
第二节　国内外众筹发展现状	76
第三节　众筹在我国的发展	84
第四节　股权众筹	86
本章小结	91
复习思考题	91

第六章　金融服务互联网化 … 92

第一节　金融互联网概况	92
第二节　金融互联网运营模式	93
第三节　金融互联网发展趋势	96
第四节　国内典型案例介绍	99
本章小结	102
复习思考题	102

第七章　互联网理财 … 103

第一节　互联网理财概述	103
第二节　互联网存款类理财产品	106
第三节　互联网消费金融	112
第四节　互联网保险	116
本章小结	121
复习思考题	121

第八章　互联网货币 … 122

第一节　互联网货币概述	122
第二节　互联网货币存在的问题及风险	125
第三节　比特币概述	129
本章小结	132
复习思考题	132

第三篇　规则环境

第九章　互联网金融征信 133
第一节　征信概述 133
第二节　互联网金融征信 137
第三节　互联网金融运行下的个人信用评分 146
本章小结 152
复习思考题 153

第十章　互联网金融法律与监管 154
第一节　国外互联网金融相关法律及监管概述 154
第二节　我国互联网金融现行法律及监管概述 156
第三节　互联网金融法律与监管发展趋势 164
本章小结 167
复习思考题 168

第十一章　互联网金融安全 169
第一节　互联网金融用户及其安全状况 169
第二节　互联网金融风险 173
第三节　互联网金融安全管理 175
第四节　密码安全技术 182
本章小结 190
复习思考题 191

第十二章　大数据时代下互联网金融的发展环境及趋势 192
第一节　大数据金融对金融业发展态势的影响 192
第二节　大数据与互联网金融的融合 194
第三节　大数据金融的发展趋势 208
本章小结 213
复习思考题 214

附录一　2012—2016互联网金融大事件 215

附录二　与互联网金融相关的法律法规汇总 225

参考文献 237

第一篇 基础理论

第一章 导论

【学习目标】

通过本章的学习,熟悉并掌握互联网金融的概念以及互联网金融的九大优势和六大特点,充分了解互联网金融对于传统金融的挑战以及我国互联网金融的发展现状。

第一节 互联网金融的概念

一、互联网金融的概念

互联网金融是指依托于移动通信技术、云计算、社交网络以及搜索引擎等互联网信息技术工具,以实现资金融通、移动支付、金融支付及信息中介等功能的一种大数据时代的新事物,是互联网技术与传统金融服务业相结合的新兴领域。

2013年,是中国互联网金融行业爆发式成长的一年,2013年6月13日,阿里巴巴公司联合天弘基金推出天弘增利宝货币基金即"余额宝",将互联网金融正式推到了大众的眼前。它不仅迅速吸引了大众的眼球,也紧紧地抓住了大众的钱包。仅用了18天,用户数量已达251.56万人,累计转入资金规模66.01亿元,用于消费的金额达12.04亿元,上线18天就成为中国用户数量最大的货币基金。

据最新统计显示,2016年国内互联网金融市场整体规模超过17.8万亿元,中国互联网金融用户规模持续扩大,渗透率逐步提高,如表1.1所示。

表1.1 中国互联网金融用户规模

年份	用户规模(亿人)	渗透率(%)
2013	3.24	52.26
2014	4.12	63.38
2015	4.89	71.91
2016	5.33	74.03

资料来源:199IT互联网数据中心

中共"十八大"报告中提到了,要加快完善社会主义市场经济体制和加快转变经济发展方式。恰逢其时互联网金融的概念逐渐出现在人们的视线中,并以其独特、创新、便捷的模式迅速发展壮大。互联网金融对我们的经济生活产生了重大的影响。一是带来了更便捷的生活方式,二是撼动了传统的金融理财模式。阿里"余额宝"、百度"百赚"、微信"理财通"等金融理财产品的出现,使理财更加贴近了普通百姓的生活,并以其收益高、门槛低、操作便捷的特点迅速在金融市场占据了一席之地,大大挑战了传统的金融模式。互联网金融正利用它独特的优势,与传统商业银行展开竞争,并在银行业发展进程中发挥鲶鱼效应,改变了银行传统盈利模式,改善了我国金融服务水平。

二、互联网金融的类型

(一)第三方支付

所谓第三方支付,就是一些和产品所在国家以及国外各大银行签约,并具备一定实力和信誉保障的第三方独立机构提供的交易支持平台。2016年第二季度中国第三方支付互联网支付市场交易规模呈现季度性增长,规模达46500亿元,环比增长6.5%。互联网支付行业格局继续保持稳定。市场交易份额中,支付宝、财付通、银联商务仍然占据前三位,支付宝以市场占有率43.39%位居榜首。

专栏1-1　国内的第三方支付产品

> 目前国内的第三方支付产品主要有PayPal(易趣公司产品)、支付宝(阿里巴巴旗下)、拉卡拉、财付通(腾讯公司,腾讯拍拍)、盛付通(盛大旗下)、易票联支付、易宝支付(Yeepay)、快钱(99bill)、捷诚宝(捷诚易付)、国付宝(Gopay)、百付宝(百度C2C)、物流宝(网达网旗下)、网易宝(网易旗下)、网银在线(chinabank,京东集团)、环迅支付、汇付天下、汇聚支付(joinpay)、宝付(我的支付导航)。
>
> 资料来源:中国经济网,2012-12

(二)P2P网贷

P2P网贷指个人与个人间的小额借贷交易,一般需要借助电子商务专业网络平台帮助借贷双方确立借贷关系并完成相关交易手续。P2P网贷的典型模式为,网络信贷公司提供平台,由借贷双方自由竞价,撮合成交。资金借出人获取利息收益,并承担风险;资金借入人到期偿还本金,网络信贷公司收取中介服务费。

2012年是中国P2P行业快速发展的一年,随着媒体大规模、高频次地报道P2P,使全社会迅速熟知这一高收益、低门槛的理财方式，也由于用户的热捧，使之后2014年P2P公司规模达到1544家，当年增长率为89.7%。

截至2016年6月底，P2P网贷行业累计成交量已经达到了22075.06亿元，仅2016年上半年成交量就达8422.85亿元。按目前的增长态势，2016年全年网贷行业成交量或将突破2万亿元。

（三）众筹

众筹即大众筹资或群众筹资。是指用"团购+预购"的形式，向网友募集项目资金的模式。众筹利用互联网和SNS传播的特性，让小企业、艺术家或个人对公众展示他们的创意，争取大家的关注和支持，进而获得所需要的资金援助。

2016年上半年，全国共有正常运营众筹平台370家，与2015年年底全国正常运营众筹平台数量283家相比，涨幅达30.74%，是2014年全年正常运营平台数量的2.6倍。2016年上半年全国众筹行业共成功筹资79.41亿元，已达到2015年全年成功筹资额的近七成，是2014年全年全国众筹行业成功筹资金额的近3.7倍。据可测数据统计，2014年众筹行业成功融资21.58亿元，而在2013年及之前全国众筹行业仅成功筹资3.35亿元。截至2016年6月30日，全国众筹行业历年累计成功筹资金额超218亿元。

（四）大数据金融

大数据金融是指集合海量非结构化数据，通过对其进行实时分析，可以为互联网金融机构提供客户全方位信息，通过分析和挖掘客户的交易和消费信息，掌握客户的消费习惯，并准确预测客户行为，使金融机构和金融服务平台在营销和风险控制方面有的放矢。基于大数据的金融服务平台主要指拥有海量数据的电子商务企业开展的金融服务。大数据的关键是从大量数据中快速获取有用信息的能力，或者是从大数据资产中快速变现的能力。因此，大数据的信息处理往往以云计算为基础。目前，大数据服务平台的运营模式可以分为以阿里小额信贷为代表的平台模式和以京东、苏宁为代表的供应链金融模式。

（五）信息化金融机构

所谓信息化金融机构，是指通过采用信息技术，对传统运营流程进行改造或重构，实现经营、管理全面电子化的银行、证券和保险等金融机构。金融信息化是金融业发展趋势之一，而信息化金融机构则是金融创新的产物。从金融整个行业来看，银行的信息化建设一直处于业内领先水平，不仅具有国际领先的金融信息技术平台，建成了由自助银行、电话银行、手机银行和网上银行构成的电子银行立体服务体系，而且以信息化的大手笔——数据集中工程在业内独领风骚，其除了基于互联网的创新金融服务之外，还形成了"门户""网银、金融产品超市、电商"一拖三的金融电商的创新业态服务模式，如表1.2所示。

表 1.2 互联网金融的典型业务模式

网络银行				金融产品搜索引擎
第三方支付	P2P借贷平台		网络保险	
	众筹平台			
	网络资产交易平台			
	网络微贷	网络基金		其他
		网络证券	网络征信	
		其他网络理财		
		财富管理		
支付	融资	投资理财	风险管理	其他

资料来源：艾瑞网（iresearch.cn）

三、互联网金融产生的背景

互联网金融的出现既源于金融主体对于降低成本的强烈渴求，也离不开现代信息技术迅猛发展提供的技术支撑。因此，我们认为互联网金融是需求型拉动与供给型推动二者合力的结果。

（一）需求型拉动因素

传统金融市场存在严重的信息不对称，极大地提高了交易风险；移动互联网的发展逐步改变了人们的金融消费习惯，对服务效率和体验的要求越来越高；此外，运营成本的不断上升，都刺激着金融主体对于金融创新与改革的渴求。这种由需求拉动的因素，成为互联网金融产生的强大内在推动力。

（二）供给型推动因素

数据挖掘、云计算以及搜索引擎等技术的发展，金融与互联网机构技术平台的革新、企业逐利性的混业经营等，为传统金融业的转型和互联网企业向金融领域渗透提供了可能，为互联网金融的产生和发展提供了外在的技术支撑，成为一种外化的拉动力。在互联网"开放、平等、协作、分享"的平台上，第三方融资与支付、在线投资理财、信用评审等模式的不断涌现，不仅使得传统的金融市场格局发生了巨大的变化，也使现代信息科技更加便捷地服务于各金融主体。对于传统金融机构，特别是银行、证券和保险机构而言，机遇大于危机，发展胜过挑战。

第二节 互联网金融的优势及特点

一、互联网金融的优势

由于互联网金融是传统金融与互联网信息技术相结合的产物，因此它具有金融行业所固有的一些特点；同时形态的虚拟化、运行方式的网络化等互联网特性决定了它与传统金融相比，存在着一些自身独有的特点。随着互联网行业的迅速发展及其对金融业的渗透，互联网金融形成了自己的九大优势。

（一）交易成本低、便捷性高

相对于传统银行理财产品的准入机制高、资金要求高等现象；互联网金融如余额宝等典型的 P2P 网贷对资金起点无要求，准入机制低，筹资面广，实现了小额存贷款的直接匹配。如以阿里小贷为代表的网络贷款模式不要求小微企业提供抵押，很大程度上降低了融资方的融资成本。同时，在互联网金融模式下，以网上平台完成贷款、股票、债券等的发行和交易以及款项支付，提供了极大的便捷性，交易快速。

（二）客户服务口径扩大，解决了长尾客户的问题

互联网金融打破了很多时间上和空间上的限制，为金融消费者大幅节约了时间成本，可以满足一直被忽视的"长尾"群体的金融需求，大大提高了客户覆盖率。

专栏 1-2　"长尾"案例：Google

> Google 是一个最典型的"长尾"公司，其成长历程就是把广告商和出版商的"长尾"商业化的过程。数以百万计的小企业和个人，此前他们从未打过广告，或从没大规模地打过广告。他们小得让广告商不屑，甚至连他们自己都不曾想过可以打广告。但 Google 的 Ad Sense 把广告这一门槛降下来了：广告不再高不可攀，它是自助的，价廉的，谁都可以做的；另一方面，对成千上万的 Blog 站点和小规模的商业网站来说，在自己的站点放上广告已成举手之劳。Google 目前有一半的生意来自这些小网站而不是搜索结果中放置的广告。数以百万计的中小企业代表了一个巨大的长尾广告市场。
>
> 资料来源：韩函、李莜，《时代经贸》（下旬刊），2007（S1）

（三）应用大数据

互联网金融强大的数据收集、数据分析和行为跟踪能力能够逾越一般财务报表，有效地调查、监督客户的还款意愿和还款能力，有效地甄别异常状况，这在技术上解决了市场信息不对称的难题。互联网金融基于互联网数据挖掘技术不断创新征信手段，降低交易成本、提高交易效率，更重要的是能有效控制金融风险。

（四）充分利用社交网络及电子商务平台

通过社交网络或电子商务平台可以挖掘各类与金融相关的信息，获取部分个人或机构没有完全披露的信息。例如，Facebook 超过 8 亿实名制的客户形成了巨大的信息充分

共享的网络社区；国内的阿里巴巴通过其庞大的电子商务平台，可以解决平台用户的信用评级、交易费用、风险评估等问题。在未来，通过互联网可以及时记录或查看交易记录、评估个人信用等级、分析财产状况、消费习惯等。

（五）智能满足用户金融需求

在互联网金融模式下，智能搜索引擎通过对信息的组织、排序和检索，能有针对性地满足信息需求，大幅提高信息搜集效率。比如在"融360"，借款人只要输入需求关键词，搜索引擎便从海量信息中找到最能匹配用户需求的内容，各家产品特色一览无余，如果对某产品动心，只需简单提交个人信息，信贷员就会主动联系借款人。在这种方式下，信息充分透明，定价完全竞争，效率得到提升，社会福利实现最大化。

（六）交易方式的变革

在交易上，由于互联网金融可以及时获取供求双方的信息，并通过信息处理使之形成时间连续、动态变化的信息序列，并据此进行风险评估与定价，这对传统金融无疑是一个相当大的挑战，在供需信息几乎完全对称、交易成本极低的条件下，互联网金融模式形成了"充分交易可能性集合"。

（七）先进的信息技术为互联网金融提供了技术支撑

云计算解决了互联网金融对数据计算速度、数据存储能力和数据服务功能的超高要求，清楚地展现出客户的行为轨迹，更低成本地建立了金融交易信息基础。同时，移动支付与互联网技术融合后为用户提供更加便捷、安全、及时的定制服务。这些创新技术也为互联网技术吸引了更多新用户。

（八）市场信息不对称性低，资源配置效率高

在互联网金融这种金融模式下，支付方便快速，市场信息不对称性非常低。资金供求双方在资金期限匹配、风险分担等层面的成本很低。无论是项目资金需求，小微企业资金需求，都能迅速地在互联网金融模式下达成供求双方的匹配，银行等其他实体金融中介都不参与其中，形成了"互联网直接融资市场"，在这个市场中，信息的处理过程以及信贷审核与风险评估过程均通过网络平台进行，大大提高了资源配置效率。

（九）金融消费者群体扩大

在互联网金融的背景下，一方面，参与融资活动的客户群大大增加，市场参与者更加大众化；另一方面，互联网金融也将很少参与金融理财活动的低年龄人群吸引进入了资金池。金融消费者群体以社交网络传播的形式不断扩大并形成，信息传递达到了原有实体金融机构所不能达到的传播速度和范围。

二、互联网金融的特点

互联网"开放、平等、协作、分享"的精神向传统金融业态渗透，以互联网为代表的现代信息技术，特别是移动支付、社交网络、搜索引擎和云计算等，对人类金融服务模式产生了根本影响。数据产生、数据挖掘、数据安全和搜索引擎技术是互联网金融的有力支撑。社交网络、电子商务、第三方支付、搜索引擎等形成了庞大的数据量。云计算和行为分析理论使大数据挖掘成为可能。数据安全技术使隐私保护和交易支付顺利进行。而搜索引擎使个体更加容易获取信息。这些技术的发展极大减小了金融交易的成本和风险，扩大了金融服务的边界。其中技术实现所需的数据，几乎成为了互联网金融的代名词。

（一）成本低

互联网金融模式下，资金供求双方可以通过网络平台自行完成信息甄别、匹配、定价和交易，无传统中介、无交易成本、无垄断利润。一方面，金融机构可以避免开设营业网点的资金投入和运营成本；另一方面，消费者可以在开放透明的平台上快速找到适合自己的金融产品，削弱了信息不对称程度，更省时省力。

（二）效率高

互联网金融业务主要由计算机处理，操作流程完全标准化，客户不需要排队等候，业务处理速度更快，用户体验更好。如阿里小贷依托电商积累的信用数据库，经过数据挖掘和分析，引入风险分析和资信调查模型，商户从申请贷款到发放只需要几秒钟，日均可以完成贷款1万笔，成为真正的"信贷工厂"。

（三）覆盖广

互联网金融模式下，客户能够突破时间和地域的约束，在互联网上寻找需要的金融资源，金融服务更直接，客户基础更广泛。此外，互联网金融的客户以小微企业为主，覆盖了部分传统金融业的金融服务盲区，有利于提升金融资源配置效率，促进实体经济发展。

（四）发展快

近年来，依托于大数据和电子商务的发展，互联网金融得到了快速增长。以余额宝为例，余额宝上线18天，累计用户数达到250多万，累计转入资金达到66亿元。据报道，目前余额宝规模近500亿元，上线至今以日均5亿元的增速增长，已成为规模最大的公募基金。

（五）管理弱

一是风控弱。互联网金融目前还没有接入中国人民银行征信系统，也不存在信用信息共享机制，不具备类似银行的风控、合规和清收机制，容易发生各类风险问题，目前已有众贷网、网赢天下等P2P网贷平台宣布破产或停止服务。

二是监管弱。互联网金融在我国处于起步阶段，目前互联网金融的监管和法律约束尚在完善之中，缺乏准入门槛和行业规范，整个行业的健康可持续发展面临诸多政策和法律风险。

（六）风险大

一是信用风险大。目前我国信用体系尚不完善，互联网金融的相关法律还有待配套，互联网金融违约成本较低，容易诱发恶意骗贷、卷款跑路等风险问题。特别是P2P网贷平台由于准入门槛低和缺乏监管，成为不法分子从事非法集资、诈骗等犯罪活动的温床。

二是网络安全风险大。目前，我国互联网安全问题突出，网络金融犯罪问题不容忽视。一旦遭遇黑客攻击，互联网金融的正常运作会受到影响，危及消费者的资金安全和个人信息安全。

第三节　互联网金融对传统金融的挑战

一、对商业银行的影响

互联网金融具有效率高、成本低、覆盖广等特点，伴以不断推出的新产品、新模式，对商业银行产生了迅猛的、系统的和持续的冲击。第三方支付平台交易额逐年上升，正在形成与以银行为代表的支付平台分庭抗礼的局面，如图1.1所示。

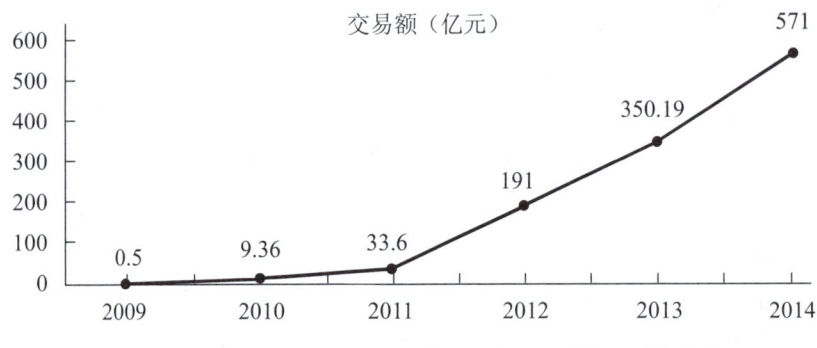

图1.1　支付宝2009—2014年"双十一"的交易总额变化

资料来源：李娟，《互联网金融发展研究》，长安大学，2014-5-20

（一）商业银行亟需加强经营模式变革，网络渠道渐成商业主流

虽然网上银行已经成为商业银行在互联网领域发展最为成功的业务平台，但和成熟的互联网商业模式相比，商业银行的业务模式仍然缺乏充分的互联网经济元素，互联网渠道不仅未能充分体现互联网商业模式的精神，而且对互联网渠道的商业价值亦未能充

分利用和挖掘。因此，商业银行不仅要充分认识到互联网几何级数的用户增长速度在产品营销和客户拓展领域的巨大潜力，而且要以信息科技为基础重整营销渠道体系，加快经营模式的变革。

（二）开放的互联网挑战封闭的商业银行安全架构和经营模式

传统商业银行安全框架和封闭的运营模式在开放互联网的进攻下面临艰难抉择。通过在线客户和互联网拓展客户等基本业务已经在部分银行小试牛刀，未来必将在整个银行业大行其道。在线开户实名制等问题、第三方支付等支付创新平台已经在技术上有了多种解决方案，如信用卡预授权扣款身份验证、公安系统在线身份证验证和向客户他行账户随机存款等。虽然涉及银行的安全架构设计或监管政策的突破等问题，但是商业银行以开放思维拥抱开放互联网是历史的必热趋势。

（三）个性化需求与客户选择挑战商业银行服务品质

由于互联网商业模式的开放性，虽然网络平台用户都以几何级增长速度扩张，但这些都使得单个用户对互联网商业平台的贡献度变低，而其重要性却大大增加，因此对客户行为和交易数据的研究变得越来越重要，互联网也因此放弃了向每个用户兜售同质化产品的做法，信息产品为客户预留了越来越多的自定义空间，让客户根据使用的环境和自身的需要对产品参数进行组合。

（四）商业银行的竞争对手及模式都在改变

传统商业银行的竞争主要是行业内相互之间，竞争的模式不外乎是价格、服务、技术和规模。虽然在互联网时代这种情况正在发生改变，但在新的竞争对手中，不仅有商业银行较为熟悉的电信运营商和第三方支付，而且还有像 Square 这样灵活的收单工具创新平台。此外，由于云计算的出现，越来越多的中小银行投向按需付费的云计算 IT 平台。当使用同一云计算平台的中小银行达到一定规模的时候，隐形的合纵连横效果将逐渐显现，并将在一定程度上颠覆现有的商业银行竞争格局，银行之间的竞争最后可能成为联盟或集团之间的竞争，并且可能是 IT 方案之间的竞争。

（五）商业生态体系建设关乎银行核心竞争力培养

支付宝是为淘宝网量身定制的结算工具，两者的结合诞生了一个相对独立的商业帝国，随着支付宝的壮大，这个帝国正逐渐演变成一个相对独立的商业生态体系，而且不作为的商业银行将逐渐游离于这个生态体系之外成为旁观者和局外人。POS 机、银行卡和大小商户所构成的是商业银行传统的商业生态体系，但信息技术的发展为各种新商业生态体系的诞生提供了技术基础，商业银行的保守不仅导致其坐失良机，也导致了各种创新型支付结算企业的出现，因此商业银行必须从中认识到商业生态体系的建设关乎商业银行的核心竞争力培养。传统金融与互联网金融在营业前台、风险管理、支付结算、营销方式上有明显不同，如表 1.3 所示。

表1.3 互联网金融与传统金融对比

项目	互联网金融	传统金融
营业前台	"人-机"互动,尊重客户体验	营业网点,柜员服务
风险管理	利用平台数据进行风险评估	专岗管理,信息技术为辅
支付结算	无现钞流通,完全电子化	现钞+电子账户
营销方式	互联网平台,柔性互动	客户经理销售

资料来源:李娟,《互联网金融发展研究》,长安大学,2014-5-20

二、对证券市场的影响

互联网金融可以达到与现在直接和间接融资一样的金融资源配置效率,并在促进经济增长的同时,使交易成本大幅减少,这将对证券行业产生深远影响。

(一)改变证券行业的价值实现方式

互联网金融的虚拟性为证券行业带来了前所未有的价值创造速度,必然导致价值的扩张,同时互联网金融也引发了交易结构、交易主体上的变化和潜在的金融民主化,而且引发券商传统的价值创造和价值实现方式的根本性转变。一方面,互联网技术不仅能最大限度减小信息不对称和中间成本,而且能逐步接近金融上的充分有效性和民主化,从而证券行业的服务边界得以扩大。另一方面,电子商务、第三方支付、社交网络、搜索引擎等互联网技术形成的大量数据产生价值,云计算、神经网络、行为分析理论、遗传算法等更使数据挖掘和分析成为可能,数据将会是金融的重要战略资产。未来券商的价值将更多地通过充分挖掘互联网客户数据资源,并开发、设计针对性满足客户个性化需求的证券产品或服务来实现和创造价值,从而实现"长尾效应"。

(二)引发证券经纪和财富管理的"渠道革命"

互联网与证券的加速融合,不仅有助于券商拓宽营销渠道,优化现有经纪业务和财富管理业务传统的运营管理模式,而且能进一步扩大服务边界。与此同时,网上证券和网上开户产品销售将使得券商的物理网点和地域优势不再明显,佣金率进一步下降,资产管理业务和新产品经济的地位逐步提升,这将迫使券商经纪业务由传统通道向信用中介和理财业务终端转型。这意味着证券公司不仅需要对原有的组织模式进行重构,而且要加强各条业务线的协作,提升现有业务的附加价值,从而实现客户与证券公司共同成长。

(三)弱化传统证券行业金融中介功能

媒介资本、媒介信息正是证券行业作为金融中介最为基础的两个功能。媒介资本、媒介信息、挖掘信息等功能的发挥,在根本上都依赖于各类信息的搜集和处理能力,而这正是互联网金融的强项。互联网金融与证券行业的结合,会使得交易双方的信息不对称程度降低、在金额和期限错配以及风险上分担的成本非常低,证券机构发挥的资本中介作用也日益弱化。未来股票、债券等的发行、交易和全款支付以及投资理财等都可直接在网络上进行。

（四）重构资本市场投融资格局

互联网金融平台为资金供需双方提供了一个机会发现的市场，同时现代信息技术大大降低了信息不对称性和交易成本，双方对对方信息基本实现完全了解，证券行业投融资格局中，资金中介将不再需要，取而代之的可能将是一个既不同于商业银行间接融资，也不同于资本市场直接融资的第三种金融运行机制，可称之为"互联网直接融资市场"或"互联网金融模式"。P2P、众筹融资，正是这种互联网金融新模式的代表。网络信贷的兴起，打破了传统的融资模式，在解决中小企业融资难题的同时，引领着资本市场投融资领域的革命性创新，这一代表着未来发展趋势的投融资创新实现了社交网站和种子基金、股权投资的融合，是投融资业务脱媒的开端。

（五）加剧行业竞争

互联网金融以其先天的渠道和成本优势迅速改变资本市场的竞争格局，随着监管的放松，这种竞争还将进一步加剧：第一，互联网技术会降低券商业务成本，加剧同业竞争，如各大券商积极布局的证券电子商务，这只是网络经纪业务第一步，非现场开户全面放行后，证券业能以更低的成本开展业务，这将不可避免地引发新一轮的佣金价格战，通道型经纪收入将更加难以为继；第二，互联网金融会改变券商业务模式，催生网络经纪等新业态，这将带来新的竞争机会，使得未来竞争更加复杂化；第三，以阿里巴巴为代表的互联网公司携带客户资源、数据信息积累与挖掘优势向证券行业渗透，加剧行业竞争。

三、抓住机遇，应对挑战

互联网金融的信息优势和成本优势不仅将深深影响证券行业的价值实现方式、行业竞争格局以及基础功能定位等，而且在为证券行业带来价值增速的同时，也为证券行业发展带来了问题和挑战。各大证券公司应以此为契机，抓住机遇，应对挑战，加快与互联网的融合。

（一）全面认识技术变革带来的影响

第一，在证券业经营理念和实践上，从"有形"市场向"无形"市场过渡，不仅要把现有依靠营业网点建设扩张规模的模式转为依托最新电子化成果，积极为客户提供投资咨询、理财等金融服务，还要发展与企业并购重组、境内外直接融资等有关的投资银行业务，努力建立和拓展庞大的客户群；第二，在营销方式上，从"人员营销"向"网络营销"过渡，要通过网络了解客户的需求，以客户为中心，根据客户的需求确定营销策略和方式，并结合自己的优势，提供满足客户个性化需求的产品；第三，在经营策略上，从"排异"向"合作"过渡，证券公司将不再单纯依靠自身力量来发展业务，而是利用自身优势建立与信托、银行、互联网、基金等行业的合作关系。各行业也在优势互补、互惠互利的前提下联手为客户提供全方位、多层次的立体交叉服务。

(二) 积极探索与互联网融合新模式

在互联网金融背景下，迅速适应新的市场环境，积极探索与互联网融合的新模式已然成为证券公司争夺制高点的关键。在短期，继续进行网络交易平台创新，向线上线下结合的模式发展，进一步丰富网络交易产品，加速互联网与金融融合。在中期，可考虑将互联网金融这一创新工具嫁接到券商其他业务，券商传统的资管、经纪和投行业务，以及融资融券、柜台市场等创新业务，都能够通过与互联网的结合来寻找潜在客户并降低运营成本。在长期，要将技术和数据相结合，扩大数据库，在互联网金融理念下，对不同的客户信息进行搜集与统计，精准定位和分析客户，从而挖掘潜在客户需求和开发满足个性化需求的产品。

(三) 努力提升专业能力和服务水平

随着智能手机的普及和网上金融市场的成熟，互联网金融也将进入更为复杂的局面，多个市场并存，多种平台共存，金融竞争也将更趋激烈。在未来全方位竞争格局下，证券公司的优势在于其专业的产品和服务，为迎接互联网金融，就需要继续强化这种专业优势，努力提升服务水平。一方面是传统业务服务水平的提升，不仅让金融服务更加透明，而且最大限度减小信息不对称和中间成本。

(四) 加快完善市场环境建设

当前证券业从事互联网金融的市场环境不够成熟，市场准入低，行业标准缺失，相关法律法规不完善，监管不到位等，都有可能制约整个证券行业开展互联网金融的进程。因此为保障其健康发展，一是加强互联网金融安全建设，政府部门需要就金融业信息安全出台相关政策，保护个人信息，与此同时，也要加强对普通民众的互联网金融安全教育；二是完善相关法律法规体系，包括修正和完善现行不适应互联网金融特性的证券法律体系，针对互联网金融进行相关基础性立法，制定互联网金融技术标准；三是营造科学有序的监管体系，重新梳理和明确互联网金融的监管原则、模式、范围等，从而与互联网证券业务全方位无缝对接。另外，要成立专门化的行业协会，维护市场秩序，标准化产品或技术，普及相关知识和教育投资者等，将会更有助于证券行业互联网金融的规范化发展。

第四节 互联网金融的发展现状

随着互联网和移动终端的普及、Wi-Fi 技术的广泛应用、3G 或 4G 网络的快速发展，互联网金融的实施有了技术层面的保障；新型机构不断涌现，市场规模持续扩大。传统金融的高门槛使得广大的草根阶层无法享受金融服务，这使得市场上存在很大一部分客户群。此外，以电子商务为代表的新经济业态蓬勃发展，网购及在线消费已经被社会大众广泛接受和认可。人们消费习惯的改变使得互联网支付、移动支付等第三方支付模式迅速崛起，快速便捷的支付体验也吸引了越来越多的使用者。

以第三方支付为例，2010—2012 年，交易规模从 3.2 万亿元增长到超过 10.9 万亿元。目前，第三方支付牌照已经发放了 250 多个，其中从事互联网支付的企业有 97 家，另有 150 多家为预付卡公司。2011 年我国第三方支付市场全年交易额达 2.16 万亿元人民币，较 2010 年增长 99%。2012 年第三方支付市场交易额继续保持快速增长，全年交易额达 3.8 万亿元。2013 年我国第三方支付市场交易规模呈稳步上升趋势，交易额已达 5.4 万亿元人民币，2014 年我国第三方支付市场交易规模达到近 6 万亿元人民币，如图 1.2 所示。

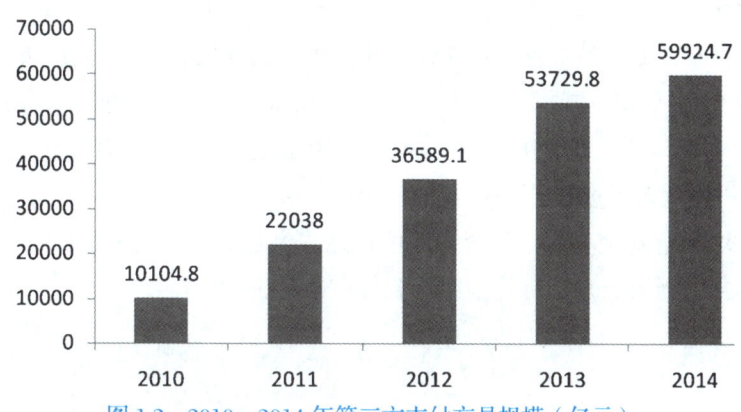

图 1.2　2010—2014 年第三方支付交易规模（亿元）

资料来源：艾瑞网，CV Source，2014-5

一、网络银行领域

招商银行于 1996 年在国内率先推出网上银行"一网通"，1997 年开通了交易型网银，紧随其后是中行、建行、工行先后开通网银业务。到目前为止，个人网银、企业网银和手机银行在电子银行的整体渗透率已经超过 70%。阿里巴巴和腾讯目前已经获得首批民营银行试点资格，网络银行是其首先发展方向。

二、网络证券领域

我国证券营业部从 1996 年开始试行网上委托，江苏证券在 1998 年开通了功能完备的网上交易系统，2000 年 4 月，中国证券监督管理委员会（以下简称证监会）颁布《网上证券委托暂行管理办法》，规范了网上证券委托业务。目前中国证券业经纪业务领域在交易环节上，已经通过网上交易和手机证券，实现了相关领域的互联网化，并开始网上商城和网上开户，甚至推广全面电子券商。

三、网络保险领域

1997年中国保险信息网作为我国第一家保险网站正式开通，新华人寿促成了我国第一份网上保险单，中国太平在2000年8月率先开通全国性电子商务网站。2013年阿里巴巴、腾讯、中国平安等三家企业联合发起设立我国首家网络保险公司——众安在线财产保险股份有限公司。

四、第三方支付领域

第三方支付的运营模式主要是两大类：一类是独立的第三方支付模式，无担保功能，只为用户提供支付解决方案，以易宝支付、快钱、拉卡拉、汇付天下等为典型代表；另一类是依托于自有电商网站提供担保功能的第三方支付模式，以支付宝、财付通为代表。2013年第三方互联网支付交易规模达到729.8亿元，其中支付宝占据市场将近一半的份额。互联网第三方支付与货币基金的结合，诞生了中国版的PayPal，而且在国内利率环境和信贷机制下，规模增速远远超过PayPal，在不到一年的时间里，改变了第三方支付的版图。余额宝与天弘增利宝基金合作，其资产净值迅速攀升达到1800多亿元，成为规模最大的货币基金，在互联网第三方支付基金申购金额占比达到10.5%。

五、众筹领域

2011年5月我国第一家众筹平台点名时间网成立。国内股权众筹的典型代表天使汇成立于2011年11月，针对中小企业通过合投方式进行天使轮和A轮投资。2013年率先提出"快速团购优质创业公司股权"的概念并推出"快速合投"，每个项目30天的融资周期，天使投资人将以类似"团购"的形式进行投资。截至2013年10月底，天使汇平台上共完成70个项目2.5亿元的融资，成功的案例有滴滴打车、萌宠360和LavaRadio等。

六、P2P网贷领域

2006年开始起步，2012年末网贷平台达到200多家，投资人超过5万人次，线上交易规模达到100多亿元，交易笔数达到21万多笔。网络虚拟货币领域，比特币在中国非常火爆，中国玩家已经成为购买比特币的主力，知名的比特币交易平台火币网最先推出"融资融币"的金融衍生业务，采取保证金交易方法，3倍杠杆，T+0交易，24小时运作，平台放贷以每24小时0.2%的借款利息收取。

近几年来，互联网金融伴随着互联网技术的快速提高以及电子商务的迅速发展，而互联网技术现已被广泛应用到金融业，这样在很大程度上减少了金融交易需要的时间和资金，拓宽了金融服务的范围。而互联网金融本身具有的许多优点，赢得很多人欢迎。

互联网金融与生俱来的高效、便捷、精确的特点极大地提高了金融体系的服务效率,逐渐成为人们生活中必不可少的一种支付和投资手段。

第五节　互联网金融存在的问题和发展趋势

一、互联网金融存在的问题

互联网金融在我国发展迅速,发展初期的监管环境相对宽松,使业务模式和金融产品得以不断地更新,为我国金融体系的发展和完善注入了新的活力。但互联网金融快速发展的背后,也存在着一些问题,直接影响着我国互联网金融的良好发展势头。

（一）外部监管及法律规范缺失,缺乏行业自律

2013年,互联网金融可以称得上是年度经济领域的热点话题,阿里小贷、众筹平台、理财通、余额宝等新型互联网金融产品不断推出,使得互联网与金融紧密地联系在一起。在互联网金融的发展机遇面前,不确定风险同样存在,其中监管风险最值得关注,我国的银行法、证券法和保险法等相关法律都是基于传统金融而制定的,目前并没有针对互联网金融而制定的法律。以至于我国对于互联网的监管比较宽松,这也导致了我国互联网金融企业参差不齐,影响了互联网金融行业的整体发展。在互联网金融的发展过程中,监管问题也成为影响互联网金融发展的关键问题。

专栏1-3　P2P公司面临的监管困境

P2P公司若定位为金融企业,它没有银监会的牌照;若定位为互联网企业,许多业务又不在互联网上进行,工信部门对其也存在监管难度。工商部门受地域限制,对业务网络化的企业也束手无策,加之P2P对个人及小微企业的贡献,监管层也没有急于将P2P定性为非法,使得发展越加壮大。网络交易方式及终端多元化增加了监管的难度。互联网金融经营的对象、业务、过程和地点都是虚拟化的,交易对象的广泛性和不确定性使交易过程的信息更加不透明,监管范围变大,监管难度增加,现行的现场监管体系难以奏效。互联网金融游离于金融监管体系之外。互联网金融导致不同金融机构与非金融机构之间的界限趋于模糊,风险跨机构、跨市场、跨时空关联和交叉感染的可能性显著上升,金融风险扩散速度加快,对现行的"分业经营、分业监管"体制下金融监管的统一性和协调性带来较大挑战,造成互联网金融的监管真空。

资料来源：中商情报网,2013-11-19

(二）互联网金融的风险控制能力不足，导致行业风险增加

互联网金融本质上仍然是金融，而风险控制是金融最核心的基因，所以互联网金融也应该有风险控制的基因。风险控制能力不足是影响互联网企业向金融业渗透的主要问题，这一问题不仅存在于互联网企业，而且对传统金融机构也是一种挑战。互联网金融作为互联网和金融相结合的新兴行业，其发展仍处于探索阶段，由于行业本身所存在的高风险特征，两者结合之后所存在的风险将比单个行业所存在的风险更大。

（三）信息安全问题日益突出，侵害了消费者权益

伴随着大数据、云计算、智能设备的迅速推广和应用，这些新技术和新设备的普及推广，成为威胁我国个人、企业、国家信息安全的重要因素，互联网泄露个人隐私的事件时有发生。互联网金融通过数据分析作为信用评级的依据。企业通过对数据的分析来掌握顾客的消费习惯、消费需求、信用情况等，从而提高自身的服务质量。然而，近年来，利用病毒攻击互联网金融平台，盗取用户数据的情况也屡见不鲜，互联网因为密钥管理不当或者加密技术不完善而泄露个人隐私，已经成为网络服务的核心问题。

（四）信用体系尚不完善，信用信息交换困难

随着互联网金融的发展，互联网金融企业的征信系统在与央行征信体系连接上存在障碍，企业之间也没有出现可靠的信用信息的交换机制，这种情况导致网络小贷等平台对借款人的信用审核基本依赖于各个企业自身的审核技术，只能对借款人的信用进行独立采集，大大增加了企业审核的难度和成本。同时我国互联网金融存在信用信息交换的障碍，信用信息无法共享，也是信用体系的一个漏洞。除此之外，信用信息交换困难还有可能加大互联网金融企业的成本，使得获取信息的时效性差，时滞较长，很可能引发恶意骗贷等风险问题。

二、互联网金融未来发展趋势

由于互联网金融的发展具有互联网的所有特征，给传统金融机构带来了一定的冲击，互联网对模式和渠道的创新，培养了用户的使用习惯，颠覆了传统。随着互联网与金融业的进一步融合、渗透，传统金融机构的服务方式和经营方式将会改变，迎来新的经营架构、经营方式和经营环境。

（一）融合共生趋势

相关业内人士认为，未来的金融有两大机会，一是金融互联网，二是金融行业走向互联网。互联网金融和传统银行客户资源在业务定位方面存在较大差异，互联网金融短期难以颠覆传统银行等金融机构，但是给传统银行业带来的挑战也非同小可。另一方面互联网企业能利用其互联网技术优势，同样银行也可以利用阿里巴巴、淘宝、微信成为互联网的入口，进入互联网将给银行带来新机会，银行产品的销售方式会发生巨大变化。

以前银行通过自己的渠道销售相关产品，现在可以把产品放在更大的互联网平台，将带来更多的机会。互联网金融来势汹涌，金融机构已采取开放的态度与进入者开展跨界合作，充分挖掘双方在风险和数据维度等多方面的互补空间，在互联网金融创新和发展中互补融合、共赢。

（二）时空通融趋势

近年来，蓬勃发展的房地产、汽车等众多行业，从很大意义上也得益于各种金融创新工具的运用。房地产金融、汽车金融，各种按揭、分期付款、房贷、车贷等，都是把人们未来的价值贴现到现在，解决了人们现实的支付危机。通过金融克服了时间和空间的阻碍，在此时与此地、现在和未来之间进行通融，使资源得到超越时空的优化配置。通则不痛，一通百通，理论上这一原理可以运用到所有价值交换的相关问题，当价值交换危机出现时，总有一款金融工具能帮你解决这场看似根本不可能的危机。

（三）去重量化趋势

去重量化是一个相对的概念，并不是去掉所有物质化的成分，而是指保留必要的，并使之轻量化，去除无关紧要的成分。大量的物质资源用在与其产品核心价值无关的层面上，去物质化去重量化是一个必然的过程。再大的物理空间也是有极限的，在现实中不难发现它们的各种局限，你必须忍受它的容积局限和它的重量，而在虚拟空间理论上它的容量是可以做到无穷大的，而重量是可以做到无穷小的。在未来移动互联网时代，人们不再需要银行卡、信用卡，更不需要存单、存折和现金。

（四）全能金融

当互联网与金融高度融合后，过去那些金融业的边界将会逐渐消失，从混业金融到综合金融再到全能金融，金融机构跨界经营的商业模式，在多个领域进行资本通融，将彻底改变传统金融在单一特定领域内进行资本通融的形式和结构，金融将回归其本质，即实现一切价值交换。

（五）互联网监管的力度会更加强大

互联网金融在我国已经取得了较大的发展，但长远的发展离不开法律环境和监管制度的规范与完善。未来，我国将会建立起完善的互联网金融监管、企业准入、业务规范等方面的法律规章制度，通过发展基础性法律来厘定互联网金融的发展方向，同时完善现有金融监管机构在互联网金融行业发展中的监管职责，监管理念也将逐步从机构监管转向功能监管。

（六）大数据分析与挖掘

随着产生数据的终端与平台的快速发展，大数据成了近几年科技界最为火热的话题，依托新兴的大数据分析与挖掘技术，从现有数据平台的海量数据中提取出数据的价值，提供数据分析与挖掘服务，可以帮助互联网金融各业态的企业在提升营销与广告的精准性等方面进行探索。看似指数级膨胀的大数据，貌似负担，实则是无价之宝。借助先进的工具挖掘分析数据，对用户的行为模式进行提炼和分析，可能为公司在发现新商机、拓展新业务等方面带来极大的惊喜。

(七) 线上线下互动营销

线上线下互动模式，即O2O模式，简单说便是线上线下互动的一种新型的金融服务商业模式，已经广泛被互联网金融消费者所关注。过去，是泾渭分明的两个世界，即现实世界的传统零售企业和虚拟世界的互联网企业。而虚实互动的O2O新型金融服务商业模式的引领，将带动新的金融服务营销方式、支付和消费体验方式的涌现。

第六节　互联网金融与其他金融业态的区别与联系

在金融业与互联网技术迅速结合的今天，各种金融产业、服务、理念和商业模式等层出不穷，包括直销银行等新业态。互联网金融高速发展的同时，促进了这些新业态的诞生。顺应互联网金融浪潮，中国传统商业银行也纷纷"触网"，布局互联网金融的发展战略，增强自身的综合竞争力。

一、传统金融商业银行的运作模式

(一) 概念

商业银行是以经营存、放款，办理转账结算为主要业务，以盈利为主要经营目标的金融企业。与其他金融机构相比，能够吸收活期存款，创造货币，是商业银行最明显的特征。商业银行在现代经济活动中有信用中介、支付中介、金融服务、信用创造和调节经济等职能，并通过这些职能在国民经济活动中发挥着重要作用。

(二) 商业银行的特征

1. 安全性

安全性要求商业银行在经营中必须考虑自身的安全，使自己的资产免遭风险损失。在商业银行的经营中客观地存在着各种各样的风险，银行的资产有遭受损失的可能，因而必须采取措施防范风险。

2. 流动性

流动性要求商业银行能够随时应付客户提存，满足必要贷款的支付能力。流动性包括两个方面：一是指资产的流动性，即在银行资产不发生损失的情况下迅速变现的能力；二是指负债的流动性，即银行能够以较低的成本，随时获得所需要的资金。

3. 盈利性

盈利性要求商业银行经营管理的目标是追求最大利润，只有保持一定的盈利水平，商业银行才能充实资本金，增强实力，提高竞争力。

（三）商业银行的优势

1．客户基础优势

英国在线银行 Egg 因经营困难于 2007 年被花旗银行收购，事后花旗总结互联网金融对客户的教育程度要求较高和互联网行为习惯依赖性较强是 Egg 客户稀少的原因。

2．网络服务优势

经过多年的发展，国内银行已经形成较为完善的客户服务网络，不仅有遍布全国的分支机构，而且有不断诞生的海外机构和代理行。

3．资金供给优势

商业银行可以通过吸收存款、发行金融债、同行拆借等多种手段，为小微企业提供可持续的信贷资金来源。

4．较低的业务风险

经过长时间的发展，银行已经形成了一套较为完善的风险控制管理体系，并且有完善的相关法律法规体系，风险控制手段更加成熟，而相对完善的征信体系及专业化的人才队伍，提高了信贷的效率和质量，这些都是互联网金融有所欠缺的产品组合优势。

银行可以充分发挥其不同业务线、不同产品组合、不同区域分行的联动整合优势，提供贸易结算、信贷融资、现金管理、财务顾问、跨境金融等丰富多元的金融产品。

二、互联网金融下催生的新型运作模式——直销银行

（一）概念

直销银行是互联网时代应运而生的一种新型银行运作模式，这种经营模式的银行是没有营业网点的，客户也没有实体银行卡，只要通过电脑、电子邮件、手机、电话等远程渠道即可获取银行产品。面对国内互联网金融的飞速发展，客户消费习惯的转变以及银行利率市场化步伐的加快，2013 年 7 月，民生银行、北京银行等中小银行已陆续对直销银行服务模式进行初步探索和实践，相继成立了直销银行部。

（二）直销银行与互联网金融的联系

直销银行的发展顺应了互联网金融大潮，它突破了传统实体网点的经营模式，主要通过互联网渠道拓展客户，具有客群清晰、产品简单、渠道便捷等特点。然而直销银行自身也存在局限性，业务规模小，品牌影响力有限，多年来发展缓慢。

直销银行实行"去实体化"的营销模式，运用互联网技术和电子商务，降低运营成本和营销费用；另外在实体网点以及人工成本上的投入都大大降低。直销银行价格优惠，这是吸引客户最大的亮点。

直销银行将用于固定网点建设的成本、费用等让利给客户，利率更优惠、费用更低廉、

渠道更便捷，提高给予客户的回报率，以薄利多销的经营策略盈利，增强银行的综合竞争力。直销银行业务办理的效率提高，客户不必像实体网点那样排队等待，更加简单快捷，而且 24 小时全天候可以办理，摆脱实体网点的时间束缚和地域限制，随时随地办理业务。直销银行在安全保障方面实行风险控制，借助于成熟的电子商务平台及第三方支付系统进行风险控制。世界直销银行的隶属情况如表 1.4 所示。

表 1.4　世界著名直销银行的隶属情况

银行名称	隶属银行
Ally Bank	美国联合汽车金融公司
Capital One 360	美国第一资本金融公司
First Direct	英国汇丰银行
ING Direct	荷兰国际集团
Rabo Direct	荷兰拉博银行
Ubank	澳大利亚国民银行
ZUNO Bank	奥地利飞森国际银行

资料来源：中经产业研究所，《中经－中国直销银行行业竞争现状及发展潜力预测报告 2014》，2014-10

（三）直销银行与互联网金融的区别

在一定程度上说，直销银行应该属于广义互联网金融的一个部分。但是直销银行与如今传统的互联网金融仍然有较大的区别。一是从发展历史来看，直销银行是传统银行业务向互联网转化的一种尝试，是传统银行利用互联网技术、通过互联网数据和客户信息延伸出来的一种新型的服务形式，即银行业务的延伸，而不是互联网金融的延伸。二是业务形式不同。从业务种类来看，直销银行提供的服务种类要多于互联网金融。直销银行的业务包括活期账户、储蓄账户、个人房地产金融、中间业务、分期还款等。而互联网金融还仅限于资金的融通、支付、中介等业务，相对较为狭窄。从业务性质看，直销银行的产品和服务对象都呈现简单化、同质化的特征，而互联网金融则呈现多元化、个性化。形象地说，互联网金融更像是一个"百货商店"，而直销银行则更像是"专卖店"。三是直销银行传承了传统银行的特有优势。银行相对于互联网金融，存在很多优势。互联网金融对于大额交易的操作以及安全措施方面仍然无法与传统银行媲美。

所以从银行业务延伸出来的直销银行在这些方面要远远超过互联网金融。然而在互联网金融大发展的趋势背景下，直销银行将成为与实体银行相互补充的新型银行经营管理及业务拓展模式。互联网是"直销银行"发展的"助推器"，而当代中国飞速发展的互联网技术和国人消费观念的转变，银行谋求发展必须要进行发展模式的创新和变革，这些都是直销银行发展壮大的重要契机。

三、互联网金融面对新业态的发展举措

互联网金融虽然正处于快速发展的上升期,但是由于自身还存在一些不足,必将面临严重的挑战。物竞天择,适者生存,互联网金融要想继续保持发展趋势而不被淘汰,必须主动去适应社会的需求,同时汲取其他金融业态的经验与教训来完善自身的不足之处。

首先,要完善互联网金融法律法规,为互联网金融行业提供法律保障和行为规范。互联网金融作为一种新的金融模式,其发展给金融监管、金融消费者保护和宏观调控提出了更高的监管要求。由于互联网金融是个新兴的交叉性行业,因此行业监管涉及多个部门,需要多个部门共同监管,因此各互联网金融机构应磋商建立互联网金融行业统一的技术标准,建立专门的互联网金融行业指导部门和管理机构,成立互联网金融行业协会,加强行业自律。因为目前的互联网金融市场还没有完善的监管,存在很多不确定性,进入门槛较低,很多没有资质和实力的公司进入市场,使得整体环境鱼龙混杂,迫切需要行业自律,以创建公平良性的市场环境。需要建立严格的审查机制和市场准入制度,政府应该加大对本土厂商自主可控的网络信息系统的支持力度。同时,在与国家利益相关的网络数据流动中,一定要有相关的法律作保障,这也需要及时地跟进立法。只有健全和完善互联网金融法律体系和行业监管,才能为互联网金融的发展提供强有力的法律和制度保障。

其次,建立一个统一的数据平台,来规范互联网金融数据。由于互联网金融服务商的增多,为客户提供具有个性化的服务也必将是大势所趋,互联网金融服务商应不断满足不同客户主体的需要,加深网络金融服务的普惠性。金融机构也必将加快重组、兼并的步伐,充分吸收和融合相关资源,不断丰富网络金融产品,打造一体化的服务平台。互联网企业从事金融业务,最大的优势是它拥有数据信息和平台,但是相对于传统的金融机构来说,它们对市场风险、业务操作风险等互联网金融风险的预测和控制能力有待加强。交易平台把数据的生产者资源和数据的需求方资源进行整合,使生产与数据使用分离,使交易更加便捷。同时在得到用户授权的情况下,数据交易平台可以对数据进行整合、深入分析和加工,建立评分机制、信用审核标准,用户可通过数据平台进行信息查询,实现数据市场价值,建立统一的、标准的互联网金融信用体系。

再次,要加强网络安全管理,采取多重机制应对各种故障导致的数据丢失和恶意攻击,从硬件技术和安全意识两方面入手确保互联网金融服务的安全性。我们所知的互联网、移动网络、云计算、大数据等技术手段是互联网金融发展的技术支持,这些技术必须适应不断创新的金融产品的要求。互联网金融行业必须不断完善技术支持和服务匹配,提高对新技术的敏感性,建立大型、共享型互联网金融行业数据库,以适应包括互联网金融机构、互联网金融交易、互联网金融市场和互联网金融监管等方面的技术需求。形成

自动化的互联网安全监控机制，建立统一、标准的行业技术规范及安全标准。

最后，各互联网金融企业也应加强企业自身的风险控制，要加强互联网金融业务的风险控制管理，建立一套完整的风险控制体系，完善现有的销售系统，强化安全性，完善各种功能，加强对贷前、贷中、贷后的严格审查，其中贷前、贷中显得尤为重要。

本章小结

互联网金融是指依托于移动通信技术、云计算、社交网络以及搜索引擎等互联网工具，以实现资金融通、移动支付和信息中介等功能的一种新事物，是互联网技术与传统金融服务业相结合的新兴领域。

互联网金融涉及数据产生、数据挖掘、数据安全和搜索引擎技术，它们是互联网金融的有力支撑。社交网络、电子商务、第三方支付、搜索引擎等形成了庞大的数据量。云计算和行为分析理论使大数据挖掘成为可能。数据安全技术使隐私保护和交易支付顺利进行。而搜索引擎使个体更加容易获取信息。这些技术的发展极大减小了金融交易的成本和风险，扩大了金融服务的边界。其中技术实现所需的数据，几乎成为了互联网金融的代名词。

互联网金融与传统金融的区别不仅仅在于金融业务所采用的媒介不同，更重要的在于金融参与者深谙互联网"开放、平等、协作、分享"的精髓，通过互联网、移动互联网等工具，使得传统金融业务具备透明度更强、参与度更高、协作性更好、中间成本更低、操作更便捷等一系列特征。

在全球化日益加快发展的今天，互联网金融产业的兴起正迎合了世界数字经济和数字贸易发展的趋势，从现阶段的发展来看，仍然存在着许多问题，但是互联网金融产业仍会是未来一个高增长、高增加值的产业。由其发展所带来的经济效益不可估量。电子化的时代需要电子化的经济模式，互联网金融在未来经济发展中的责任任重道远。

复习思考题

1. 互联网金融的优势有哪些，如何充分发挥其优势？
2. 互联网金融目前发展的瓶颈在哪里，如何解决？
3. 针对互联网金融的挑战，传统银行如何应对？
4. 针对互联网金融存在的问题，谈一谈解决方案。

第二章 互联网金融的理论与逻辑

【学习目标】

通过本章的学习，掌握互联网金融产生和发展的几种基本的理论基础，包括金融中介理论、普惠金融理论、长尾理论以及平台经济理论等，并理解我国金融抑制宏观背景下互联网金融内在的形成机理和经济逻辑。

第一节 金融中介理论与互联网金融

一、现代金融中介理论

金融中介理论是关于金融机构为何存在及其发展的理论解释。随着信息经济学和交易费用理论的发展，现代金融中介理论从降低金融交易成本的角度入手，利用信息经济学的基本原理，分析了金融中介在提供金融服务中依靠自身的市场地位，在降低交易成本、减少信息不对称，进而实现更低成本的服务等方面所进行的实践。

（一）交易成本

金融中介组织为什么会存在？很多学者选择从交易成本的角度来分析。金融交易引起的交易费用包括：签约之前的搜寻信息费用、签约过程中的谈判费用、签约之后的监督保证和强制实施合同而发生的费用。由于金融交易是建立在信用的基础上，且具有技术密集型、服务专业性以及典型的规模经济性的特点，个体之间进行直接融资交易的费用更高。而借助金融中介通过集合借贷双方的信息需求，可将分散的个体交易集合起来，利用技术上的规模经济和范围经济，大大节约交易场所、机器设备、人工费用等方面的投入。因此金融中介参与市场交易是市场分工与交易演进过程的一种必然结果。

（二）信息不对称

所谓的信息不对称是指交易双方在信息分布上呈现不匀称、不对等的状态，一方掌握着对方所不了解的信息。信息不对称会导致市场资源错配，降低市场交易效率，进而引发逆向选择与道德风险，而逆向选择与道德风险恰恰又是"市场失灵"的两大体制缺陷，构成了主要的交易成本。

从交易成本的角度看，逆向选择导致的成本为：在贷款之前，贷款人在逆向选择环境下对合适的投资项目和借款人进行搜寻和核实投资项目预期收益的成本，即搜寻成本和核实成本。不存在金融中介的场合，每个投资者都要独立支付一笔搜寻成本，而金融中介则可以在不同投资项目之间进行广泛的搜寻，一旦找到了某个有效益的项目，还可与其他投资者一同分享，即金融中介在项目搜寻方面存在规模经济。核实成本是对投资效益进行评估的成本，要进行评估就要采取措施，需要花一笔费用。投资效益不容易直接分配给各个投资者，要分配给各个投资者，只能通过金融中介。解决道德风险的办法是增加监督，而监督是有成本的，如果由大量的小的贷款人直接监督借款人，成本会很高，而且同样会产生"搭便车问题"。而通过将其职责委托给一个专门的机构——银行，通过专业化的分工使得银行监督具有规模经济。同时，银行作为信息中介、信用中介和支付中介的功能，使其在行使监督职责的时候具有更大的便捷和优势。

总的说来，信息不对称和交易成本是现代金融中介理论的两大基石，也是现代金融机构赖以存在的基本前提条件。金融中介降低交易成本的主要途径就是利用规模经济与范围经济来降低固定交易成本。而互联网金融使交易边界无限扩大，很多原来认为不可能交易的事情变为可能。交易成本越低，或信息不对称越低，交易可能性集合越大。

二、互联网金融对金融中介理论的挑战

随着网络技术的发展和普及，所有交易都可以通过互联网来实现，交易中间环节大为减少，交易成本明显降低，市场存在趋近瓦尔拉斯一般均衡理论的可能性。

（一）互联网金融有助于减弱信息不对称

传统金融中介（如银行）存在的重要原因在于市场上存在信息不对称，信息不对称导致直接交易成本上升，为此银行等金融中介的出现降低了交易费用。但是在现代信息技术条件下，资金供求方的信息可以随着征信制度和评估体系的逐步完善而得以对称起来，此时直接交易、去中介化成为可能。

在传统金融模式下，信息的传播是单向的、闭路的、金字塔式结构（如图2.1所示）。这表现为信息由A通过一定渠道传递给B1和B2，再由B1和B2对信息进行一定加工后传递给C和D，信息传递过程还可以继续延伸。由于信息传递是单向的，每一次传递过程都将损失或屏蔽一部分真实的信息，多层传递必然导致信息更大的"失真"，而且不同信息接收者所得到的信息都是局部的、排他的，无法实现信息共享。而银行存在的一个重要作用就是进行信息的收集、过滤与筛选。但在互联网金融模式下，信息的传播形成了多向的、发散的和扁平式的网络结构（如图2.2所示）。在这种结构中，任何一个点都可以随时发出信息并获取信息，信息传递不再是单向的，而是双向甚至是多向的，信息完整度、保真度较高。同时在互联网金融模式下，信息传播速度和效率大为提高，信息的外部性增强，而且信息容量增大的同时也实现了信息的共享。

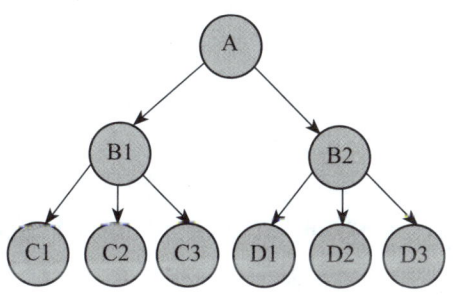

图 2.1　传统金融中的信息传递模式

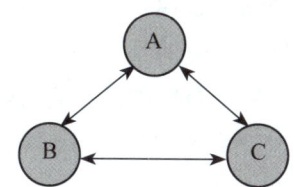

图 2.2　互联网金融中的信息传递模式

专栏 2-1　自媒体

自媒体（WeMedia）又称"公民媒体"或"个人媒体"，是指私人化、平民化、普泛化、自主化的传播者，以现代化、电子化的手段，向不特定的大多数或者特定的单个人传递规范性及非规范性信息的新媒体的总称。自媒体平台包括：博客、微博、微信、百度官方贴吧、论坛、BBS 等网络社区。

自媒体有别于由专业媒体机构主导的信息传播，它是由普通大众主导的信息传播活动，由传统的"点到面"的传播，转化为"点到点"的一种对等的传播概念。在自媒体时代，各种不同的声音来自四面八方，"主流媒体"的声音逐渐变弱，人们不再接受被一个"统一的声音"告知对或错，每一个人都在从独立获得的资讯中，对事物做出判断。

资料来源：申晨，《自媒体时代崛起，熊猫价值过亿》，DO NEWS 网，2015-1

互联网的核心精神就是传播信息，用最短的时间将信息传递给全世界。互联网的存在大大降低了信息获取的成本，因而降低了个体之间的信息不对称性。互联网金融给买卖双方提供了一个尽可能具有完全信息和公开透明的市场体制。

从互联网金融在全世界发展的历史经验来看，互联网金融与传统金融未来更有可能是一种互补关系，而非颠覆关系。尽管互联网使得信息传播更加广泛、迅速，但并不能完全改变信息不对称的现状。传统金融的规模效应和专业优势依然占据主流，因此传统金融机构的地位不会动摇，互联网更有可能是一种对其有益的补充。

（二）互联网金融降低了交易成本

第一，在支付方式方面，在互联网金融模式下，虽然资金的最后清算仍由银行完成，但是支付环节由于不再通过银行进行而大大优化；尤其是移动支付技术的出现，使得支付在时间与空间上不再受限，我们可以利用碎片化的时间处理零散的交易，既提高了支付效率，同时还带来更好的支付体验。

第二，在信息处理方面，互联网金融模式下，大数据和云存储、云计算技术作用于信息处理，打破了信息壁垒，降低了信息的不对称性。一方面，金融机构可以以极低的成本，快速收集云量的客户信息，并进行精准的筛选分析，增加信用评级的可信度，降低信用评级的成本，减少交易的风险管理成本；另一方面，客户不必四处奔波寻找交易渠道和对象，而且交易信息沟通充分、交易透明，定价完全市场化，可以实现最优交易，从而降低信息不对称性带来的额外成本。

第三，在资源配置方面，互联网金融模式下，资金供需双方的个人信息可以直接在网上发布，并通过一定程序实现自动搜寻与匹配，供需双方可以实现直接交易。互联网金融模式下，供求双方的信息几乎完全对称，交易成本大大降低，双边或多边交易可同时展开，信息充分透明，定价完全竞争，市场效率大为提高，交易的可能性边界被大大扩展，诸如中小企业融资难、个人投资渠道狭窄及民间高息借贷等问题都将得到有效缓解。

第二节　普惠金融与互联网金融

一、普惠金融的概念

普惠金融指的是金融服务（如支付、理财等）的广泛性，也就是说让更广泛的人群特别是弱势群体享受到金融服务。普惠金融源于英文"inclusive financial system"，始于联合国 2005 年对小额信贷的宣传，后被联合国和世界银行大力推行。根据联合国（2006）及其他国际机构的定义，普惠金融可以定义为一国金融体系能够可持续地为该国弱势人群、弱势产业和弱势地区提供方便快捷、价格合理的基础金融服务。

普惠金融是一种理念，是一种能有效、全方位为社会所有阶层和群体提供服务的金融体系，实际上就是让所有老百姓享受更多的金融服务，更好地支持实体经济的发展。

专栏 2-2　打造责任银行 服务国家战略

由中国银行业协会发布的《2014年度中国银行业社会责任报告》指出，近年来银行业金融机构积极引导信贷资金向"三农"、小微企业等重点领域倾斜，在支持实体经济发展的同时，普惠金融的推行取得显著成效。

银行业金融机构把"三农"金融服务工作放在改革发展的首要位置，不断优化农村金融环境，让基础金融服务有效覆盖农村。银行业金融机构进一步深化和延伸偏远地区基础金融服务。2014年，新组建农村商业银行200家，农村商业银行总数已达725家；新组建村镇银行162家，连续4年保持在150家以上，县城覆盖率达54.6%。据不完全统计，截至2014年末，银行业金融机构的农村营业网点达到44896家。

2014年，在经济形势严峻、信贷规模紧张的情况下，银行业金融机构坚持服务小微企业，完善多层次的小微企业金融服务体系，特别加大科技型、涉农型小微企业的金融支持与服务力度。截至2014年末，银行业金融机构的小微企业贷款余额20.7万亿元，同比增长17.5%，高于各项贷款平均增速4.2个百分点。

此外，银行业金融机构加大对有创业愿望但又缺乏资金的经济困难群众的信贷支持力度。截至2014年末，银行业金融机构个人创业贷款余额8410.9亿元，惠及324.7万人。

资料来源：《金融时报》，2015-3-1

二、实现普惠金融的途径

实现普惠金融的核心是降低金融服务的成本，低成本会使得更多弱势群体享受金融服务，进而使得金融机构扩充服务对象。金融服务的门槛有多种，除去成本外还有制度等约束，进入门槛的剔除和金融教育的扩大会使得金融服务的参与者增加。目前来看，降低服务成本和门槛的必由之路是金融创新。

（一）降低金融服务的成本

从传统的金融服务业来看，单位服务成本和资本量成反比。具体来说，资本量大的客户其单位资本的服务成本比较小，其享受的服务更多，可选择的投资品种也更多，因而大客户的收益率更高。与之相反，对于资本量较小的客户，其单位资本的成本相对较大，因而这些客户所能享受到的服务相对较为单一，收益率相对较低。对于富人来说，金融服务的成本相对于其财富而言几乎可以忽略，而对于资产量较小的普通人而言，服务成本的大小是决定其是否参加金融活动的主要原因。如果可以普遍降低金融机构的运营成本，那么相同的服务可以向小客户延伸，使得收入较低的人群享受到同等的金融服务。

（二）降低金融服务的准入门槛

普惠金融的意义在于让最广大的人群都能享受到金融服务，参与到金融活动中去。然而，很多人因为没有充足的资本，或者不具备投资某种市场的资质（如缺乏抵押品），或者不具备金融学的基本知识，最终被挡在了金融市场之外。

（三）扩大金融教育的范围

这里所说的金融教育是科普化的教育，主要针对中小投资者扫盲性的教育。大量中小投资者没有参与金融服务的原因是他们并没有金融的知识，特别是对于金融的风险和收益的辩证关系不了解，更不要说选择适合自己的产品了。金融机构的专业理财经理只为大客户进行服务，因而中小投资者在购买金融产品后往往不了解产品背后的风险。因不懂金融知识而误买理财产品或信托产品的案例比比皆是。

（四）金融创新

普惠金融的实现与金融创新有很大的关系。这种创新包括制度创新、技术创新和产品创新。金融创新是有效降低金融服务的准入门槛和服务成本的重要工具。

三、互联网金融的特性适于发展普惠金融

（一）互联网覆盖面广，互联网金融可提供普遍性服务

随着电脑、智能手机、智能电视等互联网终端的普及，互联网已覆盖全国绝大部分地区，互联网金融随之而来，提供普遍性金融服务。在开放的互联网平台上，社会各阶层都可以进入并获得金融服务。

（二）互联网金融灵活多变，可根据客户需求提供相应的产品

由于互联网金融机构架构简单，各类金融服务通过互联网即可进行，同时管理者能直接面对客户，往往可以快速发掘客户需求并通过互联网及时推出对应的金融服务产品。

（三）互联网金融不需要建立众多网点，交易成本低廉

互联网金融机构依托互联网提供金融服务，相比传统金融机构，可节省投入在各级网点机构上大量的场地、人力及管理成本，在此基础上，可以用极低的价格提供各类金融服务。

（四）互联网金融机构掌握了资金流、信息流及物流信息，有效解决了信息不对称问题

互联网已成为人们社交、商务、生活的重要平台，互联网上保存着人们大量的互动行为、交易记录、关注热点、违约支付等信息。互联网金融机构通过对上述信息的分析整理，形成可利用的信息资源，可充分了解客户的信用状况，有效降低经营风险，并能提供个

性化的服务。

（五）互联网金融可充分利用闲置资源，创造更多的社会价值

互联网金融基本没有准入门槛，又能提供 24 小时服务，可充分整合人们零碎的时间和金融资源，实现规模效应，使人们原本闲置不用的时间和资源得到增值。

中国人民银行发布的《2014 中国金融稳定报告》指出，我国互联网金融发展的积极意义之一就是有助于发展普惠金融，弥补传统金融服务的不足。由于互联网的开放性和共享性，带来互联网金融市场参与的普及化；同时互联网金融具有的成本优势、信息优势和效率优势，使其普惠性得以大大提高。

互联网金融主要通过小额信贷、投资渠道、理财产品等几个方面为普惠金融的实现提供了新渠道。互联网金融模式可被用来解决中小企业融资问题和促进民间金融的阳光化、规范化，用来提高金融普惠性。互联网金融的发展也为普惠金融提供了更加丰富的理财产品，理财产品的门槛大大降低，可以方便低收入阶层参与投资，增加了新的投资渠道，对中低收入者的财富增值具有积极的意义。

第三节　长尾理论与互联网金融

一、长尾理论概述

长尾理论是网络时代兴起的一种新理论，"长尾"实际上是统计学中幂律和帕累托分布特征的一个口语化表达。过去人们只关注重要的人或重要的事，如果用正态分布曲线来描绘这些人或事，人们只能关注曲线的"头部"，而将处于曲线"尾部"、需要更多的精力和成本才能关注到的大多数人或事忽略。

在之前的黄金"二八理论"中，20% 的重要部分会造成 80% 的重大影响，可以理解为 20% 的热门产品会创造 80% 的收入。而在"长尾"经济理论中，利润将被一分为三。2% 的大热门产品、8% 的次热门产品以及剩下 90% 的长尾产品会创造出相等的，也就是 33% 的利润。克里斯·安德森通过运用大量的数据统计，证明了大热门产品实际上与冷门产品拥有相同的利润创造能力。这也就意味着关注"长尾产品"与继续争夺热门产品可以达到相同的现实意义。

长尾理论认为，小众市场可以汇集成与主流市场相匹敌的力量。长尾市场也称之为利基市场。"利基"一词是英文"Niche"的音译，有拾遗补缺或见缝插针的意思。菲利普·科特勒在《营销管理》中给利基下的定义为：利基是更窄地确定某些群体，这是一个小市场并且它的需要没有被服务好，或者说"有获取利益的基础"。通过对市场的细分，企业集中力量于某个特定的目标市场,或严格针对一个细分市场,或重点经营一个产品和服务,创造出产品和服务优势,如图2.3所示。

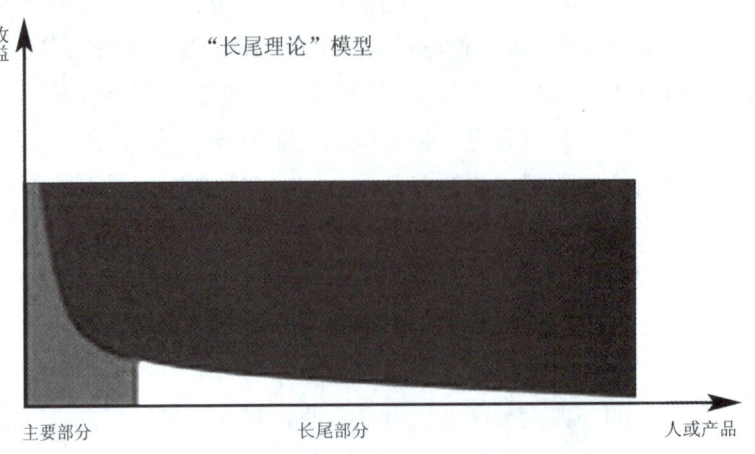

图2.3　长尾理论模型

> **专栏2-3　网商银行正式开业,"云"上银行服务"长尾"客户**
>
> 　　有APP没有网点和信贷员、核心系统跑在"云"上、放贷由机器和大数据决定而不是由人决定……这样的一连串描述,与人们所熟悉的传统银行似乎相去甚远。2015年6月25日,国内首家开在"云"上的银行——网商银行在杭州宣布正式开业。据网商银行行长俞胜法表示,网商银行将立足于服务小微,不做500万元以上的贷款,不做"二八法则"里20%的"头部"客户,而是以互联网的方式服务"长尾"客户。小微企业、个人消费者和农村用户,是网商银行的三大目标客户群体。
>
> 资料来源:《金融时报》,2016-5-25

二、互联网金融的长尾理论

长尾理论是互联网经济的重要理论,它适应了在知识经济背景下,充分满足消费者个性化需求和小规模定制,并通过互联网进行低成本营销的市场规律。长尾理论的一个基础是丰饶经济与多样性经济。在数字化世界里,匮乏是不存在的。长尾理论几乎成为了Web 2.0的标志性理论。

(一)互联网金融市场的长尾

信息不对称、交易成本、风险管控的制约,致使传统主流金融市场排斥中小企业和低收入人群，这些因素催生了互联网金融的长尾市场。传统金融服务偏向"二八定律"，20%的高端客户给银行带来80%的利润，所以传统金融市场或机构重点关注高端客户，而互联网金融主要服务另外80%的大众或中小企业，即互联网金融的长尾，其本质是普惠金融。

互联网金融市场的长尾如图2.4所示。X轴表示每个交易个体，Y轴表示金融产品交易数量或交易频率。虚线左边的短头标识有限的高端客户在传统金融市场的交易。虚线表示传统金融市场和互联网金融市场的边界，虚线右下方像一条长长的尾巴，表示因信息不对称、风险管理、交易成本等因素被传统金融市场排斥的低收入群体和中小企业在互联网金融市场的交易。换言之，长尾反映了这样一个事实：传统金融市场的"高端"客户交易主流金融产品数量较多（图中的短头），但长尾向横轴无限接近，表明互联网金融产品有着无尽的投资大众，虽然每个投资者的交易数量或交易频率较低，但无穷的大众一样可创造无穷的需求，为互联网金融公司创造收益，激励互联网金融的发展。

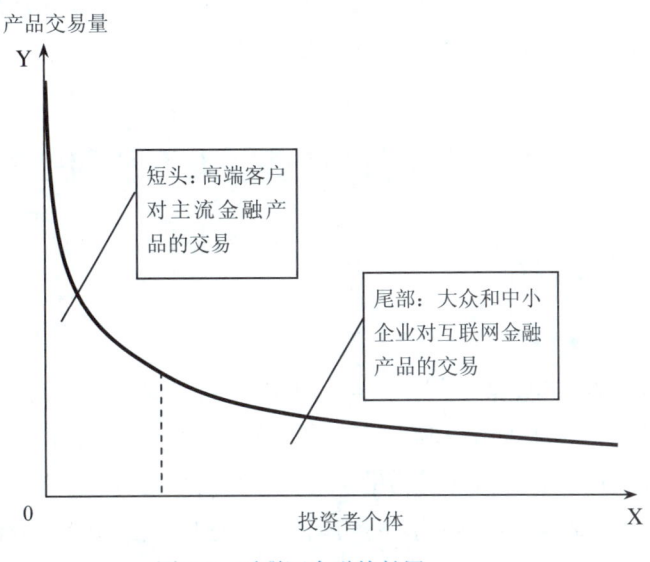

图2.4 互联网金融的长尾

各种端对端（Peer to Peer，P2P）共享网络的设计，诸如微信、Facebook等，连接了大量以不同标准或方式为凝结点的用户，无形中细分了市场，将一些更具个性、内容价值的产品和服务提供给用户，散落各地的用户聚集在网络交易平台，形成互联网金融的长尾市场。

（二）互联网金融的长尾优势

第一个优势在于互联网金融应用新技术降低交易门槛和交易成本。互联网金融的爆炸式发展与移动通信以及互联网技术变革和创新紧密相关，再加上数字认证、电子签名、搜索引擎、云计算、数字存储、社交网络等新技术，互联网金融的新技术恰恰为大众市场提供了强大的技术支持。现代金融业分工和专业化被互联网和相关软件技术所替代，互联网金融"去专业化"，因为低成本、方便、简单，互联网金融更加普惠于普通大众。

第二个优势是客户服务口径扩大。互联网金融打破了很多时间和空间上的限制，为消费者大幅度节约了时间成本，可以满足一直被忽视的"长尾"群体的金融需求，大大提高客户覆盖率。

第三个优势是应用大数据对风险进行更有效的管理。互联网金融强大的数据收集、数据分析和行为跟踪能力能够逾越一般财务报表，有效地调查、监督客户的还款意愿和还款能力，有效地甄别异常状况，这在技术上解决了市场信息不对称的难题。互联网金融基于互联网数据挖掘技术不断创新征信手段，降低交易成本、提高交易效率，更重要的是能有效控制金融风险。

第四个优势是更重视客户体验。互联网金融大多采用线上交易，操作便捷，且投资无时间和地域的约束；互联网企业尊重客户的体验，强调交互式营销及开放的平台，在运作模式上更强调互联网技术和金融核心技术的深度结合。

第四节　平台经济理论与互联网金融

一、平台经济理论概述

（一）平台经济的概念

平台是一种现实或虚拟空间，该空间可以导致或促成双方或多方客户之间的交易，并且通过收取恰当的费用而努力吸引交易各方使用该空间或场所，最终追求收益最大化。平台经济（Platform Economic）是借助于一种交易空间或场所，促成双边或多边客户间的交易，而平台运营商本身并不从事生产销售，只是收取恰当的费用而获得收益的一种商业模式。

（二）平台经济的特征

1. 平台经济是一个双边或多边市场

平台企业一边面对消费者，一边面对商家。平台经济通过双边市场效应和平台的集群效应，形成符合定位的平台分工。在这个平台上有众多的参与者，有着明确的分工，都可以做出自己的贡献，每个平台都有一个平台运营商，它负责聚集社会资源和合作伙伴，为客户提供好的产品，通过聚集人气，扩大用户规模，使参与各方受益，达到平台价值、客户价值和服务价值最大化。

2. 平台经济具有增值性

也就是说平台型企业要能为消费者和商家提供获得收益的服务。如百度一方面为广大用户提供搜索服务，通过聚集流量，为商家提供更加精准的广告，提高广告效益。平台企业要能立足市场，关键就是要为双边或多边市场创造价值，从而吸引用户，提高平台的黏性。

3. 平台经济具有网络外部性

平台企业为买卖双方提供服务，促成交易，而且买卖双方任何一方数量越多，就越能吸引另一方数量的增长，其网络外部性特征就能充分显现，卖家和买家越多，平台越有价值。同时，平台经济之所以拥有巨大魅力，是因为具有交叉外部性特征，即一边用户的规模增加显著影响另一边用户使用该平台的效用或价值。在网络外部性下，平台型企业往往出现规模收益递增现象，强者可以掌控全局，赢者通吃，而弱者只能瓜分残羹，或在平台竞争中淘汰。

4. 平台经济具有开放性

平台经济最大的特点就是筑巢引凤，吸引各种资源的加入，这就需要平台对外开放，平台的合作伙伴越多，平台就越有价值。平台的开放性可实现多方共赢，从而提高聚焦效应和平台价值。如今，我国互联网企业走上了开放的道路，淘宝、腾讯、京东商城、奇虎360、百度等纷纷加入开放的行列，开放使这些平台型企业更具有新经济市场竞争力。

二、"平台经济"是企业商业模式的发展趋势

近几年来，平台型企业发展很快，从门户网站、网络游戏、各种电子商务网站到社交网络、第三方支付、网络视频、互联网金融等不断创新，平台型企业扮演着交易平台、媒体平台、支付平台、应用平台等各类角色，向企业、消费者等多方客户提供不同类型的创新服务，平台型企业演化出平台经济产业已是大势所趋。

在国际上，Facebook、Google、Apple 等都是典型的平台型企业，尤其是 Apple 公司以全新的形式重构了产业价值链，也以其鲜明的创新特色成为"平台经济"时代的典型代表。

在国内，"平台为王"也日渐成为发展共识，目前，国内已经形成了两类平台：一类是以第三方为特征的平台，平台本身不直接生产产品或参与交易，而是通过整合资源，促成供求双方或多方交易，通过收取中介费、管理费或赚取差价来获得收益。如第三方支付平台、电商平台、现/期货交易平台、商旅平台等；另一类是生产或销售型企业自身搭建的平台，以自身为交易主体，用于企业销售代理商、供应商管理等，不属于公共平台。如企业 ERP 等销售管理平台、产品销售平台、供应商管理平台等，这些原本属于企业内部的管理系统平台目前已经开始呈现电商化发展趋势。

三、互联网金融的平台战略——平台金融

（一）平台金融

麻省理工学院斯隆商学院教授迈克尔·A·库斯玛提出了"平台战略"的说法，并迅速席卷全球。什么是"平台战略"？简单来说，某种产品或服务，当其使用者越来越多时，每一位用户所得到的消费价值都会呈跳跃式增加，例如电话、即时聊天软件、网上社区、微博、微信等媒体平台——通过使用者之间关系网络的建立来达到价值激增的目的。这种商业模式，我们就可以称之为平台战略。

依据平台经济一般理论，平台金融（platform finance）是建立在以信息技术为基础，以网络为基本工具，以信息流、资金流、物流的生产、存储、使用为驱动，处理平台与平台、客户与客户、平台与客户等之间的交易、合作、竞争与共赢关系，以实现收益最大化的新型特定的经济组织形式。

（二）平台金融的优势

首先，平台金融有助于扩展销售渠道。相对于传统商业银行服务模式，平台金融利用互联网化服务渠道降低银行的地域限制，依附于实体经济产业链并跟随产业链的蔓延不断向外扩展；强大的平台服务功能与价值链整合能力使平台金融足够吸引大量的合作伙伴、第三方开发者、核心企业以及供应链上的众多中小企业聚集平台之中，并以其平台的高度黏性与高退出成本培养客户群体，批量开发平台客户，扩展销售渠道。

其次，平台金融能有效降低交易成本。通过网络金融在双边市场中对核心企业以及上、下游中小企业提供规模化和专业化的金融产品和服务，从而降低交易成本；同时金融服务商与平台经济体相对接搭建双向选择平台，降低了双方的搜寻匹配成本以及产品营销费用。

第五节 互联网金融的经济逻辑与技术支撑

一、我国互联网金融发展的经济逻辑

在金融业及互联网业发达的欧美国家，并没有出现互联网金融作为游离于传统金融服务的一种独立业态，也没有引起如此广泛的关注。互联网金融在中国兴起并蓬勃发展，与中国特定的经济社会环境有着密切联系。

（一）金融抑制的体制环境

所谓金融抑制就是指政府通过对金融活动和金融体系的过多干预抑制了金融体系的发展，而金融体系的发展滞后又阻碍了经济的发展，从而造成了金融抑制和经济落后的

恶性循环。这些手段包括政府所采取的使金融价格发生扭曲的利率、汇率等在内的金融政策和金融工具。对于整个金融体系来说，融资的效率是降低了，投资者的收益渠道也被部分阻断。

从一组数据对比可以看出中国金融体系效率的低下。中国的广义货币 M2 的存量与 GDP 之比接近 200%，在世界主要经济体中是最高的。这个比例在美国是 58%，日本是 140%，欧盟是 61%，而中国是 200%。为什么？因为有些货币投向了低风险中长期项目，流动性不强，而最需要融资的中小企业信贷却又得不到满足，导致资本严重错配。金融抑制实际上成为一种居民补贴企业、穷人补贴富人的"倒挂"机制。金融抑制正将大量的金融补贴从居民转移到国有企业和政府财政，导致居民收入占国内生产总值的比重下降。金融抑制是互联网金融在中国火爆的根本原因。传统金融难以覆盖长尾的个人客户、小微企业，以及产业链末端的企业和个人，而在这方面，互联网却有着为普惠金融服务的天然优势。在这种情况下，互联网金融应运而生。支付企业在过去十年中获得了传统金融业很难获得的长尾客户，并且借助互联网特别是移动互联网，在为这些长尾客户服务的时候起到了非常好的桥梁作用。以往被压抑了许久的收益率限制和投资门槛限制开始被互联网金融逐步打开。互联网金融的本质是金融，工具是互联网，核心是大数据征信与互联网化的用户体验。互联网金融为什么能在 2013 年流行起来，并成为一股金融潮流，这即使是在金融创新的发达国家也是十分少见的。原因就在于互联网金融开始从投资者和融资者两个渠道实现了资金定价和收益的市场化，真正开始局部打破了传统金融的抑制状态。通过平民理财者的带动与银行所服务不了的 80% 的中小融资客户的支持，互联网理财与融资成为了互联网金融爆发式成长元年的最大发展动能。

（二）我国互联网金融兴起的内在机理

互联网金融凭借迅速普及的互联网技术和目不暇接的智能移动终端，突破传统金融的束缚环节，淋漓尽致地体现了"客户体验至上"的理念，开辟支付汇兑、融通资金和信息处理的全新渠道。

1. 大幅提高市场透明度，有效缓解信息不对称

传统银行授信模式依赖借款人完整的财务报表、详尽的信用记录等作为信用风险识别评估机制，而小微企业、个人创业者等则缺少信用记录和不动产抵押等信用风险缓释机制，自然形成贷款"垒大户"[①] 的潜在逻辑。互联网金融模式下，社交网络记录交易轨迹、获取丰富的信用数据，搜索引擎和金融 App 内嵌智能大数据分析工具，动态、直观地反映信用主体履约能力，信用甄别技术优于信用评级机构，为缓解信息不对称导致的"信贷配给"经济学难题提供了前提条件，覆盖了传统金融服务放弃的弱势组织和"草根"阶层。

---

① "垒大户"，即信贷资金向大城市、大企业、大项目过度集中。

例如阿里金融引入在线资信审查模式和自动信用评级系统，目前不良贷款率仅为 0.87%。

2．有效减少运营交易成本，拓展客户边际成本趋近于零

商业银行发放信贷业务需要履行繁琐的审报流程和严格的审批手续，不同规模客户的风险评审程序类似、交易成本相差无几，自然排斥小企业、青睐大客户。互联网金融借助云计算技术处理客户大数据，大幅降低信息搜寻成本、信用评级成本、签约成本和风险管理成本，单笔小额信贷发放成本成倍下降；通过在线批量审批、集中处理业务，拓展客户边际成本趋近零；互联网金融采用网络与终端设备实现虚拟运作，无须购置豪华办公场所、设立大量物理网点和雇佣众多员工，可大幅减少固定成本、运营成本和维护费用。据 Lending Club 估测，P2P 网贷运营成本仅有 2%，而商业银行则需 7%。

3．提高信息搜集处理效率，操作流程畅快便捷

传统信贷流程通常包括借款申请、资信调查、信用评级、逐层审批、签订合同等多项环节，贷款周期较长，且多采用人工审核、效率低下。互联网金融通过社交网络记录海量数据、搜索引擎检索所需信息，自动实施信息甄别、期限匹配、风险定价和交易磋商，提高交易效率；依赖大数据和云计算等信息技术处理能力，由纵向多层决策链条演变成横向扁平功能制衡，简化业务流程；互联网金融依赖参数设置标准化放贷模型，弱化专业化分工，批量发放"小金额、短期限、随借随还"小额贷款，大幅提高贷款审批效率。例如阿里小贷流程仅需网上申请（约 3 分钟），数秒钟即可放贷。

4．降低金融服务门槛，集聚零散资金形成规模效应

传统金融秉持客户"二八定律"，碎片化且庞大的理财融资需求被选择性放弃。互联网金融具有"长尾效应"基础，瞄准传统银行忽视的客户群体。金融服务准入门槛大为降低，财富管理实现自助化，例如余额宝购买金额下限为 1 元，满足了普通大众碎片化的理财需求，具有"小微单笔金额、海量交易笔数"的特征，达到聚沙成塔效应。互联网金融具有平台经济基础，表现出边际成本递减、边际效应递增的经济学特征，有效拓展潜在小微客户群体，集聚小额、零散的存量资金，达到规模经济效应。

二、互联网金融的技术支撑

互联网金融借助支付技术、现代网络通信技术及云计算等手段，实现了"细分市场"，降低了交易成本，改变了市场信息的传递、指令的形成与执行、支付清算的程序和过程，提高了市场交易者的地位和传统市场的透明度。

（一）移动支付的革命

支付方式是金融的基础，会影响金融活动的形态。移动支付的基础是移动通信技术和设备的发展，特别是智能手机和掌上电脑（比如 iPhone 和 iPad）的普及。Goldman Sachs（2012）估计全球移动支付总金额 2011 年为 1059 亿美元，预计未来 5 年将以年均

42%的速度增长，2016年将达到6169亿美元；移动支付占全球支付市场的比例，2011年约为1.0%，2015年将达到2.2%。由中国金融认证中心（CFCA）发布的《2013中国电子银行调查报告》显示，2013年中国移动远程支付用户比例为13.3%，较2012年提升了近4个百分点；2013年移动近场支付用户比例为3.6%，较2012年提升了0.4个百分点。

（二）网络与通信技术革命

网络经济中，信息的传播方式有了本质的变化，信息的传播形成了多向的、发散的和扁平式的网络结构。在这种结构中，任何一个点都可以随时发出信息并获取信息，信息传递不再是单向的，而是双向甚至是多向的，信息完整度、保真度较高。同时在互联网金融模式下，信息传播速度和效率大为提高，信息的外部性增强，而且信息容量增大的同时也实现了信息的共享。当前，互联网和移动通信网络的融合趋势已非常明显，有线电话网络和广播电视网络也会融合进来。在此基础上，包括各种社交网络的兴起，极大地满足了客户个性化的体验，真正实现了"细分市场"和"私人定制"。

（三）大数据与云计算

在大数据的支持下，互联网金融的很多相关事务才有实现的可能。其中最大的可能，就是大数据之下风险定价和风险管理的效率，远远超过人脑的判断效率。很多风险定价，不取决于财务报表的分析，而是取决于行为数据的收集和自动生成，这将颠覆目前风险定价的基本原理。移动通信终端将融合手机和传统计算机的功能，保障移动支付的效率。云计算的经济效应体现在以下三个方面：对服务需求时间分布不同的企业通过交叉配置服务使用时间以提高服务器使用效率，降低企业成本；无法预测未来对服务器需求量的企业可以按需购买服务，而不用投入巨额硬件成本，由此优化企业成本；需要对数据进行批量分析的企业能通过使用"成本结合性"云计算功能来提高分析效率。

本章小结

金融中介理论是对于金融机构何以存在及发展的理论解释，该理论认为金融中介能够降低交易成本、减少信息不对称。在互联网金融模式下，信息传播速度和效率大为提高，大大降低了信息获取的成本，因而降低了个体之间的信息不对称性；在支付方式、信息处理及资源配置方面，互联网金融也明显优于传统金融模式，大大降低了交易费用。

普惠金融是一种能有效、全方位为社会所有阶层和群体提供服务的金融体系，实际上就是让所有老百姓享受更多的金融服务，更好地支持实体经济发展。实现普惠金融的核心是降低金融服务的成本，低成本会使得更多弱势群体享受金融服务。降低服务成本和门槛的必由之路是金融创新。互联网覆盖面广、灵活多变、交易成本低、有效解决了信息不对称、可充分利用闲置资源等特点，更适于发展普惠金融。

长尾理论是网络时代兴起的一种新理论。长尾理论认为，小众市场可以汇集成与主流市场相匹敌的力量。信息不对称、交易成本、风险管控的制约，致使传统主流金融市场排斥中小企业和低收入人群。而互联网金融公司依托互联网连接技术和信息处理技术，交易双方的搜寻成本显著降低；同时，互联网金融产品的数字特征和网络化销售，交易成本显著降低。互联网金融服务于大众或中小企业，由于互联网金融产品的边际成本和搜寻成本接近于零，数量庞大的大众或中小企业的集合需求"积沙成塔"，一样能为互联网金融公司创造收益，形成互联网金融市场的长尾。

平台经济是基于电子信息技术快速发展而逐步兴起的，以信息技术和第三方支付为手段，基于虚拟或真实的交易空间或场所，促成双方或多方供求之间交易的一种创新型经济发展形式。随着互联网技术的发展和应用，越来越多的领域出现了"平台化"趋势。平台的建立能够聚集众多企业、个人进行信息或资金的互换，吸引各种资源加入，发挥集聚效应，实现多方共赢。平台金融有助于扩展销售渠道、有效降低交易成本。

金融抑制是互联网金融在中国火爆的根本原因。传统金融难以覆盖长尾的个人客户、小微企业，以及产业链末端的企业和个人，而在这方面，互联网却有着为普惠金融服务的天然优势。互联网金融由于可以有效缓解信息不对称、大幅减少运营交易成本、提高信息搜集处理效率、降低金融服务门槛，在我国得到了蓬勃发展。借助支付技术、现代网络通信技术及云计算等手段，实现了"细分市场"，降低了交易成本，改变了市场信息传递、指令形成与执行、支付清算的程序和过程，提高了市场交易者的地位和传统市场的透明度。

复习思考题

1. 金融市场中为何需要金融中介的存在？互联网金融为何会导致金融脱媒现象？
2. 普惠金融的内涵是什么？互联网金融为何具有普惠特性？
3. 互联网经济中为何会产生有别于传统经济"二八理论"的"长尾理论"？互联网金融中的"长尾"指的是什么？
4. 什么是平台的外部性？互联网金融为何具有平台优势？
5. 举例说明我国存在的金融抑制现象？又有哪些金融深化的改革或案例？结合我国国情理解互联网金融为何能在我国快速成长。

第二篇　运营实务

第三章　第三方支付

【学习目标】

通过本章的学习，了解第三方支付的概念、主要类型和运营模式，了解我国第三方支付的发展现状及新的动态，理解网络支付的几种典型模式，掌握第三方支付的主要风险及我国的监管现状。

第一节　第三方支付概述

从 1998 年 PayPal 在美国加州圣荷西市设立总部，到 2005 年支付宝在中国的横空出世，第三方支付平台在中国开始迅速崛起。从 2008 年到 2009 年，第三方支付平台呈现爆发式增长。为了使第三方支付市场能够健康有序成长，中国人民银行于 2010 出台了《非金融机构支付服务管理办法》，将第三方支付平台正式纳入监管体系，并于 2011 年 5 月，发放了首批 26 张第三方支付牌照。截至 2015 年 7 月，央行共计发放了 270 张第三方支付牌照。

一、第三方支付的定义

第三方支付的诞生源于非现金交易的需求，在交易双方时间（预付或赊购）和空间（如网上购物）错开时，作为中介机构介入其中，承担便利支付（取代繁琐的现金交割）和信用中介（支付宝首创）等职能，促成交易发生。

根据中国人民银行 2010 年颁布的《非金融机构支付服务管理办法》中对于非金融机构支付服务的阐述，将第三方支付广义上定义为非金融机构作为收、付款人的支付中介所提供的网络支付、预付卡的发行与受理、银行卡收单以及中国人民银行确定的其他支付服务。之所以称为"第三方"，是因为这些平台并不涉及资金的所有权而只是起到中转作用，本质上是一种资金的托管代付，通过提供线上和线下支付渠道，完成从消费者到商户以及金融机构间的货币支付、资金清算、查询统计等系列过程，以此解决消费者与商家之间的"支付信任"问题。

第三方支付（Third-Party Payment）狭义上是指具备一定实力和信誉保障的非银行机

构，借助通信、计算机和信息安全技术，采用与各大银行签约的方式，在用户与银行支付结算系统间建立连接的电子支付模式。

在通过第三方支付平台的交易中，买方选购商品后，使用第三方平台提供的账户进行货款支付，由第三方通知卖家货款到达、进行发货；买方检验物品后，就可以通知付款给卖家，第三方再将款项转至卖家账户。传统支付模式转向第三方支付模式变迁示意图如图3.1所示。

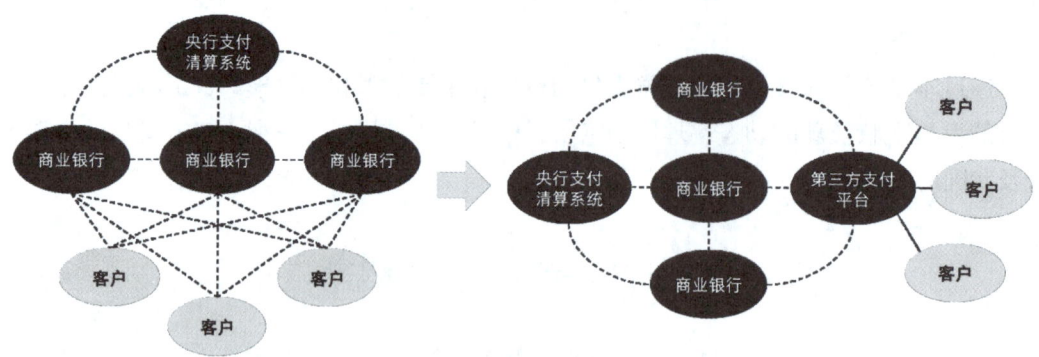

图3.1　由传统支付模式转向第三方支付模式变迁

资料来源：清科研究中心，《2015年中国互联网金融行业投资研究报告》

二、第三方支付的分类

第三方支付起于线下支付，兴于线上支付，并将迎来移动支付的时代，如图3.2所示。

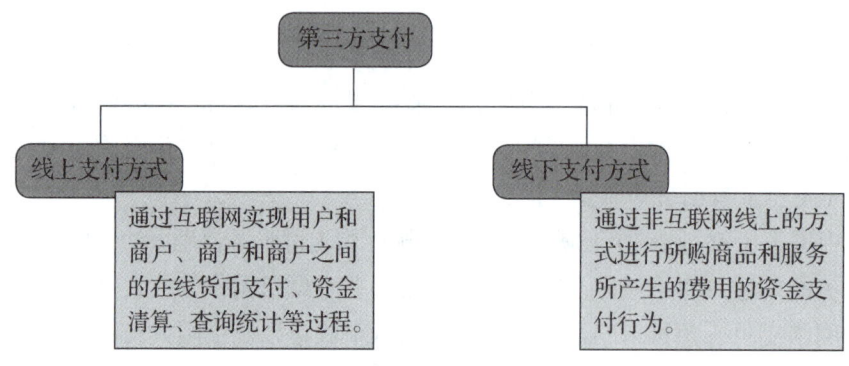

图3.2　第三方支付的分类

资料来源：根据百度百科资料制图，2017-1-10

（一）线上支付方式

线上支付是指通过互联网实现的用户和商户、商户和商户之间在线货币支付、资金清算、查询统计等过程。网上支付完成了使用者信息传递和资金转移的过程。广义的线上支付包括直接使用网上银行进行的支付和通过第三方支付平台间接使用网上银行进行的支付。狭义的线上支付仅指通过第三方支付平台实现的互联网在线支付，包括网上支付和移动支付中的远程支付。

（二）线下支付方式

线下支付区别于网上银行等线上支付，是指通过非互联网线上的方式进行所购商品或服务产生的费用的资金支付行为。其中，订单的产生可能通过互联网线上完成。新兴线下支付的具体表现形式，包括 POS 机刷卡支付、拉卡拉等自助终端支付、电话支付、手机近端支付、电视支付等。

三、第三方支付的盈利模式

第三方支付主要盈利来源包括商户收单手续费、预付卡发行和利息收入等。

（一）手续费

即第三方支付向用户收取手续费与向银行支付的手续费之差。无论是线上的支付宝还是线下的拉卡拉，手续费都是其传统的盈利模式之一。其中针对个人的主要有转账（至银行卡）、提现、缴费、短信安全提示以及外币支付等。针对企业的主要有安放 POS 机，为企业提供查询、对账、追收及退款等清算交易相关的服务手续费。手续费的区间一般在 0.08%～0.22% 之间。但是，这种盈利方式技术含量较低，边际利润也较低，第三方支付平台只能通过增大交易流量来增加收入。

（二）广告费

第三方支付平台拥有的互联网平台以及移动客户端，都会收取各种商户的广告费用。

（三）沉淀资金的利息收入

这里的沉淀资金也就是《支付机构客户备付金管理办法》中所称的备付金，是指支付机构为办理客户委托的支付业务而实际收到的预收货币代付资金。其中风险准备金比例不得低于其银行账户利息所得的 10%，这也就意味着第三方支付机构最多可以获得 90% 的利息收入。在以活期存款形式的客户备付金满足日常支付业务的需要后，其他客户备付金可以"以活期存款、单位定期存款、单位通知存款、协定存款或经中国人民银行批准的其他形式"存放，但"期限不得超过 3 个月"。这意味着，部分客户备付金可转成为期 3 个月的单位定期存款。支付宝的相关工作人员表示，这部分收入占支付宝平台收入的 5%。但是，如果拥有预付卡牌照的第三方支付平台将能够更好地实现资金沉淀，那么沉淀的资金可以占到当年发卡额的 70%～80%。按照 4%～5% 的协议存款率和 0.78% 的手续费来估算，这部分的利润还是很可观的。

（四）服务费

这里所指的服务费是指第三方支付平台为其客户提出的支付解决方案，提供支付系统以及各种增值服务，这也是第三方支付平台最核心的盈利模式。前三种盈利模式在不同的第三方支付平台之间具有同质性，无法将不同的平台区分开来，不能体现平台的竞争优势。因而，第三方支付平台企业必须通过为客户提供安全、便捷、高效、成本较低的支付解决方案来提升其产品溢价，吸引更多客户，获得企业的核心竞争力。

四、第三方支付的运营模式

从发展路径与用户积累途径来看，目前市场上第三方支付公司的运营模式可以归为两大类。

一类是独立第三方支付模式，是指第三方支付平台完全独立于电子商务网站，不负有担保功能，仅仅为用户提供支付产品和支付系统解决方案，以快钱、易宝支付、汇付天下、拉卡拉等为典型代表。以易宝支付为例，其最初凭借网关模式立足，针对行业做垂直支付，而后以传统行业的信息化转型为契机，凭借自身对具体行业的深刻理解，量身定制全程电子支付解决方案。

另一类是以支付宝、财付通为代表的，依托于自有 B2C、C2C 电子商务网站提供担保功能的第三方支付模式。货款暂由平台托管并由平台通知卖家货款到达、进行发货；在此类支付模式中，买方在电商网站选购商品后，使用第三方平台提供的账户进行货款支付，待买方检验物品后进行确认，就可以通知平台付款给卖家，这时第三方支付平台再将款项转至卖方账户。

第二节　我国第三方支付发展现状

第三方支付行业历经近 17 年的发展已经步入成熟、规范的发展阶段，成为金融支付体系重要组成部分。从 1998 年首信易支付创立，到 2010 年人民银行对第三方支付行业实施牌照管理，正式将其纳入金融监管体系，再到 2015 年 6 月持牌公司总量达到 270 家，网络支付交易规模达到 25 万亿，第三方支付俨然已经成为我国金融支付体系中的重要组成部分。

我国第三方支付行业基本发展历程如表 3.1 所示。

表 3.1　我国第三方支付行业基本发展历程

市场发展阶段	标志事件
萌芽阶段 （1997—2000）	1997 年，招商银行推出一网通业务，成为我国第一家开通网络业务的商业银行； 1998 年，首信易支付（PayEase）成立，是中国首家实现跨银行跨地域提供多种银行卡在线交易的多功能网上支付服务平台

续表

市场发展阶段	标志事件
培育阶段 （2001－2004）	2002年，银联商务成立，目前已发展成为国内最大的银行卡收单专业服务机构； 2003年，中国银联正式推出银联卡，实现银行卡跨行通用及业务联合发展； 2004年，支付宝正式上线，在国内首创信用担保交易，以信用中介模式进入第三方支付市场
启动阶段 （2005－2009）	2005年，拉卡拉成立，目前已发展成为中国最大的线下支付公司； 2005年，腾讯集团旗下第三方支付平台财付通正式上线； 2006年，快钱推出IVR语音支付，标志着移动支付开始出现； 2008年，第三方支付进入线下银行卡收单领域，形成覆盖线上、线下的综合电子支付模式
快速成长阶段 （2010年至今）	2010年6月，中国人民银行制定并颁布《非金融机构支付服务管理办法》； 2011年5月，中国人民银行公布首批第三方支付牌照名单（27家）； 2011年5月，由央行牵头主导的"中国支付清算协会"正式成立； 2011年8月，中国人民银行公布第二批第三方支付牌照名单（13家）； 2011年12月，中国人民银行公布第三批第三方支付牌照名单（61家）； 2012年6月，中国人民银行公布第四批第三方支付牌照名单（95家）； 2012年8月，中国人民银行公布第五批第三方支付牌照名单（1家）； 2013年1月，中国人民银行公布第六批第三方支付牌照名单（26家）； 2013年7月，中国人民银行公布第七批第三方支付牌照名单（27家）； 2014年4月，中国人民银行和银监会发布《关于加强商业银行与第三方支付机构合作业务管理的通知》，有利于控制行业风险，促进第三方支付持续健康发展； 2014年7月，中国人民银行公布第八批第三方支付牌照名单（19家）； 2015年3月，中国人民银行公布第九批第三方支付牌照名单（1家），至此我国第三方支付持牌公司总量达到270家； 2015年7月，中国人民银行发布《非银行支付机构网络支付业务管理办法（征求意见稿）》，对第三方支付的业务范围、客户管理、业务管理、风险管理与客户权益保护、监督管理、法律责任等作出明确规定

资料来源：搜狐财经，2016-10-26

根据统计数据显示，2014年中国互联网第三方支付交易规模为80767亿元，同比增长50.3%。随着我国电子商务环境的不断优化，支付场景的不断丰富，以及金融创新的活跃，使网上支付业务取得快速增长，而第三方支付机构发展的互联网支付业务也取得了较快的增长。

起初，第三方支付只是作为传统银行的补充，为客户提供便捷的支付途径，随着电子商务、网络支付交易量的快速增长，出现了快捷支付，第三支付机构直通银行不用跳转到网上银行就可完成交易。继2013年6月余额宝诞生之后，互联网金融快速兴起，各类"宝宝"相继诞生，银行存款迅速通过第三方支付机构流入互联网金融产品。以支付起家的互联网金融巨头们更是纷纷成立金融服务集团，为客户提供贷款、理财、存款、转账等一系列金融服务，大有追赶银行的架势。第三方支付机构本来的定义为搬运工，但如今对接的支付、投资场景越来越多，大量备付金沉淀在第三方支付机构，不仅容易导致风险，大量的资金流转更形成了监管盲区。监管对第三方支付的态度由此发生转变。

一、我国第三方支付的主要业务模式

我国第三方支付围绕网络支付、预付卡发行与受理以及银行卡收单三类主要业务模式展开。第三方支付平台的业务范围与服务商获得的支付牌照种类息息相关，第三方支付牌照的种类是指央行2010年颁布的《非金融机构支付服务管理办法》中规定的三类支付牌照，分别是网络支付牌照、预付卡发行与受理牌照、银行卡收单牌照以及中国人民银行确定的其他支付业务；其中，网络支付下又具体分为互联网支付、移动支付、固定电话支付和数字电视支付（见表3.2）。第三方支付企业可以依据业务需求申请其中一项或几项业务，并经人民银行核准业务实施地域范围，以支付宝为例，其持有的第三方支付牌照包括互联网支付、移动电话支付、银行卡收单和预付卡发行及受理业务，其中前三项业务可在全国范围内开展，预付卡发行及受理则仅限线上实名支付账户。

表3.2 第三方支付主要业务模式

业务模式		具体内容
网络支付	互联网支付	通过电脑、手机或平板电脑等，依托互联网发起支付指令，实现用户和商户、商户和商户之间的在线货币支付、资金清算等行为
	移动电话支付	通过移动电话与金融系统相结合，将移动通信网络作为实现手机支付的工具和手段，为用户提供商品交易、缴费、银行账号管理等金融服务的业务
	固定电话支付	通过增加安全加密和刷卡功能，使普通电话机变成金融终端，用户通过"刷卡电话机＋银联卡"，办理各种银行业务
	数字电视支付	数字电视支付系统将电视和银行支付业务有机结合起来，用户可以通过"电视＋遥控器"的方式进行银行卡支付，包括基础类业务（数字电视、数据宽带、数字电视交互业务等）及第三方业务（如公共事业费、电子商城等）支付等
预付卡发行与受理		在发行机构指定范围内购买商品或服务的预付价值。第三方支付机构可发行跨行业消费的包括采取磁条、芯片等技术以卡片、密码等形式发行的预付卡，可到众多联盟商户刷卡消费
银行卡收单		通过销售点（POS）终端等为银行卡特约商户代收货币资金，即金融支付企业通过各类POS机具以及自助终端（拉卡拉、缴费易、ATM等）等机具受理的银行卡刷卡消费、公共事业缴费、信用卡还款、转账支付类交易金额的业务

资料来源：搜狐财经，2016-10-26

二、我国第三方支付市场的业务构成

截至 2015 年 7 月底,获得第三方支付牌照的 270 家企业,服务领域涵盖了以上六种业务类型,但是目前行业内公司大部分以互联网支付、银行卡收单、移动支付、预付卡发行与受理这四类中的一种或几种业务为主营业务类型;电视支付属于起步探索阶段,固定电话支付由于应用行业领域有限且难以进行产品增值,主要属于支付企业的附属业务,并非主营业务。

2015 年第三季度的支付交易结构中,线下收单业务的交易规模占比最高,为 47.1%,但其占比相较之前继续减少,显然线下收单的传统支付方式正逐步被网络支付所代替;互联网支付的占比进一步扩大至 33.6%,但是增幅较小;最大的亮点来自移动支付,占比暴增至 18.8%。自 2013 年以来,各季度移动支付的市场规模一直呈爆发式的高速增长,2015 年第三季度的占比已经接近 20%,增长相当明显,如图 3.3 所示。

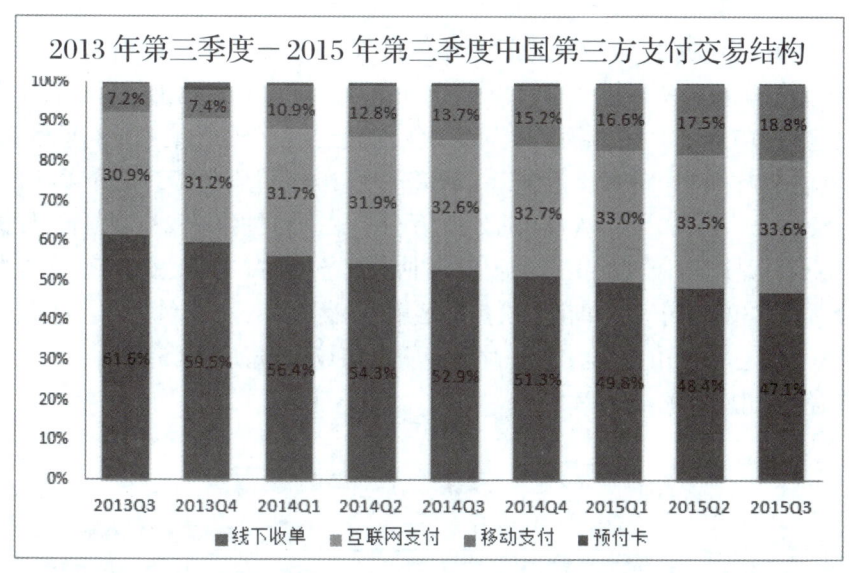

图 3.3　2013 年第三季度－2015 年第三季度中国第三方支付交易结构
资料来源:新浪财经,2016-1-31

从增量市场来看,互联网支付和移动支付是第三方支付市场主要的增量来源。首先,以网购为代表的线上经济的持续爆发增长推动了互联网支付持续高速增长,2014 年,互联网支付交易规模同比增长 90.29%,达到 17.05 万亿元,预计未来四年仍将保持 30% 以上的复合增速率;其次,支付场景的拓展使得移动支付成为网民继银行卡、现金外新的惯常使用的高频支付工具,移动支付市场迎来大规模爆发,2014 年第三方移动支付规模达到 8.24 万亿元,同比增长 592%,预计未来移动支付将继续保持超高速增长状态。

三、我国第三方支付的行业规模和市场细分

互联网支付市场方面,支付宝的领先地位难以撼动。随着国内网民数的增加和电子商务的高速发展,互联网支付市场发展迅速,从市场格局上看,支付宝依靠阿里巴巴这一电商平台,积累了大量用户规模和交易基础,占据互联网支付市场的半壁江山;腾讯旗下的财付通和中国银联的银联在线合计占据三成左右。

移动电话支付方面,三巨头市场占比超九成,支付宝地位绝对领先。目前第三方移动支付业务中,支付宝、财付通和拉卡拉位居市场前三位,占据了超过90%市场的份额,市场集中度高,其中支付宝依靠其巨大的用户规模和线上交易量,已成为全球最大的移动支付公司;财付通依托于微信的移动端口集聚了大批用户,发展势头迅猛;而拉卡拉则以强大的营销攻势加速普及手机刷卡器,使用户迅速向移动端迁移。

预付卡发行与受理市场方面,已形成以联华OK、资和信为代表的领头羊企业。在全国区域内的多用途卡企业中,联华OK与资和信的市场份额合计达到三成以上,在发卡规模和客户数量上都具有领先的发展优势。

银行卡收单市场方面,虽然商业银行总体自营POS网络市场份额占据主体地位,但银联商务作为银联控股从事银行卡收单服务的公司,在线下收单业务市场份额中处于优势地位。截至2015年4月底,银联商务已在全国除台湾以外的所有省级行政区设立机构,市场网络覆盖全国337个地级以上城市,覆盖率为100%,服务特约商户430.3万家,维护POS终端517.2万台,服务ATM机2.42万台,服务自助终端23.6万台,便民缴费终端198.97万台,是国内最大的银行卡收单专业化服务机构,在第三方支付企业和银行业金融机构共同参与的银行卡收单市场份额排名第一。我国第三方支付主流业务模式如图3.4所示。2015年第三季度中国第三方支付平台所占市场份额如图3.5所示(所引用商标的各项权利归各公司所有)。

图3.4 我国第三方支付的主流业务模式

资料来源:豆丁网,《2015年中国互联网金融发展环境及第三方支付现状分析》,2016-6-30

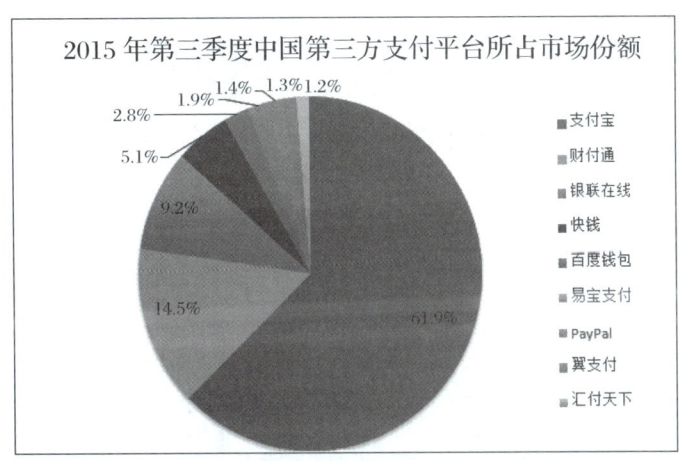

图 3.5　2015 年第三季度中国第三方支付平台所占市场份额

资料来源：豆丁网，《2015 年中国互联网金融发展环境及第三方支付现状分析》，2016-6-30

四、第三方支付价值：基于支付业务的衍生服务

支付是一项经济活动的终点（交易完成），同时更是另一项经济活动的开始（数据收集），是构成"商业运营－场景搭建－支付完成"完整闭环的核心要素之一。中小第三方支付公司难以盈利的原因，在于缺少资源投入和平台入口思维，难以将支付环节中所蕴含的支付数据资源加以利用变现。

在互联网大数据时代，用户的支付数据是价值密度最好的数据源之一，支付公司的价值不仅体现在支付业务本身的盈利能力中，更凝聚在其沉淀的支付数据和用户资源，并通过向企业和消费者两个方向服务延伸加以变现。以阿里蚂蚁金服为例，依托支付宝十年运营数据和超过 2 亿活跃用户积累以及淘宝、天猫生态圈场景，蚂蚁金服打造出涵盖现金余额管理（余额宝）、投资理财（招财宝）、供应链和消费金融服务（蚂蚁微贷）、个人征信平台（芝麻信用）、线上财产保险（众安保险）和全面金融服务（网商银行），其基于支付业务基础，全面而丰富的服务正是蚂蚁金服 2000 亿估值的魅力所在。

除支付宝之外，各家支付公司或多或少均凝聚了一批核心用户，其基于支付业务的服务拓展同样值得关注，如表 3.3 所示。

表 3.3　第三方支付公司基于支付的业务延伸

延伸方向	具体业务	数据及资源要求
向前	POS 贷 小贷融资 企业理财 财务咨询	过往交易流水、企业上游供应商基本信息、企业基本信息、企业所属行业基础数据；线下收单机具规模、金融企业合作伙伴资源、风控合作伙伴资源

续表

延伸方向	具体业务	数据及资源要求
向后	线上营销 市场推广 战略规划 电子商务解决方案	企业目标市场数据、企业目标客户属性及行为；数据、用户使用偏好变动情况数据、企业自身生产数据；电商平台合作伙伴资源、C端用户资源

资料来源：洪涛、欧亚非，《商业贸易行业第三方支付：源于交易、贵于数据、成于服务》，广发证券，36大数据网，2015-4-8

专栏 3-1　拉卡拉社区电商+消费金融之路

拉卡拉成立于2005年，早年通过在社区便利店、邮局网点等放置自助支付终端，为用户提供自助信用卡还款、转账汇款等个人金融及水电煤等便民生活缴费服务。根据易观咨询数据，截至2012年末，拉卡拉便民支付终端放置数量已达7.5万个，2014年拉卡拉各类终端支付规模达1.8万亿，同比增长38.5%，累计服务用户超过5000万。

基于多年积累的支付数据、用户积累和社区便利小店的合作，2013年开始，拉卡拉逐步向社区电商和消费金融两条主线进行服务扩张：

（1）以集支付、生活、网购和金融为一体的智能POS终端"开店宝"为核心，拉卡拉通过整合社区便利小店，为小商户提供全面的后端供应链服务（如采购支持、供应链金融和O2O销售服务）和前端营销服务（如App导流及派单推送、升级门店为统一的拉卡拉小店）。

（2）以手机App为核心，依托大数据征信技术，为个人用户提供消费信贷、信用卡代偿、P2P金融等消费者金融及投资理财服务。

资料来源：洪涛、欧亚非，《商业贸易行业第三方支付：源于交易、贵于数据、成于服务》，广发证券，36大数据网，2015-4-8

五、行业发展趋势

（一）支付形态日益丰富，支付应用场景不断外延

随着技术水平的提高，网络支付目前已经包括网银支付、NFC支付、图像识别支付、语音支付、指纹支付等支付形态，第三方支付的应用场景也随之渐广。互联网金融平台和产品的实现需要第三方支付的支撑，无论是互联网融资平台、贸易平台，还是淘宝商城、滴滴打车等生活服务性平台的生态圈都依靠第三方支付推动完成。目前，人们已经

适应并习惯使用第三方支付工具完成物业、水电气、手机通信、信用卡、房贷、助学贷款、转账汇款、理财等生活消费和投资，第三方支付已经成为人们支付的主要渠道。

专栏 3-2　支付宝走出国门

2015 年伊始，支付宝就与韩国热门商区合作支持支付宝付款、退税，这一举动大大增加了中国游客访韩的便利性。同年 8 月 28 日，由支付宝与香港莎莎国际控股有限公司打造的"未来商店"在香港试行。期间，吸引了大批顾客排队体验。香港素来被中外游客称作"购物天堂"，不论是货品种类、价格还是服务，都是世界知名的。作为亚洲最大的化妆品连锁店，香港莎莎国际控股有限公司一直是香港旅游零售业的"金字招牌"。每年都会吸引大批内地游客去莎莎"血拼"。而支付宝则是内地游客最熟悉最依赖的移动支付方式，支付宝支付不仅方便快捷，而且可以解决兑换外币的麻烦。这次合作，也是香港购物和支付宝的第一次试水，同时也打开了支付宝在香港商铺的第一扇门。支付宝已经蔓延至旅游景区和购物天堂，给游客创造了便利性，这恐怕不是银行可以代替的。

资料来源：清科研究中心，《移动支付的资本布局》，2016-1-31

（二）支付规模不断扩大，移动支付成为不可逆转的趋势

2014 年，随着我国电子商务环境不断优化，支付场景不断丰富，以及金融创新的活跃，第三方支付行业继续保持高速发展态势，其中移动支付业务规模已连续两年保持爆发式增长，其原因在于：一是移动互联网时代用户上网习惯从 PC 端逐渐迁移；二是移动互联网的普及使得用户从年龄、学历、收入等各维度都呈现长尾化趋势，使得用户数量快速增长；三是支付场景的拓展使得移动支付成为网民除银行卡、现金外新的惯常使用的高频支付工具。未来，随着支付场景的拓展和用户使用习惯的养成，移动支付将继续保持超高速增长趋势，同时也是各大巨头争夺的焦点。

（三）行业整合收购加剧，市场集中度将进一步提升

未来监管部门对牌照的严控以及现有支付市场已处于相对稳定的状态，未来打破市场竞争格局的主要方式是兼并收购。因此未来支付行业的整合并购分三个方向：一是无牌照的商务企业收购有牌照的企业，以完善自身的商业生态；二是强强联合，以求更丰富的业务范围和市场份额；三是大企业兼并收购小企业，巩固或扩大自身的市场占有率和业务规模。2012 年至今，第三方支付行业已有超过 20 起股权并购案例，且 2015 年以来市场并购节奏明显加快。

专栏 3-3 各巨头纷纷布局移动支付

阿里巴巴——互联网企业转战移动支付的领头羊。支付宝成立于2003年,最初是服务于淘宝的独立第三方支付平台。2008年,支付宝发布移动电子商务战略,推出手机支付业务。2015年7月,PC端支付宝平台和移动端支付宝应用合二为一,合并后新的支付宝承载的已不仅仅是支付功能,而且更多地向其他领域延展。

腾讯——紧随阿里发展迅猛。财付通于2005年4月正式上线,是腾讯公司推出的专业在线支付平台。2013年8月发布的微信5.0版本中,正式加入了微信支付功能,是财付通的移动端延伸。借助微信的社交功能,微信支付迅速成长,阻碍了支付宝一家独大的势头。

百度——起步较晚,如何转化用户成难题。2008年,百度推出百付宝,后来随着战略调整,百付宝沦为被搁浅状态。2014年4月,百度将百付宝改名,正式推出支付业务品牌百度钱包,内嵌在百度旗下所有移动产品中。2015年4月,百付宝总经理章政华透露百度钱包将上线独立百度钱包App。

京东——发力较晚,但迅速果敢。京东支付前身是网银在线。2012年10月京东收购网上支付平台"网银在线",2013年7月,京东金融集团成立。2013年3月,网银钱包正式上线,此举标志着京东金融的移动支付布局正式开始。2015年4月,网银钱包正式更名为京东钱包。京东以虚拟信用卡为切入点,结合众筹、理财、保险、O2O等众多支付场景,驶入快速发展车道。

万达——入股快钱,地产大亨寻求转型。万达集团以开发房地产起家,旧行业日渐式微时,万达积极寻求转型。2014年12月,万达集团宣布战略控股第三方支付公司"快钱"。万达入股快钱后,快钱仍保持独立运营,此举标志着万达的O2O闭环正式打通。

资料来源:清科研究中心,《移动支付的资本布局》,2016-1-31

第三节 第三方支付的风险与监管

一、第三方支付存在的主要风险

(一)系统漏洞及安全风险

支付机构在迅速发展的过程中,相关问题和风险不断显现,消费者未能得到有效的保护。央行的一份内部报告中列举了近几年支付机构的风险案例和支付系统漏洞。一是支付账户普遍未落实账户实名制，据公安部反映，不少机构为"黄、赌、毒"洗钱、恐怖融资及其他违法犯罪活动提供便利；二是挪用客户资金事件时有发生；三是疏于安全管理，部分支付机构风险意识薄弱，客户资金和信息安全机制缺失，安全控制措施不到位，对消费者的信息和财产安全构成严重威胁；四是缺乏消费者权益保护意识，夸大宣传、虚假承诺，普通消费者维权困难。2014年至2015年8月期间，中国人民银行全系统金融消费权益保护部门受理的网络支付类投诉占互联网金融类投诉的95.06%。

另外，技术的日益创新也带来了一定的风险，比如条形码支付、二维码支付等。以二维码为例，首先，它达不到足够的安全屏障；其次，二维码识别不出恶意的网址，识别能力有限，给犯罪分子带来可乘之机；最后，如果手机感染病毒或者丢失，那么密码和信息就会泄露，从而造成多方受损，安全得不到保障。

（二）资金沉淀风险

第三方支付沉淀资金是指在交易的过程中，因为买家支付货款和卖家收到付款的过程中经过了第三方，期间有一个时间差，资金会在第三方支付机构滞留一段时间，出现资金沉淀，如缺乏有效的流动性管理，则可能存在资金安全和支付的风险。

截至2014年底，所有网络支付账户的余额为2000多亿，主要集中在支付宝、财付通。吸收存款和支付清算是银行的基本功能，在缺乏与银行类似的严格监管约束下，支付账户已经实现事实上的网络银行功能，资金沉淀让其成为存款类的金融机构，而又没有受到银行的账户资金安全及配套的流动性监管。

支付账户余额的本质是预付价值，类似于预付费卡中的余额，虽然归属客户，却是以支付机构自身名义存放在银行，实际由支付机构支配与控制。同时支付机构的企业信用在法律保障上也远低于银行，一旦支付机构出现经营风险或信用风险，用户财产可能受损。

（三）信用卡套现风险

信用卡套现，是指通过非法方式来支取信用卡额度范围内现金的行为。第三方支付的网络属性，使其难以辨别资金的真实来源和去向，成为极佳的信用卡套现工具。即使在没有发生交易活动时，也可以把资金从第三方支付平台提供的虚假账户中转入银行账户，而这对于银行方面来说是正常的交易活动，银行也无法对交易活动的性质、目的进行检查。

信用卡套现对于持卡人、商户和发卡机构都带来很大风险。持卡人一旦逾期，除支付高昂利息，造成信用污点外，也会面临法律制裁；商户通过虚假交易，一定程度上会纵容"洗钱"等不法行为，违反我国相关法律，影响我国金融秩序；同时，造成发卡机构比较大的现金流失，不良贷款风险大增，给金融市场的秩序带来不利影响。

二、第三方支付的监管

随着第三方支付行业的发展，挪用客户资金、泄露客户资料等问题频频显现。2015年年初开始，广东益民旅游休闲服务有限公司、浙江易士企业管理服务有限公司因非法吸存、挪用客户预付金等违法问题相继被央行注销支付许可证。

2015年7月18日，央行联合十部委发布互联网金融指导意见，指出"从业机构应当选择符合条件的银行业金融机构作为资金存管机构，对客户资金进行管理和监督，实现客户资金与从业机构自身资金分账管理"。

7月31日，央行再次发布《非银行支付机构网络支付业务管理办法（征求意见稿）》，第八条再次提出，"支付机构不得为金融机构，以及从事信贷、融资、理财、担保、货币兑换等金融业务的其他机构开立支付账户"。本次新规直接目的是避免在支付机构的备付金账户里沉淀太多的资金，间接目的是使得部分支付机构账户体系的"隐形"清算结算功能弱化。监管层的"设计理念"是拟通过支付限额、业务范围等多项规定，旨在引导支付机构"去银行化"，进一步回归"小额支付"和"通道"的本质。

2015年12月28日，中国人民银行正式发布了《非银行支付机构网络支付业务管理办法》（以下简称《办法》）。《办法》坚持互联网支付始终服务电子商务发展和为社会提供小额、快捷、便民小微支付服务的宗旨，充分考虑支付服务市场创新和发展的需要，清晰界定了支付机构网络支付业务的内涵和边界，从业务和风险管理、系统和信息安全、信息披露和风险提示、客户权益保护和法律责任等方面作出制度安排，并对互联网金融跨市场风险建立了必要的隔离机制。

具体而言，《办法》主要包括以下五个方面的内容。

一是明确概念定义。哪些是非银行支付机构？《办法》所称的支付机构，是指"依法取得'支付业务许可证'，获准办理网络支付业务的非银行机构"。这就明确了支付机构的两个核心要素：第一，支付机构应取得支付业务许可证；第二，支付机构不是金融机构，更不是银行。因此，第三方支付是支付市场的补充者，协助商业银行开展支付结算业务，与商业银行形成互助、互补的关系。

什么是网络支付业务？网络支付业务是指"收款人或付款人通过计算机、移动终端等电子设备，依托公共网络信息系统远程发起支付指令，且付款人的电子设备不与收款人特定专属设备交互，由支付机构为收付款人提供货币资金转移服务的活动"。这个听起来有点晦涩的定义，界定了网络支付的业务边界，也向我们传递了一个信息：目前比较普遍的线下扫描二维码进行支付的行为，并未得到央行认可，不属于网络支付业务。

二是回归业务本质。《办法》强调，支付机构应当遵循主要服务电子商务发展和为社会提供小额、快捷、便民小微支付服务的宗旨，这是对支付机构的根本定位。这就要求，支付机构不忘初心、回归本质，以服务好电子商务发展为出发点和落脚点，不经营或者变相经营证券、保险、信贷、融资、理财、担保、信托、货币兑换、现金存取等业务。

支付机构为客户提供网络支付服务，既可以基于客户的银行账户，也可以按照《办法》规定为客户开立支付账户。那么，支付账户的本质又是什么？《办法》强调，支付账户所反映余额的本质是预付价值，类似于预付费卡中的余额，与客户的银行存款完全不同。预付价值仅代表支付机构的企业信用，法律保障机制上远低于货币，也不受存款保险保障。一旦支付机构出现经营风险或信用风险，将可能导致支付账户余额无法使用，也不能回兑为银行存款，使客户遭受财产损失。在现实中，这样的案例已经多次出现。

三是实施分类管理。《办法》的最大亮点，在于对支付账户和支付机构实施分类管理：第一，优化了个人支付账户的分类方式，从征求意见稿的综合类账户、消费类账户等两类扩充为Ⅰ类、Ⅱ类、Ⅲ类，三类账户相应身份核实方式、余额付款功能和限额各有不同：Ⅰ类账户的开立仅需通过1个外部渠道验证客户身份，开户过程最为便捷，但仅用于消费和转账，且累计付款限额为1000元；Ⅱ类如果以非面对面的方式，应通过至少3个外部渠道验证身份，功能也是消费和转账，但限额提高到每年10万元；Ⅲ类账户最强大，除了消费和转账，还有投资理财功能，年累计限额为20万元，但需要至少5个外部渠道验证身份。第二，对支付机构实施分类管理，将支付机构分为A、B、C等三类，对于高等级的支付机构，在客户身份验证、账户转账、单日交易限额、快捷支付验证、个人卖家管理等方面，制定了差别化措施。如A、B类机构的客户，在安全认证级别不足情况下的单日交易限额，可以从5000元分别提高到10000元、7500元。

四是加强风险防范。近年来，网络支付领域风险隐患较多，《办法》综合客户类型、身份核实方式、交易行为特征、资信状况等因素，着重从5个方面对支付机构提出要求：建立客户风险评级管理制度和机制；根据客户风险评级、验证方式、交易渠道等因素，建立交易风险管理制度和交易监测系统，对疑似风险及时采取控制措施；向客户充分提示潜在风险，及时揭示不法分子新型作案手段，加强安全教育，与其他机构合作开展金融类产品销售前，必须充分了解合作机构的信息并向客户充分提示；以"最小化"原则采集和使用客户信息，告知客户相关信息的使用目的和范围，不得向其他机构或个人提供客户信息；提高交易验证方式的安全级别，采用的数字证书、电子签名、一次性密码、生理特征等验证要素应符合法律法规的要求。

五是保护客户权益。《办法》针对支付机构客户权益保护方面的不足，明确4个方面的要求：在知情权方面，以显著方式提示客户注意服务协议中的重要事项，确认客户充分知晓并清晰理解相关权责利，每年1月底前公布上一年度客户投诉和风险事件报告；在选择权方面，充分尊重客户真实意愿，由客户自主选择支付机构、收付方式，不得以诱导、强迫等方式侵害客户自主选择权；在信息安全方面，制定客户信息保护措施和风险控制机制，特别强调应对商户采取有效措施进行监督，防范因商户违规存储信息而导致客户信息泄露或资金损失；在资金安全方面，及时处理客户提出的差错争议和投诉，建立健全风险准备金和客户损失赔付机制，对不能有效证明因客户原因导致的资金损失及时先行赔付或无条件赔付。

专栏 3-4　谁动了第三方支付的备付金

> 作为第三方支付中的一个分支，预付卡发行与受理一直以来都不像互联网金融那样轰轰烈烈，不过最近，这个分支正在经历着一场地震，而震源就是发行"畅购一卡通"的上海畅购企业服务有限公司，"资金链断裂""经营违规""倒闭"等词早在一年多前就陆续出现在关于这家公司的报道中，从一开始商户不接受使用畅购卡，到如今官网打不开、被央行注销支付牌照、实际控制人被公安部门依法采取强制措施、用户手中的畅购卡被以八五折的价格回购，或许可以算是曾轰动一时的上海畅购储值卡无法兑付一案的官方结果。
>
> 畅购并不是第一家被央行注销支付牌照的公司，2015年8月，浙江易士企业管理服务有限公司因挪用备付金，成为首家被吊销支付牌照的第三方支付企业。其和畅购"落马"的异曲同工之处就在于都抵挡不住备付金的诱惑，在第三方支付的大行业里，预付卡算是利润比较低的一个分支，其主要利润来源于备付金利息以及与商家的交易手续费，但预付卡机构的运营成本逐步提升，让这些预付卡机构铤而走险把卡内余额挪移去做理财、投资股票，甚至是P2P等其他风险投资，导致支付企业资金链的断裂。
>
> 资料来源：《IT时报》，2016-1-18

第四节　第三方支付典型案例

一、拉卡拉创新全场景支付新模式

拉卡拉集团成立于2005年，是联想控股成员企业，从线下刷卡业务起家，目前主要有两块业务：金融服务业务（拉卡拉金服集团）以及做社区O2O的拉卡拉电商公司。

作为国内第一批取得支付牌照的线下第三方支付公司之一，近十年来，拉卡拉通过自己分布在300多个城市中的便利店、社区小店，以及银行网点中的自助刷卡终端，向附近居民提供便民金融服务。如信用卡还款（跨行）、公共服务缴费等。据称，已经累积了约 1 亿的个人用户，运营 300 多万商户，覆盖 80% 以上的社区。每天的交易笔数超过 300 万笔，2015 年金融服务平台上的支付交易规模预计将超过 2 万亿元。

2015 年 9 月，作为国内领先的综合性互联网金融企业，拉卡拉在其支付系统、品牌认知、用户基础等方面相对成熟的情况下，创新互联网金融新模式，推出一款集多卡合一、空中发卡、空中充值等多功能于一身的拉卡拉手环，开启了穿戴式全场景支付新模式。

这款集多项功能于一身的智能终端产品一经推出，引起了互联网金融行业的广泛关注。此次拉卡拉手环的亮相，是继 2012 年拉卡拉成功推出"手机刷卡器"之后，又一次创新之举。据介绍，拉卡拉手环的出现引领了互联网金融的全新支付方式和潮流，吸引用户的最大亮点在于方便快捷的全场景支付模式。因为它不仅具有支持公交、地铁、食堂饭卡、住宅门禁卡等多卡合一的功能，还可满足用户支付、信贷、理财、征信等一站式互联网金融服务需求。

用一个小小的携带式手环，将多种支付场景与互联网金融平台相联接，从而把现阶段的移动支付方式化繁为简，极大解决了移动支付所普遍存在的问题。此次拉卡拉手环的成功推出，是拉卡拉准确把握住市场需求的重要体现。拉卡拉借助此手环的创新推出，依托拉卡拉强大的互联网金融平台，未来必将爆发出更多潜能，积累更多优质用户资源。借助拉卡拉手环的推广，2015 年拉卡拉支付交易规模预计可达 2.5 万亿元，同时对移动支付及中国互联网金融领域产生的影响不可小觑。

二、"扫码派"与"闪付派"的移动支付争夺战

以支付宝、微信支付为代表的第三方支付，通过手机扫码技术，迅速抢占了大批移动端用户，被称为"扫码派"。而在 2015 年"双 12"当天，银联联合 20 余家商业银行共同发布"云闪付"。2015 年 12 月，银联与手机厂商苹果及三星宣布达成合作，将推出移动支付服务。至此，"扫码派"和"闪付派"形成对立之势。

所谓的云闪付，据中国银联相关人士介绍，只需一部具备 NFC（近场支付）功能的手机（操作系统为安卓 4.4.2 以上版本），持卡人即可直接在手机银行 App 中生成一张银联卡的"替身卡"，即云闪付卡。

对标扫码支付，用户首先要在联网环境的前提下，打开手机界面、支付 App、支付码等繁琐环节。银联"云闪付"在线下支付时，则不需要启动手机银行 App，更不需要手机联网，仅需点亮手机屏幕，靠近 POS 机的闪付区域即可。

如此看来，在便捷性上，云闪付似乎略胜一筹，与地铁公交刷卡原理一样。但实现这一便捷的前提就是有一部 NFC 功能的手机和一部带有"闪付"的 POS 机。目前"云闪付"只支持安卓 4.4.2 及以上版本的特定型号的手机。

速途研究院的数据显示，2015 年三季度交易规模已经达到了 9 万亿元，移动支付占

比暴增至18.8%。在移动支付市场份额中，第三方支付占比达90%，银联占比不及10%。支付宝以61.9%的比例占据大部分支付市场，腾讯系财付通市场份额仅次于支付宝，占比14.5%，微信支付、QQ钱包两种新支付入口的快速发展使其市场占比进一步扩大。

在市场推广界流传着这样一种说法，砸钱不是万能的，但不砸钱是万万不能的。支付市场上已经出现了一场又一场"砸钱"盛宴。

2015年"双12"当天，支付宝口碑平台推出的30万商家5折优惠（50元封顶），快速吸引了全国2800万人参与，也吸引了更多"大爷大妈"加入扫码支付，分享着"12.12支付宝口碑全球狂欢节"这道大餐。

微信支付自2015年12月10日起，联合了全国近10万家商户门店共同推出双12优惠活动，范围覆盖超市、便利店、品牌、百货、商圈、Shopping Mall、零食店等，全力抢攻线下市场。

百度董事长兼CEO李彦宏于2015年11月18日出席"百信银行"成立发布会时公布百度钱包的常年返现计划，消费者通过百度钱包的每一笔消费，均可以立即得到1%起的现金返还。据悉，参与百度钱包"常年返现计划"的商家已达上百万家。

银联也选在了2015年双12这天在全国推出"银联云闪付乐享一元购"活动；持卡人带上具备相应功能的手机，即可在家乐福、麦当劳、屈臣氏、全家、COSTA等25家全国连锁及行业知名商户的上万个实体门店享受大力度银联专属优惠。

从国内市场来说，以支付宝钱包、微信支付为首的非银行移动支付，与以中国银联为首的商业银行系展开竞争。国际上，以苹果、谷歌为首的技术能力超强的互联网公司正在大踏步进入移动支付市场。事实上，不仅"扫码派"和"闪付派"在较量，就连"扫码派"本身也有支付宝、微信、百度钱包等各个分支，他们之间的竞争甚至比"扫码派"和"闪付派"的较量更加惨烈。

移动支付已经势不可挡地走进了人们的生活，然而在普及和应用的路上，还有很多工作要做。如今谈"消灭现金""消灭信用卡"已并不遥远。

三、快钱支付2.0企业服务体系

与拉卡拉偏向C端的服务转型不同，常年为企业用户提供第三方支付支持的快钱更加专注于对B端企业用户的服务拓展，其针对快钱用户提供的拓展服务体系主要包含三大部分：

（1）企业财务管理服务。依据企业不同资金需求，提供增值理财或联合银行提供融资服务。

（2）客户管理服务。以快钱云端会员管理系统为平台，为商户提供支付、营销、会员卡管理等一站式会员服务。

（3）企业小额贷款服务。针对快钱用户，以企业交易流水为核心分控体系，提供免抵押担保的小额贷款服务。

2014年12月，万达集团宣布以3.15亿美元收购快钱68.7%的股权，并将其纳入万达商业版图。凭借快钱手中的互联网支付和预付卡发行及受理牌照，万达将有望如愿构建以线下消费为主的"O2O+互联网金融"完整的闭环生态圈。快钱快易融与其他小额融资方式对比如表3.4所示。

表3.4 快钱快易融与其他小额融资方式对比

类别	传统银行POS贷	小贷公司	P2P借款	快钱快易融（逸贷版）
准入要求	各种财产证明、验资审核严格	需要资产证明抵押	财产证明；资产调查证明	成立两年&使用快钱支付3个月以上；近3个月均流水5万以上；无抵押免担保
审批效率	10个工作日以上	5~7个工作日	不定	最快3天
贷款额度	最高200~300万	根据抵押情况估值	根据资产调查情况	最高100万
还款方式	随借随还；等额本息；等本等息	等额本息；等本等息	等额本息；等本等息	随借随还；等额本息；等本等息
动态额度	多数银行不支持	不支持	不支持	支持

资料来源：洪涛、欧亚非，《商业贸易行业第三方支付：源于交易、贵于数据、成于服务》，广发证券36大数据网，2015-4-8

第三方支付的诞生源于非现金交易的需求，在交易双方时空错隔时，作为中介机构介入其中，承担便利支付（取代繁琐的现金交割）和信用中介（支付宝首创）等职能，既是交易的完成，同时也是数据收集的起点。因此，支付公司的本质是对支付数据和用户资源的沉淀，并通过向企业和消费者两个方向服务的延伸变现。

本章小结

第三方支付（Third-Party Payment）狭义上是指具备一定实力和信誉保障的非银行机构，借助通信、计算机和信息安全技术，采用与各大银行签约的方式，在用户与银行支付结算系统间建立连接的电子支付模式。第三方支付包括线上和线下两种支付模式，起于线下支付，兴于线上支付，并将迎来移动支付的时代。

我国第三方支付围绕网络支付、预付卡发行与受理以及银行卡收单三类主要业务模式展开。其中，网络支付下又具体分为互联网支付、移动支付、固定电话支付和数字电视支付。互联网支付和移动支付是第三方支付市场主要的增量来源。

互联网大数据时代，用户的支付数据是价值密度最好的数据源之一，支付公司的价值不仅体现在支付业务本身的盈利能力中，更凝聚在其沉淀的支付数据和用户资源，并通过向企业和消费者两个方向服务延伸加以变现。

第三方支付平台存在的主要风险包括系统漏洞及安全风险、资金沉淀所带来的风险以及信用卡套现风险等。目前，第三方支付机构的监管主要依据央行 2015 年 12 月发布的《非银行支付机构网络支付业务管理办法》。

复习思考题

1. 第三方支付平台与银行、商户以及消费者四者之间是什么关系？试着分析他们之间的分工及联系。

2. 第三方支付有哪些模式？搜索网络资料，试着分别找出一个典型代表，并进一步了解这些平台的具体应用。

3. 结合书本知识和网络资料，探讨移动支付有哪些创新的方式？理解"没有场景就没有移动支付"这句话的含义。

4. 什么是 O2O 支付？它有何特点？

第四章　P2P 网络贷款

【学习目标】

通过本章的学习，了解我国 P2P 网络借贷产生的背景、发展现状及发展趋势，掌握 P2P 在我国的主要模式及特点，理解 P2P 网络借贷的风险及监管现状，了解大数据征信的含义及在 P2P 网络借贷中的应用。在此基础上，对 P2P 网络借贷平台的普惠特性、互联网特性形成较为全面的认识。

第一节　P2P 网络贷款概述

一、P2P 网络贷款的兴起及概念

借贷是一种古老的资金融通方式，传统上的民间借贷多以个人直接向个人借款的方式进行，不经过任何第三方机构（如银行），发生在对等主体之间，本身就是一种点对点、个人对个人的借贷。在这种形式下，借贷的价格（利息）由借贷双方参考一般的市场行情进行约定，交易达成速度快、成本低。然而，传统点对点的民间借贷具有范围受限、需求匹配难、风险高的特点，一般只限于熟人圈子，市场规模受到限制。

随着银行业的兴起，借贷大都通过银行等金融中介机构进行，民间借贷只在有限范围内发挥补充作用。但随着互联网的发展和信用环境的成熟，互联网的连接作用使得数量众多的借款人与放款人能够建立跨越地域和熟人圈子的联系，点对点借贷关系的发生范围被极大扩张，基于互联网的 P2P 借贷应运而生。

所谓 P2P（Peer to Peer）网络贷款，根据银监会与小额信贷联盟的公文，中文官方翻译为"人人贷"。P2P 是基于特定信息中介（通常为网络平台），以对等主体之间的直接资金借贷为特征的资金融通方式。其中，中介机构负责对借款方的经济效益、经营管理水平、发展前景等情况进行详细考察，并收取账户管理费和服务费等。这种操作模式依据的是《合同法》，其实就是一种民间借贷方式，只要贷款利率不超过银行同期贷款利率的 4 倍，就是合法的。

二、P2P 网络借贷平台的交易流程

P2P 网络借贷平台，是 P2P 借贷与网络借贷相结合的金融服务网站。一个典型的 P2P 借贷平台的资金流动过程如图 4.1 所示。在 P2P 网络借贷过程中，借、贷双方首先需要

在 P2P 网贷平台上进行注册并建立账号；然后，贷款人向平台提供身份凭证以及资金用途、金额、接受利息率幅度、还款方式和借款时间等信息，并接受平台方的审核；平台审核通过后，借款人的相关信息即可在平台上公布。

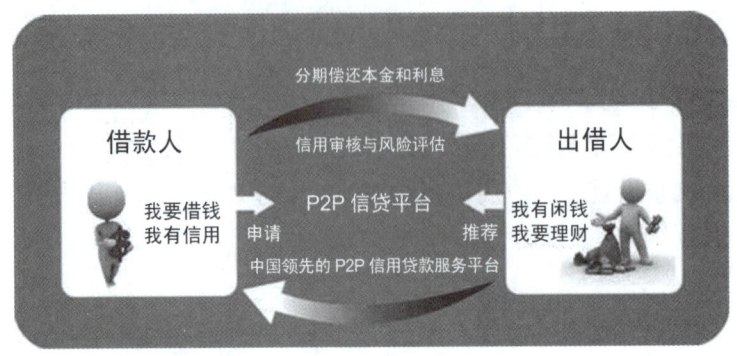

图 4.1　P2P 网络贷款流程

对于投资者而言，可以根据平台发布的借款人项目列表，自行选择借款人项目，自行决定借出金额，实现自助式贷款。P2P 网贷平台上的借款交易过程多采用"竞标"的方式来实现（如图 4.2 所示）。即一个借款人所需的资金常由多个出借人出资，待所借金额募集完成后，该借款项目会从平台上撤下，此过程一般为期 5 天左右。而资金出借人与借款人直接签署个人间的借款合同，一对一相互了解对方的身份信息、信用信息。若借款项目未能在规定期限内筹到所需资金，则该项目借款计划流标。

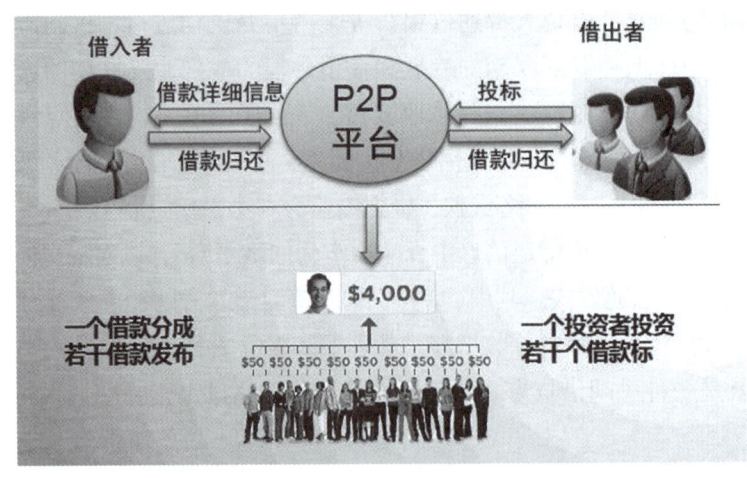

图 4.2　P2P 网络贷款"竞标"示意图

P2P 网贷平台对于借款的利率一般有三种模式：一是平台给出利率指导范围，由贷款人自行决定比率，如人人贷、拍拍贷等；二是平台根据借款人的信用水平决定借款利率，而信用级别较低的借款人则会被规定为较高的利率，如合力贷；三是贷款利率的确定是根据出借人投标利率的范围而确定，投标利率最低者获得签订借款合同的资格。

专栏 4-1　P2P 网贷投资流程

目前我国的金融市场为普通投资者和中小企业提供的融资平台有限，银行储蓄利率低，证券市场风险大，公司债券还没有发行，房地产市场存在着资产泡沫的风险，传统的民间借贷不够透明，并且不受法律保护，在这种情况下，P2P 借贷可以成为投资者获得相对稳定收益的投资工具。随着时代的发展，P2P 投资理财也成为了一种趋势，现在越来越多的人都选择去投资 P2P 网贷，如何在 P2P 网贷平台上进行线上产品的投资呢？请阅读链接中的资料（http://jingyan.baidu.com/article/fea4511a75d427f7ba91255e.html），并自行练习。

通过本次实训，你对 P2P 投资有了哪些新的认识？并思考，应该如何在 P2P 平台上选择投资产品？主要存在哪些风险？你应该如何保证自己的资金安全？

资料来源：百度经验，http://jingyan.baidu.com/article/fea4511a75d427f7ba91255e.html，2017-1-16

三、P2P 网络贷款的特点

1. 直接透明

出借人与借款人直接签署个人间的借贷合同，一对一地互相了解对方的身份信息、信用信息，出借人及时获知借款人的还款进度和生活状况的改善，最真切、直观地体验到自己为他人创造的价值。

2. 信用甄别

在 P2P 模式中，出借人可以对借款人的资信进行评估和选择，信用级别高的借款人将优先得到满足，其得到的贷款利率也可能更优惠。

3. 风险分散

出借人将资金分散给多个借款对象，同时提供小额度的贷款，风险得到了最大程度的分散。

4. 门槛低、渠道成本低

P2P 网贷使每个人都可以成为信用的传播者和使用者，信用交易可以很便捷地进行，将社会闲散资金更好地进行配置，将中高收入人群的闲余资金合理地引向众多信用良好且需要帮助的中低收入人群。

总之，基于互联网的 P2P 借贷改变了基于传统银行的间接资金融通方式，形成了新的借贷模式，使得长期隐藏于地下的民间借贷获得新生。然而，基于互联网的P2P借贷并不仅仅是民间个人借贷的互联网化。它更深层次的意义在于"金融脱媒"，即采用新兴的技术手段与去中心化的思想改变风险传播模式、扁平化金融中介，从而提高资金的使用效率，让借贷交易双方都能够从中受益，衍生出金融普惠和金融民主化价值。

专栏4-2　我国P2P网贷的特点

> 基于互联网的P2P借贷模式传播到我国之后，经过5年左右的酝酿与积累，从2011年开始起步并随后经历了爆发式增长，引起了人们的广泛关注。但是与国外P2P借贷平台完全依靠网络、借款利率略低于银行同期水平不同，国内P2P借贷平台大多深度依赖线下渠道（包括借款人开发和审贷，乃至投资人的开发），借款利率也显著高于同期银行利率。尤其是在监管细则尚未出台、信用环境差的情况下，一些平台借P2P借贷之名进行诈骗，另外一些平台忽视业务风险"野蛮"发展，导致从2013年下半年开始，大批平台或倒闭，或遭"挤兑"，或被公安部门调查。
>
> 成本与风险双高是国内P2P借贷行业的典型特点。一方面，国内的征信体系建设严重滞后，表现为征信数据分散、稀少、可用程度低。信用数据的缺失导致平台无法建立自动化的审贷、定价和风险控制模型，各P2P平台不得不花大量的人力和财力组建线下销售与风控队伍，极大地增加了平台的业务成本。信用数据的缺失除了推高信用资料的获取成本外，还导致借款申请拒绝率的高企，同样平台不得不为此付出高昂的人力成本。即使通过了审核，由于P2P借款的金额低，国内信用环境差，借款人的违约成本很低，催收成本却很高。为此，平台不得不显著提高综合借款率以便覆盖风险，而综合借款率的提高无疑又加剧了借款人的违约风险。
>
> 资料来源：吴晓光、曹一，《论加强P2P网络借贷平台的监管》，南方金融，2011-4

第二节　P2P国内外发展概况

21世纪初期以来，网络信贷起源于英国，随后发展到美国、德国和其他国家，其典型的模式为：网络信贷公司提供平台，由借贷双方自由竞价，撮合成交。资金借出人获取利息收益，并承担风险；资金借入人到期偿还本金，网络信贷公司收取中介服务费。

一、国外几种典型发展模式

P2P网络借贷平台起源于英美等西方发达国家，并形成了三种比较成熟的模式，分别为纯平台中介模式（美国 Prosper）、复合型中介模式（英国 Zopa、美国借贷与社交平台结合的 LendingClub）、非盈利公益型模式（Kiva）。

（一）Prosper

Prosper 于 2006 年 2 月在美国成立，是美国金融史上第一个 P2P 银行。其模式类似于拍卖，只不过拍卖的是贷款。出借人开始通过降低利息率进行竞拍，Prosper 需要完成的工作就是确保安全、公平的交易，包括贷款支付给借款人、收集符合借贷双方要求的借款人和出借人。Prosper 在交易过程中出售平台服务，从借贷双方收取服务费，是单纯的中介，风险评估、利率制定、资金回笼等均由贷款人自行评估完成，并不承担坏账风险。借贷双方在交易促成过程中，一个重要的参考指标就是个人信用评分，美国完善的社会信用体制无疑对风险的评估作出了很大的贡献。

（二）Zopa

Zopa 于 2005 年 3 月在伦敦成立，并在美国、日本、意大利推广，是公认的 P2P 网络借贷平台鼻祖，为有资金需求和有闲置资金的个人及小型企业提供一个互动的平台，借贷利率完全由会员自主商定。为了保证安全，Zopa 负责对借款人进行风险评估、实名认证，考察并划分信用评级并据以贷款，强制借款人每月还款；同时，出借人需要把资金平均分配给 50 名借款人，分散投资者的风险。Zopa 在整个交易中负责有关借款的所有事务，包括雇佣代理机构追债，当一笔借款被成功放出时，作为整个交易平台的 Zopa 将从中获得一定比例的服务费。

（三）LendingClub

LendingClub 于 2007 年 5 月在美国上线，最初是出现在 Facebook 的第一批应用里，它帮助用户把钱借给自己的 Facebook 好友。2007 年 8 月，网站从 Norwest Venture Partners 和 Canaan Partners 募集到 1026 万美元的 A 轮融资，自此借贷俱乐部成功转型为一家 P2P 网贷公司。与 Prosper 等竞争对手相比，LendingClub 更重视用户的信用记录，注重对交易流程的控制。它并不采用 P2P 网站通行的一对一竞标方式，而是在对不同用户进行信用等级评定之后，由网站规定相对应的固定利率和固定期限，大大增加了交易撮合的成功率。借款人在进行贷款交易前必须要经过严格的信用认证和 A～G 分级。出借人可以浏览借款人的资料，并根据自己能够承受的风险等级或是否是自己的朋友来进行借款交易。

（四）Kiva

Kiva 建立于 2005 年 10 月，是一个非营利的 P2P 贷款网站。用户可以通过该网站向发展中国家的个人借款人"造血式"提供小额贷款，而不是无偿"输血"来改善他们的经济状况。Kiva 与其他社会网络站点一样，会贴出潜在借款人的简介。贷款人可以仔细阅读这些人物简介，然后贷款给那些打动他们的人。Kiva 并不会随意接纳发展中国家的任何一位潜在的借款人，只有那些经过小额金融机构仔细审查然后介绍给 Kiva 的借款人才能被 Kiva 所接纳。如果小额金融机构的某些借款人的贷款拖欠率高，或是其经营状况显得不稳定、不可靠，Kiva 就会暂停向小额金融机构发放借贷给他们的款项。Kiva 设计出一种针对小额金融机构的五星评级系统，并在其网站上同时显示出各小额金融机构的概况与等级。

二、国内发展现状及平台发展趋势

（一）我国 P2P 网贷发展现状

P2P 网络借贷平台模式在 2006 年左右传入我国，2007 年 8 月成立了第一家 P2P 网络借贷平台——拍拍贷。2013 年，互联网金融概念爆发，P2P 网贷开始全面进入大众视野。P2P 网络借贷平台在我国相继涌现，影响范围不断扩大，交易数额飞速增长。2014 年全年 P2P 平台数量达到 1575 家，网络借贷成交量突破了 2500 亿元，贷款余额突破 1000 亿元。目前全国除西藏无平台外，每个省份都有 P2P 平台。

在我国金融抑制和金融垄断的大环境下，P2P 极大地满足了小微型企业和个人信贷需求，弥补了传统银行的盲点，增进了社会效益，是普惠金融的有效补充。与传统的银行贷款相比，P2P 准入门槛低，注重小微企业贷款，借贷操作采用互联网手段更加方便快捷，因而在市场青睐下不断发展。

高速发展的另一方面，则是行业监管缺位导致 P2P 问题平台日益增加。截至 2016 年 6 月底，全国正常运营 P2P 网贷平台达 2349 家，整个 2016 年上半年，累计停业及问题平台数量为 515 家，其中良性退出（停业、转型）的共有 247 家，恶性退出（跑路、提现困难、经侦介入）的共有 268 家。2016 年 6 月底，P2P 网贷平台数量最多的依然是广东（417 家）、北京（299）、浙江（287 家）和山东（256 家）。2015 年 7 月我国出台了《关于促进互联网金融健康发展的指导意见》，旨在规范 P2P 等互联网金融行业的发展。P2P 行业被要求平台资金由银行存管、不做资金池，这不仅提高了行业门槛，也增加了 P2P 平台的运营成本。经历了野蛮式发展的 P2P 行业，监管政策出台将引发行业洗牌，强者更强、弱者更弱的两极分化格局会更加严重。

（二）P2P 平台的发展趋势

P2P 网贷在我国经过八年发展，正处于无序到有序的过渡阶段。《关于促进互联网金融健康发展的指导意见》的出台，标志着 P2P "野蛮生长"时代的终结，未来平台的发展将呈现以下趋势。

趋势 1：P2P 发展日趋细分化

P2P 行业从最初的"野蛮生长"正慢慢演化为细分化、多元化的发展趋势，业内已涌现出专为电网、环保、钢铁贸易、电子商务、教育、汽车等产业链的企业和个体提供融资服务的 P2P 平台。2015 年中国 P2P 的专业化市场已开始形成，P2P 网贷未来发展日益凸显出"小而美"的趋势。未来 P2P 行业将细分金融市场，根据不同行业的特点，形成不同的模式。

趋势 2：去担保化

目前国内存在几种 P2P 担保制度模式：一是独立的专业第三方融资担保机构；二是平台对全部项目提供保障；三是小贷公司、典当行、个人甚至其他企业作为担保。从这几种方式分析，独立的专业第三方融资担保机构需要收取不菲的担保费用，会增加项目成本，降低项目回报率，客观上分散了平台的盈利能力。

随着 P2P 行业的发展，平台去担保或成为一种趋势，平台将不再为投资人提供本息担保与法律上的连带责任。"去担保"背景下，有一些平台已经开始着手准备取消担保转而采取风险准备金这可能成为未来的主流模式。去担保化使 P2P 平台原有的征信体系受到冲击，"P2P+ 保险"成为其新的征信方式。

趋势 3：P2P 网贷平台与第三方支付相结合

反思国内 P2P 网贷平台"跑路"的缘由，设立资金池是主要原因，即平台上众多借款方把钱汇集在一起形成一个池子，由 P2P 平台统一调拨以匹配贷款标的，此举容易出现"跑路"事件。从根本上规避资金池现象，就是要采用"P2P+ 第三方支付"的模式，即借款人和贷款人分别在第三方支付平台上设立账户，借款人通过第三方支付平台把钱划转至贷款人的账户，这样的 P2P 平台并不具备汇集和调拨资金的功能，只发挥中介的作用。这种与第三方支付结合是目前 P2P 发展的大势所趋。

趋势 4：P2P 网贷平台征信数据化

风险管理能力是 P2P 网贷公司的核心竞争力。未来 P2P 网贷公司风险控制的核心在于建立数据化风控模型，采用大数据分析来判断个人或企业的还款能力，这就需要 P2P 网贷平台建立数据化的征信系统。通过技术创新，实现征信的自动化、数据化，提炼用户的个人基本特征、消费行为特征等，利用社交活动所形成的数据分析来客观评价一个人的信用度，从而判断其还款能力和欺诈风险。通过采集借款人各个维度的数据判定其违约成本，并给出可以贷款的额度和相应的风险定价。

第三节　我国 P2P 主要模式

P2P 在我国具有弥补传统金融盲点的重要意义，在不断发展中形成了多种模式，有些已经具备了银行业务的特点。行业中广泛采用的业务模式主要包括纯线上模式、债权转让模式、担保/抵押模式、O2O 模式、P2B 模式和混合模式。

一、纯线上模式

网络借贷平台的主要作用是信息枢纽,资金需要者即借款人在平台上发布需求信息,列明借款原因、借款金额、预期年利率、借款期限,并且需要提供自己有足够还款能力的各种证据。其最大的特点是借款人和投资人均从网络、电话等非地面渠道获取,多为信用借款,借款额较小,对借款人的信用评估、审核也多通过网络进行。

网站只负责制定交易规则和提供交易平台,不负责交易及贷后资金管理,也不承担借款人违约带来的损失。平台收益来源以成交服务费为主,一般为成交金额的 2%～4%,其他还有充值手续费和提现手续费。平台审核方式以线上审核为主,对用户资料进行一致性和形式方面的审查。

这种模式比较接近于原生态的 P2P 借贷,注重数据审贷技术,注重用户市场的细分,侧重小额、密集的借贷需求。平台强调投资者的风险自担意识,通过风险保证金对投资者进行一定限度的保障。平台承担的风险较小,对信贷技术的要求高。当前,纯线上模式的业务扩张能力有一定的局限性,业务运营难度高,但被普遍认为是国内 P2P 借贷的未来发展方向。国内采用纯线上模式的平台较少,最典型的是老牌平台拍拍贷。

这种模式的优点是,平台运营成本低,自身风险较小;借贷更高效便捷;受地域局限小。缺点是,平台缺乏个人信用评估系统,难以保障投资人的资金安全,投资人承担风险大。

二、债权转让模式

这一模式的最大特点是借款人和投资人之间存在着一个中介——专业放款人。为了提高放贷速度,专业放款人先以自由资金放贷,然后把债权转让给投资者,使用回笼的资金重新进行放贷。债权转让模式多见于线下 P2P 借贷平台,因此也成为纯线下模式(指借款人和投资者均通过线下途径开发,但也有部分纯线下平台通过线上渠道获取一些投资人)的代名词。线下 P2P 借贷平台经常因其体量大、信息不够透明而招致非议,其以理财产品作为包装、打包销售债权的行为也常被认为有构建资金池之嫌。其中,宜信是典型的债权转让模式平台。

专栏 4-3　资金池与资金托管

中国银行业监督管理委员会(以下简称银监会)处置非法集资部际联席会议办公室主任刘张君 2014 年 4 月 21 日指出,对于 P2P 网络平台,在鼓励其创新发展的同时,也应该合理设定业务边界,银监会要求其必须把握"四条红线":一是要明确平台的中介性;二是明确平台本身不得提供担保;三是不得搞资金池;四是不得非法吸收公众存款。

> P2P 行业的资金池模式是指客户不管通过什么渠道支付钱款,现金都需要先流入网贷平台公司的账户,此类模式下,平台涉嫌非法吸收公众存款。国内的 P2P 网络借贷一直遭遇非法集资的质疑,对此,央行提出的方案是:建立平台资金第三方资金托管机制。
>
> 资料来源:中华人民共和国国务院新闻办公室网站,中国银监会举行防范打击非法集资有关工作情况新闻发布会,http://www.scio.gov.cn/xwfbh/gbwxwfbh/fbh/Document/1368639/1368639.htm,2014-4-22

三、担保/抵押模式

该模式或者引进第三方担保公司对每笔借款进行担保,或者要求借款人提供一定的资产进行抵押,因而其发放的不再是信用贷款。若担保公司满足合规要求,抵押的资产选取得当、易于流动,该模式下投资者的风险较低。尤其是抵押模式,因有较强的风险保障能力,综合贷款费率有下降空间。但由于引入担保和抵押环节,借贷业务办理的流程较长,速度容易受到影响。在担保模式下,担保公司承担了全部违约风险,对于担保公司的监督显得极为重要,而优质担保公司可能凭借自身强势地位挤压 P2P 借贷平台的定价权。典型的担保/抵押模式平台包括陆金所(担保公司提供担保)、开鑫贷(有担保资质的小贷公司提供担保)和互利网(房地产抵押)等。

四、O2O 模式

该模式的特点是 P2P 借贷平台主要负责借贷网站的维护和投资人的开发,而借款人由小贷公司或担保公司开发。流程是小贷公司或担保公司寻找借款人(或通过线下渠道),进行审核后推荐给 P2P 借贷平台,平台再次审核后把借款信息发布到网站上,接收线上投资人的投标,而小贷公司或担保公司会为该笔借款提供完全担保或连带责任。

该模式的特点是平台与借款人开发机构分工合作,前者专心改善投资体验、吸引更多的投资者;后者专心开发借款人,业务规模可以迅速扩张。但这种模式容易割裂完整的风险控制流程,导致合作双方的道德风险,表现为平台一心吸引投资者而忽视了借款客户的审核;小贷或担保公司一心扩大借款人数量,而降低审核标准。除非平台与借款用户开发机构之间存在较强的关联关系,或者平台本身也拥有足够的信用评估和风险控制能力,否则平台将承受较高的经营风险。典型的 O2O 模式平台包括互利网、向上 360 等。

五、P2B 模式

P2B 是指 Person to Business,个人对(非金融机构)企业的一种贷款模式。网贷平台数量近两年在国内迅速增长，迄今比较活跃的有 350 家左右。

P2B 模式的特点是单笔借贷金额高，从几百万至数千万，一般都会有担保公司提供担保，而由企业提供反担保。P2B 平台负责审核借款企业融资信息的真实性、抵质押物的有效性，评估借款风险，通过从借款资金中提取还款保证金的方式确保将还款风险降到最低。从这个角度，P2B 平台具有复合型平台中介职能。该模式需要平台具备强大的尽职调查、信用评估和风险控制能力，且投资者不易充分投资、分散风险，相关压力转移至平台，对平台的风险承受能力提出了更高的要求。P2B 平台操作原理与信托高度相似，个人投资者、P2B 平台和融资企业分别近似于信托业务中的委托人、受托人和受益人。此外，P2B 平台遵循信托刚性兑付不成文规定，对投资者本息兜底，P2B 稳健理财信誉由此得以巩固。典型的 P2B 模式平台有爱投资、积木盒子等。

六、混合模式

许多 P2P 借贷平台在借款端、产品端和投资端的划分并非总是泾渭分明。例如有的平台既通过线上渠道开发借款人，也通过线下渠道开发；有的平台既撮合信用借款，也撮合担保借款；还有些平台既支持手工投标，也支持自动投标或定期理财产品。这些平台可统称为混合模式，典型代表为人人贷。

总的来说，纯线上模式的平台数目较少，线下平台多采用债权转让模式；大量线上平台都采用担保/抵押模式（其余的采用风险保障金模式或平台担保模式）；真正的 O2O 模式平台数量较少，但是同时承担线下开发借款人、线上开发投资人职责的平台极多；第三方交易平台刚刚出现；P2B 模式平台数量不多，但发展速度极快；混合模式平台的数量增长也较快。上述模式之间也经常存在交叉，尤其是与担保/抵押模式形成交叉，例如 P2B 模式平台和 O2O 模式平台大都会引入担保/抵押机制。

第四节　P2P 网贷的风险及监管

一、P2P 网贷平台的主要风险

作为金融创新中新兴的力量，P2P 网络贷款虽然体量尚小，但随之而来的便是不断暴露的风险。

（一）信用风险

美国拥有成熟的信用体系，FICO 机构会对个人进行信用评级，但中国的个人信用体系并不完善。由于 P2P 属于信用贷款，大多数贷款人没有抵押物，没有资产证明，甚至没有工作单位，这意味着无法通过传统的手段来收集他们的信用。而 P2P 行业快速发展也仅仅两三年，本身数据积累和审贷经验非常有限，整体水平远低于传统银行。根据国外的 P2P 网贷违约率来看，基本能达到 10%～15%，某些平台的比率甚至更高。而基于目前国内的信用体系以及行业成熟度的情况，尤其在经济增速放缓的环境下，企业和个人流动性将越发紧张，P2P 网贷的违约风险将更大。

（二）道德风险

P2P 的道德风险大抵存在两种情况：第一种，P2P 平台通过虚构借款方信息诱骗投资者购买，实则资金流向平台企业的腰包，这里特别要提示投资者的是"自融"风险，是指那些有资金需求的人自己成立一家 P2P 平台为自己融资的情况；第二种，平台企业采用债权转让的模式，拆分错配，投资者实际和平台公司产生交易，形成债权债务关系。不管哪一种，只要投资者的资金直接转账到该平台的自有账户，都暗藏着"老板跑路"的风险。

（三）网络风险

近期黑客对于网贷平台频繁进行攻击，造成许多平台出现"挤兑"的现象。由于互联网金融本身以技术为支撑，在技术方面如果不过关，会对互联网金融的资金安全、个人信息和正常运作带来很大的影响，并且会长期影响投资人的信心，对平台的影响更加深远。

（四）经营风险

相对银行、担保公司以及小贷公司来讲，P2P 企业在无杠杆限制、无准备金比例的情况下，还附带担保，本身就要承受更大的经营风险。而恰恰有的 P2P 机构还对债权进行拆分，期限错配，这从另一方面又带来了较大的流动性风险。

二、P2P 平台的监管

P2P 行业一直处于野蛮生长状态，诸如风险把控等问题已成为最需要解决的难题。2015 年 1 月银监会进行机构调整，成立普惠金融局，将 P2P 纳入普惠金融部，P2P 行业监管更加清晰。在有了清楚的分类与定位之后，与之配套的监管指引也加速推出，监管部门对 P2P 行业的监管力度正逐步加强。2015 年 8 月，涉及 P2P 行业的四大监管政策相继出台。在这些监管政策中，对 P2P 平台的贡献给予肯定的同时，也对 P2P 平台的定位和运营细则做出了详细的规定。

专栏 4-4　P2P 平台的监管历程

2014 年 3 月，"促进互联网金融健康发展"首次被写入政府工作报告，开启了互联网金融的"元年"。2014 年上半年，政府逐步确立了对互联网金融监管的分工，P2P 划归银监会管、股权众筹划归证监会管、第三方支付归央行管，并由央行牵头"一

行三会"制定《关于促进互联网金融健康发展的指导意见》。自此，拉开了对P2P监管的序幕。

2014年4月，银监会处置非法集资部际联席会议办公室主任刘张君对P2P平台监管提出了"四条红线"：明确平台的中介性、平台本身不得提供担保、不得归集资金搞资金池、不得非法吸收公众存款；同年9月底，银监会创新监管部主任王岩岫提出对P2P监管的"十条原则"，包括明确平台的信息中介角色、客户资金第三方托管、平台自身不得对项目做担保、落实实名制原则和加强信息披露等；11月底，央行副行长潘功胜表示，将按照"适度监管、分类监管、协同监管、创新监管"的"四项原则"建立和完善互联网金融的监管框架。

2015年8月12日，经中共中央、国务院同意，中国人民银行、工业和信息化部、公安部、财政部等部门联合印发了《关于促进互联网金融健康发展的指导意见》（以下简称《意见》）。《意见》第八条明确指出P2P网络借贷受《中华人民共和国合同法》《中华人民共和国民法通则》等法律法规以及最高人民法院相关司法解释规范，正式明确了P2P网贷企业和P2P网贷业务的合法地位；同时，明确提出了P2P网贷平台可以提供信息交互、撮合、资信评估等中介服务，表明了P2P网贷平台从事网贷信息中介服务业务的合法性。

资料来源：张筱梅，《浅析P2P网络借贷的发展现状与应对措施》，现代经济信息，2015-13

第五节　国内典型案例介绍

一、拍拍贷：无抵押无担保模式

拍拍贷于2007年在上海成立，是国内较为典型的P2P在线信贷平台，可以作为国内P2P网站的典型样本。拍拍贷主要借鉴的是Prosper的模式，采用竞标方式来实现在线借贷过程。借贷利率由借款人和竞标人的供需市场决定。企业利润来自服务费。其操作流程是：借款人发布借款信息，把自己的借款原因、借款金额、预期年利率、借款期限一一列出并给出最高利率，出借人参与竞标，利率低者中标。一般多个出借人出借很小的资金给一个借款人，以分散风险。网页上会有该借款人的借款进度以及完成投标笔数的显示。如果资金筹措期内，投标资金总额达到借款人的需求，则他此次的借款宣告成功，网站会自动生成电子借条，借款人必须按月向放款人还本付息。若未能在规定期限内筹到所需资金，该项借款计划则流标。

拍拍贷认为网络社区、用户网上的朋友圈也是其信用等级系统的重要部分之一，网站内圈中好友、会员好友越多，个人借入贷出次数越高，信用等级也越高。这样，网络活跃度也和用户个人身份、财务能力、银行信用度等一起构成了一整套的评价系统。

拍拍贷会将逾期不还的借款人列入黑名单，公开曝光，但并不赔偿出借人的经济损失，拍拍贷只退还出借人的手续费，所以资金回收的潜在风险只能由出借人自行承担。拍拍贷对借款人只有信用要求而无抵押，对出借人也不承担担保责任。出借人和借款人完全是自行交易，拍拍贷只是作为一个见证人和交易平台存在。所以，事实上这种形式对出借人来说风险是比较大的。但是拍拍贷的中标利率往往在15%以上，对于出借人来说具有很大的诱惑。所以投资拍拍贷，风险较高而收益也较高。因为是以竞标形式达成交易，交易双方自由交易，这些都是Prosper模式的典型特征。所以，拍拍贷属于单纯中介型P2P。

二、宜信模式：无抵押有担保模式

宜信P2P公司于2006年成立于北京。不同于拍拍贷，宜信采取的不是竞标方式。当出借人决定借款，宜信就为他在借款申请人中挑选借款人，借款人的利率由宜信根据其信用审核决定。企业利润来自服务费。对于这一点，宜信公司的创始人唐宁介绍说："宜信和淘宝一样，只不过淘宝'卖'的是货物，而宜信'卖'的是信用，我们不吸收存款，也不发放贷款，就是小额信贷中介。"其实宜信的模式更像是房屋中介和淘宝的组合体，房屋中介搜集房源，然后联系买房人，成交后收取中介费。

其具体的操作流程是，宜信将出借人的款项打散，做一份多人借款的合同给出借人，待款项到达第三方账户，合同正式生效。宜信虽然没有出借人和借款人双方共立的合同，但是宜信第三方账户人，担任了出借和借款的债务转移人，即首先第三方账户户主成为宜信的出借人，等到宜信挑选好借款人后，第三方账户户主就把债权转到真正的出借人手中。对于P2P网贷服务平台推荐的每个借款人，出借人有权利决定是否借给宜信组合的借款人；借款人每月还款，出借人每月可以动态地了解每一笔债权的偿还、收益等信息，出借人可以在第二个月得到所还本金和利息。当然出借人也可以选择不收款而继续放在宜信寻找下一个借款人，这种模式是由宜信开创的。宜信模式主要有两个特点：

一是宜信的保障金制度。从宜信的运作模式看，宜信对借款人的掌控力度更强，出借人一般不参与审核，并且与借款人没有合同，而只有与宜信第三方的债权转让合同。这样，出借人就会有极大的风险。所以，为保护出借人的借款安全，宜信在与出借人的合同中承诺，一旦出现借款不还的情况，宜信从公司提取的保险金里出钱，包赔出借人全部本金和利息。这是对出借人的最大化担保。

二是风险控制的两个绝招。作为还款的有力保障，宜信采取的分散贷款和每月还款制度，比较大限度地保障了有效还款。除此之外，值得一提的是，宜信对借款人进行审核时都要求面见。所以，宜信在15个城市设点，其目的之一就是方便面见。面见由本人亲自出示各种证件原件并当面询问使用用途等情况，较好地保证了借款人的真实性。据称宜信的坏账一直控制在2%以下。从对借贷流程的强大操控力上看，宜信主要借鉴的是Zopa模式，而由P2P企业根据信用等级确定借款人利率的方式，则是与LendingClub相同，所以宜信属于复合中介型P2P。宜信模式的风险控制力度较大，投资风险比较小，而收益相比拍拍贷较低。

三、齐放模式：助学平台模式

齐放P2P有更多的公益色彩，但也有可观的利润。齐放网面向经济分层现象严重的大学生，将自己的目标群体锁定在能交学费但需要参加大学之外的教育培训和投资的学生。他们或许在国家和社会的帮助下已经能够迈进大学的门槛，但却没有钱购买电脑、参加更多的教育培训等，而齐放网提供这种可协商利息的贷款方式，为贷款拓宽了渠道。

齐放的风险控制有以下三个特点：一是分散贷款。这与其他P2P企业是相同的。二是严格审核。齐放有最严格的借款人的身份认证。即学生在发布求助信息前，需要通过五项相关的认证：网站的身份证认证、移动电话认证、银行账号认证和电子邮件认证、学生证认证。通过五次认证之后，学生身份才可以确定。三是风险共担。齐放借款对象主要来自与齐放合作的高校，学校与齐放共同承担风险。这样既可以更好地找到合适的受贷对象，提供受贷学生的真实有效评估，又容易让学生通过齐放找到贷款，还能规避出借人的风险。当借款成立后，钱款也不会直接划到学生的银行账户，而是先转到学生所在学校的账户，再由学校将这笔钱发给借款学生，保证了借贷的真实使用。

齐放的运营模式属于复合中介型，而其盈利模式也是复合的，其利润来源并不是依靠单一收取服务费，这在P2P企业中是比较特别的一点，也是值得其他P2P企业借鉴的一点。而又因为其借款人的单一学生身份使齐放具备公益性质，这点又与Kiva有相似之处。

本章小结

P2P（Peer to Peer）网络贷款，中文官方翻译为"人人贷"，是基于特定信息中介（通常为网络平台），以对等主体之间的直接资金借贷为特征的资金融通方式。P2P借贷并不仅仅是民间个人借贷的互联网化，更深层次的意义在于"金融脱媒"，有助于提高资金使用效率，让借贷交易双方都能够从中受益。我国P2P的主要模式包括纯线上模式、债权转让模式、担保/抵押模式、O2O模式、P2B模式及混合模式等。

P2P网贷平台的主要风险有信用风险、道德风险、网络风险和经验风险等。对P2P

平台的监管应以包容性监管为主，尊重民间金融自由，监管手段以引导和规范性的制度为主，既鼓励 P2P 网络借贷发挥其优势，又使其不妨碍金融秩序的正常运行。

由于缺乏完善的征信体系，P2P 借贷平台必须亲自承担征信职责，征信工作构成了平台的主要运营成本。P2P 企业的征信工作中，信息采集和处理虽然包括线上和线下两条渠道，但以线下为主。大数据征信最大的优势在于能弥补传统征信方法在数据及时性和还款能力判断方面的不足，并且具有较强的反欺诈能力。随着商业征信机构的发展，将成为 P2P 借贷平台的重要征信手段。

复习思考题

1. 什么是 P2P 网络贷款？相对于传统的银行借款，P2P 的特点是什么？
2. P2P 网络贷款在我国主要有哪几种模式？相对于国外主流的纯线上模式，我国的 P2P 平台在哪些方面进行了创新？其主要原因是什么？
3. 查阅近两年有关 P2P 的新闻，举例说明 P2P 平台存在哪些风险？
4. 什么是大数据征信？相较于传统征信，大数据征信的特点是什么？
5. 查阅资料，深刻理解"四条红线"的含义，并思考为何第三方资金托管机制有助于保护投资者的利益。

第五章 众筹融资

【学习目标】

通过本章的学习，了解众筹的概念、特点及运作流程，了解国内外众筹的发展现状，理解众筹在我国的生长环境及发展趋势，重点掌握股权众筹的概念以及形式，理解经济新常态下股权众筹对于我国中小企业融资的作用和意义。

第一节 众筹概述

众筹，翻译自 crowdfunding 一词，即大众筹资或群众筹资，是由发起人、跟投人、平台构成，具有低门槛、多样性、依靠大众力量、注重创意的特征，是指一种向群众募资，以支持发起的个人或组织的行为。

众筹的兴起源于美国网站 Kickstarter，该网站通过搭建网络平台面对公众筹资，让有创造力的人尽可能获得他们所需要的资金，以便使他们的梦想有可能实现。这种模式的兴起打破了传统的融资模式，每一位普通人都可以通过这种众筹模式获得从事某项创作或活动的资金，使得融资的来源者不再局限于风投等机构，也可以来源于大众。众筹模式在欧美逐渐成熟并推广至亚洲、中南美洲、非洲等发展中国家和地区。

一、众筹概念

众筹融资（crowdfunding）是指利用网络良好的传播性，向网络投资人募集资金的金融模式。在募集资金的同时，达到宣传推广的效果。

众筹首先也是一种融资活动，但是又与众包相似，在相当一部分众筹活动中，投资者不仅为项目进行融资而且还积极参与项目实施，为项目的实施出谋划策。

众筹在很多方面与天使投资、风险投资等融资方式不同，参与众筹的融资者其目标往往是多重的，不仅仅限于简单的融资，还常常通过众筹这一方式获得外部资源在技术和管理经验上的帮助，同时还能使产品更好地适应市场需要。而投资者参与众筹的目标也是多种多样的，有的是完全把其当作一种慈善行为，并不要求任何回报；有的是通过与融资者的积极互动，享受参与创新的过程；还有的是为了获得经济上的回报，如以较低的价格获得产品，或通过股权方式共享项目成功后的回报。

二、众筹的特点

（一）低门槛
无论身份、地位、职业、年龄、性别，只要有想法有创造能力都可以发起项目。

（二）多样性
众筹的方向具有多样性，国内众筹网站上的项目类别包括设计、科技、音乐、影视、食品、漫画、出版、游戏、摄影等。

（三）依靠大众力量
支持者通常是普通的草根民众，而非公司、企业或风险投资人。

（四）注重创意
发起人必须先将自己的创意（设计图、成品、策划等）达到可展示的程度，才能通过平台的审核，而不单单是一个概念或者一个点子，要有可操作性。

三、众筹融资模式的构建

构建众筹商业模式要有项目发起人（筹资人）、公众（出资人）和中介机构（众筹平台）这三个有机组成部分。

项目发起人通常是需要解决资金问题的创意者或小微企业的创业者，但也有个别企业为了加强用户的交流和体验，在实现筹资目标的同时，强化众筹模式的市场调研、产品预售和宣传推广等延伸功能，以项目发起人的身份号召公众（潜在用户）介入产品的研发、试制和推广，以期获得更好的市场响应。

公众（出资人）往往是数量庞大的互联网用户，他们利用在线支付方式对自己感兴趣的创意项目进行小额投资，每个出资人都成为了"天使投资人"。公众所投资的项目成功实现后，对于出资人的回报不是资金回报，而可能是一个产品样品。

中介机构是众筹平台的搭建者，又是项目发起人的监督者和辅导者，还是出资人的利益维护者。上述多重身份的特征决定了中介机构（众筹平台）的功能复杂、责任重大。

四、众筹模式的运作流程

众筹模式包括项目发起人、出资人与平台三部分，具体运作流程如下：

第一步：需要资金的项目发起人将项目策划提交给众筹平台，经过相关审核后，通过视频短片、图片、文字介绍等形式在平台上发布创意项目，而出资人在平台中选择自己中意的项目。

第二步：项目发起人在平台筹集资金时，设定筹资项目的目标金额以及筹款的截止时间，对项目感兴趣的出资人在目标期限内进行一定数量的资金支持。

第三步：在项目到达截止时间时，如果成功达到目标金融，该项目融资即算成功，创意者将获得融资资金，支持者确认资助，如果未达到目标金融，该项目融资即算失败，将撤回创意者融资资金返还给支持者。

第四步：项目发起人开始运行项目，出资人对项目进行监管并获得项目产品作为回报，对实物产品项目的融资，其回报即为产品，对购买股权进行的融资，其回报即为企业的股权。众筹模式如图 5.1 所示。

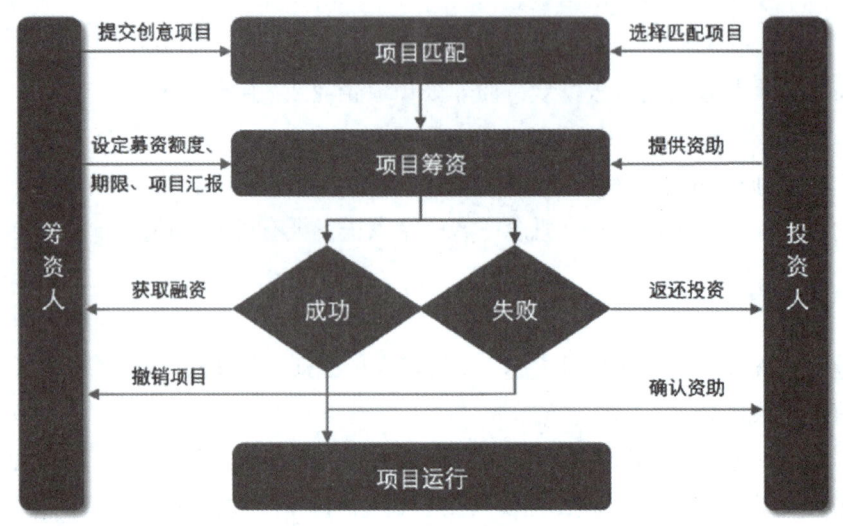

图 5.1　众筹模式构建与流程图

资料来源：清科研究中心，《2015 年中国互联网金融行业投资研究报告》

第二节　国内外众筹发展现状

2009 年世界第一家众筹网站 Kickstarter 在美国诞生，截至 2012 年，其融资规模高达 3.2 亿美元，创造了互联网金融的又一神话。据公开数据统计显示，2013 年全球众筹网站数目约为 500～800 家，据世界银行预测，2025 年全球众筹市场规模将达到 3000 亿美元，发展中国家的众筹投资总额将达到 960 亿元，而中国市场将占到 500 亿美元。

一、国外众筹发展历程及现状

众筹作为一种商业模式最早起源于美国，距今已有 10 余年历史。近几年，该模式在欧美国家迎来了黄金上升期，发展速度不断加快，在欧美以外的国家和地区也迅速传播开来。国外众筹行业发展现状如图 5.2 所示。国外众筹平台的众筹方式主要分为：回报型众筹、债务型众筹、股票型众筹、募捐型众筹。

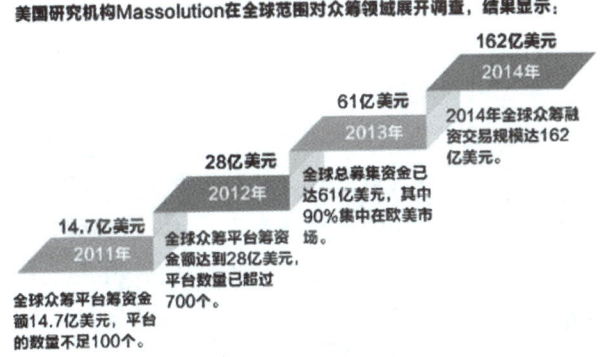

图 5.2 国外众筹行业发展现状

文化创意产业融资目前仍是众筹商业平台起步的主要内容。作为美国众筹平台的第一巨头 Kickstarter，目前仍是以音乐、电影、漫画等与文艺相关的项目为主。据统计，2012 年，Kickstarter 近 30% 筹资成功的项目都属于音乐类。

目前，世界上最大的两个互联网众筹平台是 Kickstarter 和 indiegogo。它们让那些企业家和发明家可在全美甚至是全球领域发掘新的想法和概念。同时，这两个平台也运用新的技术大大推动了互联网融资的发展。众筹发展简史如图 5.3 所示。

图 5.3 众筹发展简史

互联网金融理论与实务

专栏 5-1　1884 年的自由女神众筹项目

世界闻名的自由女神像曾因为资金短缺问题而无法顺利地安置在纽约港口。当时的纽约市长 GroverGleverland 先生，决定用大众集资的方法将这个来自法国盟友的礼物树立在纽约港口。其他城市，例如波士顿和旧金山，也看到这一契机，想帮助纽约市建立起这个如此有纪念意义的雕像。有意思的是，这个举世闻名的自由女神像最终通过大众集资而建立。1884 年，著名的新闻家 Joseph Pulitzer 运用当时最流行的和大众交流的工具——报纸，发布了这则消息。并通过他的报业 NewYorkWord 发放宣传单，鼓励纽约市民为自由女神像的底座捐款，以维护纽约市的荣耀。

这个大众集资项目运行了大约 6 个月的时间，最终得到了 12.5 万人的捐款。捐款人从小孩到老人，从商界大佬到普通百姓，甚至是生活在社会底层的贫民，都为这个计划献出自己微薄的力量。最终筹集到 100091 美元，换算到当下市值大约是 220 万美元。

资料来源：《众筹：千年筹资方式的互联网新玩法》，新华社——经济参考网，http://jjckb.xinhuanet.com/dspd/2014-07/04/content_511454.htm，2014-7-4

（一）美国众筹市场发展现状

中小企业融资难是一个全球普遍存在的问题，即使是资本市场最为发达的美国也不例外。近年来，为解决中小企业尤其是初创企业融资困难，美国出现了众筹这一新兴的融资模式。

众筹融资在美国迅速盛行的原因主要有三个方面。首先，后危机时代美国中小企业尤其是初创企业融资困难进一步加剧。虽然危机后美国采取了量化宽松的货币政策，但是美国银行业的惜贷行为使大量中小企业无法从银行获得贷款。其次，众筹这一融资方式可以使企业更贴近和满足消费者的需求。众筹可以满足个性化、定制化的各种需求，能让运行的项目更贴合投资者的要求。最后，互联网普及背景下金融资本核心价值的减弱也为通过众筹这一融资方式进行创业提供了可能。原因在于,随着通信成本的日益低廉，分散式网络的进入成本也随之骤降，每个人都可以成为广阔的、开放性的互联网中潜在的企业家和合作者。

美国的众筹融资分布及占据全球众筹融资的主要份额如图 5.4 和图 5.5 所示。其中 Kickstarter 和 indiegogo 两大众筹融资平台功不可没。

Kickstarter 目前是全球最大的众筹融资平台。它本身是一个网站，通过网络平台面对公众集资，让有创造力的人获得他们所需要的资金。2009 年该网站正式建立，刚成立时主要为图片、电影和音乐等项目融资，至今已发展为包括技术、戏剧、出版、设计等 13 类项目的融资平台。

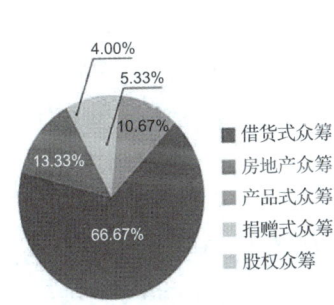

图 5.4　美国各类型众筹金额分布

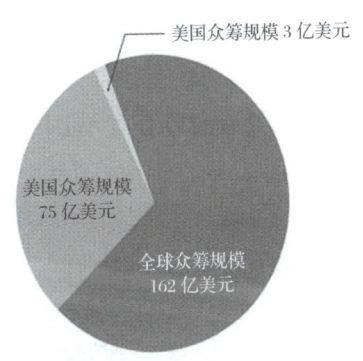

图 5.5　美国众筹在全球众筹市场中的份额

indiegogo 创建于 2008 年，是美国目前最大的国际化众筹融资平台。indiegogo 的模式比 Kickstarter 更有弹性，对融资者的监管相对较少。

专栏 5-2　美国知名众筹平台 Tilt

Tilt，好友之间的众筹。总部位于旧金山的 Tilt 成立于 2012 年，原名 Crowdtilt，2014 年 8 月初更名为 Tilt。Tilt 并非典型的众筹平台。用户的筹资范围仅限于自己的好友圈，而筹资目的则可以多种多样，多数是集体活动或集资购物。人们在该平台上一起集资开 party、租车旅游等。

2012 年，奥巴马签署了 Jumpstart Our Business Startups Act（创业企业融资法案，即"JOBS 法案"）。JOBS 法案被认为是众筹行业最为成熟的法律，美国发达的金融市场也会对全球的众筹监管产生示范作用。这部法律确立了众筹平台作为新型金融中介的合法性，明确了平台权利与义务的基本原则，为众筹行业的发展提供了前瞻性监管指引。

资料来源：《盘点全球领先的十大众筹网站》，希财网，http://www.csai.cn/zhongchouzixun/1018147.html，2015-8-20

（二）欧洲众筹市场发展现状

在欧洲市场中，众筹与小微企业发展和重振市场密切相关。欧盟已将众筹纳入"2020 战略"，将之视作提升就业水平和欧洲企业发展的新型而重要的途径，必须大力推广和发展众筹平台，以实现欧盟到 2020 年的经济发展战略目标。

在欧盟众筹市场中，现有的众筹模式主要分为三种：股权模式，个人向公司或项目投资，以其盈利或收入的份额为回报；借贷模式，向公司或一个项目放贷，以本金和约定的利息为回报；捐助或奖励模式，个人慈善性的投资，一般无金钱回报。

一些国家最普遍的是捐赠或奖励模式（The Donations or Rewards Model），主要用于资助社会性、公益性或创意性的产品或公司，捐赠类没有任何回报，而奖励类往往没有任何金钱回报，而是馈以产品或实物，如唱片、门票或具有象征意义的纪念品等。奥地利、比利时、丹麦、爱沙尼亚、法国、德国、希腊、爱尔兰、意大利、荷兰、葡萄牙、西班牙、瑞典、英国等绝大多数欧盟国家都有此类众筹平台。

其次是借贷模式（The Lending Model），主要方式是投资者通过充当经纪人平台，向企业或个人提供贷款以获取利息，分别称为P2B和P2C模式。除保加利亚、希腊、匈牙利、罗马尼亚、瑞典、丹麦等国之外，大部分欧盟国家都有借贷类众筹平台，但根据各国不同的制度，实践中存在几种不同模式，主要有贷款、预售和售后回租三种。最基本的是有息贷款或后偿贷款（Loan / Subordinated Loan）模式，投资者和发起人之间是借贷关系。在法国、德国等国家，个人和企业都可以发起，而另一些国家则对发起人有限制，如比利时只有企业可以发起，而爱沙尼亚只允许个人发起。另一种模式是预售（Pre-sale Model），发起人以已完成的产品或服务为回报进行借贷，与投资者之间形成预售合同关系，如葡萄牙和西班牙，国内目前只有预售模式的借贷平台。由于借贷在葡萄牙属于信贷或金融交易，必须获得相应牌照，所以平台通过预售的方式进行规避。

第三类是股权模式，与中小企业发展密切相关，是欧盟众筹市场中最为重要的模式。但由于涉及金融服务法律法规的规制范围，大多数国家政府监管态度不明确，因而股权模式在各国的发展情况很不一致。一些国家根本没有此类平台，如爱沙尼亚、匈牙利、爱尔兰和葡萄牙，一些国家即使有一两个平台也从未发起任何项目或项目极少，如丹麦、比利时和保加利亚，而另一些国家，如法国、德国、英国、荷兰等则有数家股权众筹平台，并在实践中开发出了各种操作模式。

（三）亚洲众筹市场的发展现状

尽管众筹在亚洲面临监管和平台等方面的限制，但仍获得了较为迅猛的发展。亚洲的创业生态系统现已迅速兴起，这表明全球投资者正在逐渐注意到该地区初创公司带来的巨大投资机遇。与北美相比，目前亚洲的众筹平台资源还较为匮乏。另外，缺乏来自政府方面的监管支持也在一定程度上压制了众筹平台的增长潜力，大范围融资（general solicitation）在亚洲大多数地区还不被允许。

1. 印度尼西亚：KitaBisa

KitaBisa是美国众筹平台KickStarter在印度尼西亚的翻版。在印尼语中，"KitaBisa"的意思是"我能"，当然，其创立者也充分证实了自己的能力和成功。KitaBisa自2013年6月发布以来，已有许多众筹项目通过这一平台募集了数以亿计（印尼盾）的资金。基于KickStarter孤注一掷的操作模式，KitaBisa帮助了许多有趣的项目成功融资，其中包括教给家庭主妇手工艺品制作工艺和营销策略而重新实现自我价值的投资项目。

2. 香港：ZAOZAO

ZAOZAO 是 2012 年由两名"80 后"创始人蔡湘铃（Ling）和吴诗婷（Vicky）创办。两人因为对时尚的热爱而结缘，进而创办了 ZAOZAO 时尚设计的众筹平台。这个新型的在线平台使时装设计师可以在网站上发布自己的作品并从时尚爱好者那里获得用于生产的集资。这个平台的优势在于，时尚包括服装、皮具在内的产品是消费者的日常刚需，它能否投入生产由消费者决定，若设计品在一个月内达到预购人数目标，设计师就会将设计付诸实现，再送到预购人的手上，否则就要下架。这是设计师与消费者的直接对话，可以实现资源、产品与消费者之间的有效互动，减少不必要的浪费。

3. 新加坡：ToGather.Asia

ToGather.Asia 与其他众筹网站的不同之处在于，他们跨越国境，关注整个东南亚市场。ToGather.Asia 成立于 2012 年，总部位于新加坡，目标市场定位于整个东南亚。ToGather.Asia 的创立者 Bryan Ong 表示，大部分国际众筹平台的目标市场都是北美，或欧洲国家。由于文化差异等因素的影响，亚洲投资者发现较难相信现有的国际众筹平台。另外，亚洲众筹项目发起人也很担心自己的创意被"山寨"。ToGather.Asia 不但没有因此而感到沮丧，反而认为这是一个绝佳的发展机遇，可以创立具有亚洲特色的众筹平台，而不仅仅是西方模式的翻版。

鉴于经济学家们对新兴市场未来发展潜力的乐观预期，投资该地区初创公司的大好时机或已来临，而亚洲如雨后春笋般兴起的各类众筹平台无疑为投资者们提供了一个良好的载体。

二、我国众筹的发展历程及现状

我国众筹融资起步较晚，但发展迅速，发展历程如表 5.1 所示。2011 年国内首家众筹网站"点名时间"成立，先后完成了《十万个冷笑话》《大鱼海棠》等国内原创动漫作品的众筹项目，引起社会广泛关注。截至 2016 年 6 月底，全国共有正常运营众筹平台 370 家。2016 年 6 月众筹行业共新增项目 7042 个，其中，奖励众筹项目最多，为 5489 个，占总项目数的 77.95%；其次是公益众筹为 1186 个，占比 16.84%；最少的为私募股权融资项目有 367 个，只占到总项目数的 5.21%。随着众筹行业的不断发展，各项监管政策逐步推出，2016 年新增平台明显放缓，众筹行业已经进入相对平稳的发展态势。发展规模、市场份额数据均显示出，整个行业的集中度正逐步提高。

目前，众筹行业主要有四种发展模式：股权众筹、债权众筹、权益众筹和公益众筹，如表 5.2 所示。在我国，股权众筹模式的典型平台有天使街、原始会、投融界等；债权众筹模式，根据借款人即发起人的性质可分为自然人借贷（P2P）和企业借贷（P2B），尚未出现真正意义上的债权众筹平台；权益众筹（也称商品众筹）模式是我国众筹行业最主要的发展模式，典型平台有京东众筹、众筹网、淘宝众筹等；公益众筹模式尚未形成代表性平台，主要以公益项目的形式分布在综合性权益类众筹平台中。

表 5.1　我国众筹行业发展历程

时间	事件
2010 年 10 月	全球首家股权众筹平台 Crowdcube 在英国上线
2011 年 7 月	国内首家众筹网站"点名时间"上线
2011 年 11 月	国内首家股权众筹网站"天使汇"上线
2012 年 3 月	国内首家垂直类众筹网站"淘梦网"上线
2012 年 10 月	2012 年 10 月和 2013 年 1 月，朱江通过微博传播、在淘宝上公开出售公司股权，为其创立的美微传媒筹集到 400 万元创业资本，成为国内第一例股权众筹案例
2014 年 12 月	我国证券业协会发布《私募股权众筹融资管理办法（试行）（征求意见稿）》，对股权众筹融资的发行方式、投资者、融资者等都作出了明确规定
2015 年 1 月	中国证券业协会首批八家股权众筹会员平台名单：深圳 4 家（云筹、投行圈、众投邦、开心投）；北京 3 家（原始会、人人投和天使街）；上海 1 家（筹道股权）。此前，天使汇已经向中证协申请成为其会员并通过审核，因此目前中证协的股权众筹会员共有 9 家股权众筹平台，形成"8+1"阵型
2015 年 6 月	国务院公布《关于大力推进大众创业万众创新若干政策措施的意见》，其中第十条提及丰富创业融资新模式，支持互联网金融发展，引导和鼓励众筹融资平台规范发展，开展公开、小额股权众筹融资试点，加强风险控制和规范管理
2015 年 7 月	国务院等十部门联合发布《关于促进互联网金融健康发展的指导意见》，明确规定"一行三会"分别对互联网金融七大业态领域进行监管，其中股权众筹融资业务由证监会负责监管

资料来源：《中国众筹行业发展历程概述》，中商情报网；《私募股权众筹管理办法（试行）》，中国证券协会《关于大力推进大众创业万众创新若干政策措施意见》；国务院发布《关于促进互联网金融健康发展指导意见》，国务院十部门联合发布等资料收集整理

表 5.2　中国四种主流的众筹模式

类别	含义
股权众筹	投资者对项目或公司进行投资，获得其一定比例的股权
债权众筹	投资者对项目或公司进行投资，获得其一定的债权，未来获得利息收益并收回本金
权益众筹	投资者对项目或公司进行投资，获得产品或服务
公益众筹	投资者对项目或公司进行无偿捐赠

资料来源：《中国众筹行业的四种主要发展模式》，中商情报网

从地区来看，全国众筹平台分布在 21 个省份。在这些地区中，北京和广东以 65 家平台数位居榜首；上海以 40 家平台数位居其次。

从总体统计来看，商品众筹方面，在统计的 4 家平台当中，京东众筹筹资额占比高达到 58%，淘宝众筹以 33% 的占比紧随其后。股权众筹方面，天使汇一家独大，以 87% 的筹资额占比雄踞筹资额榜首，人人投以 9.5% 的占比排名第二，大家投、天使街、原始会瓜分其余不足 5% 的筹资份额。

项目规模方面，京东众筹和天使汇分别高居商品众筹、股权众筹首位，京东众筹共成功完成了 271 个项目的筹资，筹资额达到 2.06 亿，参与人数超过 80.16 万人。天使汇共众筹成功 310 个股权项目，筹资额达到 30 亿，参与人数 2300 人。

平台活跃度方面，淘宝和京东高居前两位。淘宝众筹活跃度最高，参与人数超过 100 万，京东众筹也高达 80 万。即便考虑可能存在一人参与多个项目的情况，不过商品众筹门槛本就很低，淘宝、京东传统优势明显，在项目投资金额分级方面也较为完备，受众人群广泛，用户体验也不错，能够较为容易地将传统电商领域的流量引流至各众筹平台。

从众筹项目类型看，数据显示，科技类众筹项目无论是在数量、金额还是在支持人次方面都遥遥领先于其他类别，规模和人气一直保持高速增长，并且囊括了所有千万元级别以上的项目。细分类型方面，智能家居、智能交通、智能穿戴和健康医疗类项目筹款额相对最高，人气最旺。表 5.3 显示的是鸣金网统计 2015 年 5 月商品众筹筹资额前 10 名的项目。

表 5.3 中国知名众筹平台数据统计（截至 2015 年 5 月）

平台	平台属性	成功项目数（个）	成功筹资额（万元）	成功项目支持人数	单项目支持人数	单项目筹资额（万元）	平台现有项目总数（个）
京东众筹	商品众筹	271	20621	801641	2958	76.09	1000
淘宝众筹	商品众筹	228	11700	1048379	4598	51.32	1131
青橘众筹	商品众筹	128	2592	45570	356	20.25	160
苏宁众筹	商品众筹	20	726	29373	1469	36.3	80
天使汇	股权众筹	310	300000	2386	8	967.74	36954
人人投	股权众筹	162	32877	8698	54	202.95	165
原始会	股权众筹	11	1525	344	31	138.64	352
天使街	股权众筹	13	3969	5196	400	305.31	30
大家投	股权众筹	55	6837	700	13	124.31	39

资料来源：鸣金网

第三节 众筹在我国的发展

一、中国众筹行业的发展价值与意义

从金融创新角度看,众筹行业的兴起与发展,对传统金融行业的发展模式产生了一定的冲击,对金融创新产生了一定的推动作用,提供了新的思路和方向,有利于促进我国金融体系的不断完善,从而加快金融业的改革升级。

从扶持中小企业发展的角度看,首先,众筹行业的发展降低了融资门槛,对互联网科技创新企业以及中小企业来说,在一定程度上缓解了融资困难的局面;其次,在众筹平台上融资效率高,还可以进行快速推广,能以较快速度给科技创新和中小企业的发展提供资金支持,进行免费宣传;最后,项目的支持者往往是项目最重要的消费群体,一定程度上为企业奠定了用户基础。因此,众筹对扶持中小企业的发展有着重大的意义。

从众筹平台自身角度看,随着众筹行业的发展,无论是综合类还是垂直类权益众筹平台,都能够在行业发展的大环境中,寻找到自身的发展优势,确定众筹平台的服务内容,从而促进平台不断进行升级,最终为打造自我品牌、探索新的发展模式及盈利模式起到重要的推动作用。

从用户角度看,众筹行业的发展给用户带来了全新的体验,平台具有互动社交的特点,有利于用户之间进行沟通交流,也为用户和融资者搭建了一个交流沟通的平台,不仅提高了用户的参与感,同时用户也能对支持的项目有更全面、深刻的了解;另一方面,用户能够通过众筹平台寻找与自己兴趣相匹配的项目,从而进一步加深了解,不仅能获得相应的回报,还能不断提高生活质量。

二、经济新常态下我国众筹的发展机遇

目前,中国经济正处于转型阶段,当前我国经济形势总体向好,但仍然存在许多不确定因素,下行压力较大,结构调整处于爬坡时期,解决好企业特别是小微企业融资成本高的问题,对于稳增长、促改革、调结构、惠民生具有重要意义。

近年来,随着互联网经济的快速发展,产生了新的金融发展模式,包括众筹在内的互联网金融创新发展模式获得了较快的发展。据艾瑞咨询统计,截至2014年12月,全国约有110家正常运营的众筹平台,其中,权益类众筹平台达75家,主要分布在北京、上海、广东、浙江等省市以及东部沿海地区,内陆地区分布较少;涉及科技、技术、影视、摄影、出版、人文、音乐、房产、农业、公益等多个领域,均获得了一定的成绩。

众筹行业的快速发展，对中国经济的发展具有重大的意义。一方面，众筹行业的发展，为传统金融发展模式的创新提供了新的思路和方向，有利于促进我国金融体系的不断完善，更好地服务于实体经济；另一方面，众筹行业的发展降低了融资门槛，对互联网科技创新企业以及中小企业来说，在一定程度上缓解了融资困难的局面，对扶持中小企业的发展有着较大的意义。

2014年12月18日，中国证券业协会起草了《私募股权众筹融资管理办法（试行）（征求意见稿）》，历经两年之久，中国股权众筹终于迎来了规范化的监管。

专栏5-3　房地产众筹的崛起

2015年，随着"互联网+"概念的持续火爆，一种新兴的互联网模式——众筹被引入到房地产行业，形成了一种全新的"互联网+房地产+众筹"商业模式——房地产众筹，引起了业界的极大关注。

国内第三方众筹门户众筹家数据研究院发布的《2016中国房地产行业众筹发展研究报告》显示，众筹作为中国房地产行业的一大创新刚刚起步，但发展走势强劲，国内已有八成省级行政区开展房地产众筹项目。

报告称，截至10月31日，我国共有34家房产众筹平台开展房产项目众筹业务，北京、上海、浙江、广东四地的房产众筹平台数量占所有平台的70%以上。

就众筹项目的分布而言，较为突出的是北京、广东、江苏和上海，占到全国房地产众筹项目数的63.23%。房地产众筹主要以住宅型为主，商业型和旅游地产型项目主要针对有投资理财意向的投资人，其中旅游地产型项目的数量较少。

根据中央经济会议的部署，缓解房产库存压力被列为2016年重要的经济工作任务。虽然房地产与众筹的结合，可以在一定程度上化解房产库存压力，但是房产众筹仍面临着缺乏相关法律法规作保障、沦为营销推广工具、投资者承担较大风险等问题。在相关政策逐渐明朗，以及证监会确定2016年开展股权众筹试点双重利好的刺激下，众筹模式将会与越来越多的行业紧密结合。

资料来源：众筹家网，http://www.zhongchoujia.com/article/63699b78-827d-4b4a-855e-c200dbb53549.html，2016-2-18

2015年的资本市场绕不开的两个关键词就是"新三板"与"股权众筹"。新三板与股权众筹作为资本市场多层次发展的两个重要层级，其出现极大地丰富了投资生态圈。站在股权众筹平台上触摸新三板，打通股权众筹与新三板之间的通路，"新三板+众筹"的模式日渐兴起，或将成为国内投资者在这个生态圈中的重要投资方式。

专栏5-4 新三板股权众筹模式

"新三板"的设立是为了解决数以万计的中小企业融资难的问题。在大众创业、万众创新的大浪潮下,股权众筹平台逐渐成为众多小微企业的主要融资之道之一,将股权众筹与新三板结合,降低投资门槛,给了普通个人投资人参与新三板投资的机会。

新三板个人投资者的门槛是500万元,而"草根"利用股权众筹平台作为中介,可以将新三板500万元的门槛降到10万元级别。就具体操作方式来说,个人投资者可以利用股权众筹模式,出10万级的资金,以跟投的方式,购买众筹平台发布的一些专注新三板的领投基金、类私募的众筹项目和产品,从而间接地加入投资新三板的阵营之中。

股权众筹与新三板嵌套共生,对于草根投资者的意义尤其巨大。这意味着个人投资者开始具备更多机会和更畅通的渠道来接近新三板,让个人资本能够最大程度地投入创业和创新领域,与新三板企业同获创业激情和收益机会。

资料来源:和讯网,http://stock.hexun.com/2015-04-27/175332806.html,2015-4-27

第四节 股权众筹

从2010年全球第一家股权众筹平台AngelList的诞生,到2014年全球股权众筹融资金额达到38亿美元,股权众筹迅速在全球搭建起了创业者与投资人之间资金融通的桥梁。

作为互联网金融的新兴业态,股权众筹的重要性已获得政府认可,2014年11月,李克强总理在国务院会议中明确指出要"建立资本市场小额再融资快速机制,开展股权众筹融资试点",给予了股权众筹明确定位;2015年李克强总理在两会报告中提出"大众创业、万众创新",股权众筹迅速成为时下互联网金融领域中最炙手可热的一个发展方向,2015年被称为"股权众筹元年"。

一、股权众筹概述

(一) 概念

股权众筹是基于互联网渠道而进行融资的模式,公司出让一定比例的股份,面向普通投资者,投资者通过出资入股公司,获得未来收益。由此可见,股权众筹融资主要是指通过互联网的形式进行公开小额股权融资的活动,具有"公开、小额、大众"的特征。

(二) 参与主体

股权众筹的参与主体主要有三个:项目发起人,即项目存在融资需求、具有一定市场前景的中小企业或创业团队；投资者，资金的提供方，在众筹成功后成为公司股权持有人；众筹平台，是链接融资方和投资方的互联网终端。

(三) 特点

股权众筹作为互联网金融的一大创新模式，主要具有以下四个特点：消除了传统融资渠道的中间环节，大大提高了融资效率；透明化程度高，且参与感强，投资者能亲身经历项目的成长过程并提供帮助，具有较强的认同感；该模式尤其重视创意；单笔融资规模和投资额都较小，企业多为中小型企业和初创企业，投资者多为普通民众，真正体现大众参与、共享创新收益。

相比于传统的融资方式，股权众筹的精髓在于小额和大量，融资门槛相对于私募股权投资明显降低，这为新型创业公司的融资开辟了一条新的路径。从此，初创企业的融资渠道不再局限于银行、PE、VC和天使基金，同时普通投资者也有机会参与到一些高成长的企业股权投资回报中。

二、国外股权众筹发展现状

股权众筹作为资本市场一种重要的融资形式，诞生于美国，后来迅速推广至其他全球经济体。世界上第一个股权众筹平台 AngelList 于 2010 年诞生于美国硅谷，至今已经为 1 千多家创业公司成功融资，总金额超过 3 亿美元。

根据公开数据显示，2009 年全球股权融资金额仅为 5.3 亿美元，到 2014 年迅速增长至 38 亿美元。从投资地区分布来看，95% 的众筹融资集中于北美和欧洲，而亚洲地区不足 1%。从平台数量看，全球活跃的众筹网站将近 3000 家，覆盖全球 90% 左右的国家，美国活跃平台数量第一。

在立法监管方面，一些国家和地区，比如美国、英国、法国、意大利、加拿大、西班牙、日本等，制订新的法规或修改了原有法规以适应股权众筹这一新型融资模式。其中，意大利、法国、日本的相关法规已经正式实施，其他多数国家和地区正在推进立法进程，比如向社会大众公布拟议规则、征询报告或专项意见。最早开展股权众筹立法的是美国，2012 年美国国会批准了《创业企业融资法案》（简称 JOBS 法案），使股权众筹走向合法化，迎来了众筹行业的大发展，并逐步从欧美蔓延到亚洲、中南美洲和非洲等地区。而意大利在 2013 年 7 月率先签署了 Decreto CrescitaBis 法案及监管细则，成为世界上第一个将股权众筹合法化的国家。

三、我国股权众筹发展现状

2015 年以来，股权众筹市场呈现如火如荼的发展态势。2015 年 3 月 31 日，京东股权众筹平台上线；随后，平安集团宣布其股权众筹平台已经完成工商登记；4 月 11 日，阿里旗下的淘宝众筹推出股权众筹业务；6月6日，京北众筹、合伙圈等新兴平台正式上线；6月15日，36氪股权众筹平台上线；7月30日，中科招商旗下云投汇上线。截至2015年10月份，共有186家股权众筹平台先后上线。

据2015年上半年众筹报告显示，股权众筹融资的需求占总融资需求的70.1%，达48.58亿，不过实际已融资金仅为11.08亿，远不能满足巨大的市场需求。我国股权众筹大事记如表5.4所示。

表5.4　我国股权众筹大事记

时间	事件
2014年11月	李克强总理在国务院常务会议上首提"开展股权众筹融资试点"，股权众筹试点的大幕正式拉开
2014年12月	《私募股权众筹融资管理办法》：股权众筹行业迎来首个行业规则
2015年3月	国务院办公厅印发了《关于发展众创空间推进大众创新创业的指导意见》，鼓励地方政府开展互联网股权众筹融资试点，增强众筹对大众创新创业的服务能力
2015年7月18日	《关于促进互联网金融健康发展的指导意见》：确定股权众筹融资将以大众、公开、小额为基本特点，并将股权众筹融资业务划归证监会进行监管
2015年8月7日	《关于对通过互联网开展股权融资活动的机构进行专项检查的通知》规定"股权众筹"特指"公募股权众筹"，而现有"私募股权众筹"将用"私募股权融资"代替，并规定单个项目可参与的投资者上限为200人
2015年8月10日	调整《场外证券业务备案管理办法》个别条款："私募股权众筹"修改为"互联网非公开股权融资"
2015年5月至11月	上海、广东、山东、安徽、北京、山西、天津等纷纷出台地方相关监管意见，推进股权众筹发展
2015年12月25日	证监会副主席方星海表示，我国将在2016年开启股权众筹融资试点工作，为众筹业界释放出明确的信号。股权众筹试点将会是2016年发展资本市场的五项重点工作之一

资料来源：本章作者根据相关资料整理

四、我国股权众筹的主要形式

根据我国特定的法律法规和政策，股权制众筹在我国主要有天使式和会籍式两类表现形式。

（一）天使式股权众筹

天使式股权众筹接近于天使投资以及风险投资（VC）的模式，投资人通过股权众筹平台寻找初创期的企业和项目，通过投资入股创业项目，天使投资的投资人通常伴有明确的财务回报要求。这种形式的众筹实际是对天使投资进行的优化，原来由一个天使投资人投几百万人民币于一个企业，独立承担这几百万元的风险，而众筹则是由几十人甚至上百人来一起承担这部分费用，同时也由这些人一起来辅助这个项目的成长，共享企业最终上市的利润。

股权式众筹的出现，令中国的天使投资不仅仅局限在于那些少数身价丰厚的天使投资人，而是有了全民投资的可能。当然，一切众筹活动都要在现行国家法律范围内进行，每个股权众筹的项目股东不能超过国家法定规定的200人，而有限公司的股东不能超过50人。

天使式股权众筹平台适合成长性突出的高科技创业融资。出资人对项目的投资需要建立在一定了解的基础上，并且股权众筹有一定的最低出资门槛。对于项目发起者而言，需要依靠自己或团队的魅力进行项目推介，并力求找到专业的领投人，由这位在投资界有影响力的领投人，结合社交网络继续进行资金募集，把信息传递给身边愿意信任并有一定资本实力的投资者。

简单来讲，天使式股权众筹的模式如下：创业项目在平台上发布，吸引到足够数量的小额出资人（天使投资人），凑满融资额度后，出资人按照各自出资比例成立有限合伙企业（某些股权众筹平台的项目是由领投人任普通合伙人，跟投人任有限合伙人），再以该有限合伙企业法人身份入股被投项目公司，持有项目公司出让的股份。若项目通过平台融资成功，融资企业需要向中间平台交纳"融资顾问费"。

（二）会籍式股权众筹

会籍式股权众筹是指投资人通过互联网社交平台，一般通过采用同股同权的方式，由相应投资人参与投资，直接成为被投资企业的股东（基于股东数量情况，较多的企业采用股权代持方式）。基于当下盛行的圈子文化，加之目前众多服务场所不尽如人意的服务质量，通过众筹方式吸引圈子中拥有资源和人脉的投资者，不仅可以筹措资金，更同时锁定了一批忠实客户。出资人也完全可以在无需经营的前提下拥有自己的会所、咖啡厅、茶馆、餐厅、美容院，在获得符合自身需求的服务和产品时获得收益，还可以拥有更多的人脉和社会地位。

会籍式股权众筹在中国最典型的案例就是众筹咖啡。3W咖啡、金融客咖啡、大家咖啡等都是在会籍制股权众筹的模式下建立起来的。众筹咖啡拥有三个基本规则：首先，每个参投者都需要拿出标准数额的众筹资金，参与者往往抱着结交圈子、不求回报的心态来参与这场众筹；其次，众筹咖啡多为熟人、名人、校友、老乡、兴趣爱好者的交易圈。众筹参与者围绕强链接、社会关系圈进行扩散，从而形成信任氛围，从而避免资金无法及时融集、资金退出频繁等隐患；最后，众筹咖啡淡化价值回报，咖啡馆提供的是人脉价值、投资机会、交易价值、社会价值、聚会场所等间接福利,诸多投资人也不是冲着投资回报而参与的众筹。在此基础上的不少众筹咖啡实际上是在众筹人脉圈。

专栏 5-5 中国式股权众筹平台标配:"领投+跟投"模式

2015 年上半年股权众筹行业报告显示,众筹融资额排名前 20 的平台中,有 17 家采用了"领投+跟投"模式。除少数垂直领域的众筹平台外,"领投+跟投"已经成为股权众筹平台运作项目的标配模式。所谓"领投+跟投",是指众筹项目在筹资时的投资方由领投人和跟投人组成。领投人一般由一名专业投资人或者一家专业投资机构担任,在项目中要做专业尽职调查、估值判断、投资协议草拟等工作;跟投人则指众多的出资者,担任投资有限合伙企业的有限合伙人,主要履行出资的义务和享受分红的权利。

优势:作为天使投资人,可以通过合投降低投资额度,分散投资风险,而且还能像传统 VC 一样获得额外的投资收益;作为跟投人,往往是众多的非专业个人投资者,他们既免去了审核和挑选项目的成本,而且通过专业天使投资人的领投,也降低了投资风险。

股权众筹是国家大力发展的互联网金融领域中一个重要方面,也是普惠金融重要形态之一,有专业领投人参与的"专业领投、大众跟投",或者说"专业投资、大众筹资"作为中国股权众筹的特征,未尝不是行业实践中探索出来的宝贵经验。

资料来源:众筹之家网,http://www.zczj.com/news/2015-06-19/content_2469.html,2015-6-19

专栏 5-6 (公募)股权众筹与私募股权融资

2015 年 7 月 18 日,中国人民银行等十部委发布了《关于促进互联网金融健康发展的指导意见》,其中规定股权众筹将仅指"通过互联网形式进行公开小额股权融资的活动",而过去所称的私募股权众筹将更名为"互联网私募股权融资"。《意见》同时指出:股权众筹作为互联网金融行业的重要模式之一,定位为小额股权融资,服务对象为小微企业,监管机构为证监会。由此可见,目前股权众筹已被确定为公募性质。

两者的区别概括如下:私募股权融资是向特定投资者非公开发行,而公募股权众筹是向不特定的投资者公开发行;公募股权众筹具有"小额""公开""大众"的特点，私募股权融资则具有"非公开""特定人群"的特点。

股权众筹融资成本较低，而且进入门槛较低，相比主板、新三板等更加符合小微企业特点，随着政策的放开和支持，将成为我国多层次资本市场的重要补充和金融创新的重要领域。

资料来源：中国人民银行网站，http://www.pbc.gov.cn/goutongjiaoliu/113456/113469/2813898/index.html，2015-7-18

本章小结

众筹（crowdfunding）是指利用网络良好的传播性，向网络投资人募集资金的金融模式。这种模式的兴起打破了传统的融资模式，每一位普通人都有可能成为资金的供给者和需求者，众筹以其快速、低廉的特性成为一种日益流行的融资方式。

众筹行业有四种发展模式：股权众筹、债券众筹、权益众筹和公益众筹。我国以权益众筹（又称商品众筹）为主，2015年以来股权众筹获得了较快的发展，并将与新三板一起成为我国多层次资本市场的有机组成部分。

众筹行业的发展降低了融资门槛，对互联网科技创新企业以及中小企业来说，在一定程度上缓解了融资困难的局面，对扶持中小企业的发展有着较大的意义。股权众筹有望成为助力大众创业、万众创新的最佳实践形式。

复习思考题

1. 众筹有何特点？众筹与团购、预售和捐资等几种行为有何不同之处？
2. 为什么众筹在我国面临着巨大的发展机遇？"众创"与众筹之间有何逻辑联系？
3. 浏览我国的几个众筹网站，结合课本知识，谈谈你的认识和想法。

第六章　金融服务互联网化

【学习目标】

通过本章的学习，掌握金融互联网的定义和特点以及运营模式，包括传统金融业务电子化模式、基于互联网的创新金融服务模式、金融电商模式，并理解我国传统金融机构对互联网金融的应用和发展趋势。

第一节　金融互联网概况

一、金融互联网定义

金融互联网，就是银行、保险公司、证券公司等传统金融机构把产品搬到网上，个人和金融机构通过网银开立存款或证券登记账户；现金、证券等金融资产的支付、转移均通过互联网进行；支付清算均实现电子化，替代现钞流通。也就是说，金融互联网是金融机构对互联网技术的引用，是金融业务的电子化，并没有引起商业模式的实质性转变。例如，中国工商银行通过短信手机银行、WAP 手机银行、iPad 个人网银等为客户提供的一系列金融服务；中信银行立足于个人电脑、智能手机和平板电脑的个人网银、移动银行业务；光大银行的线上贷款、资金归集、融资通提款、存贷通理财等产品打包服务等。

二、金融互联网的特点

（一）即时性

平板电脑、手机的使用越来越便捷，其随时上网、携带方便、易于操作的特点，使用户可以随时随地享用互联网提供的金融服务。转账、证券交易、支付等金融功能的实现越来越快捷、及时，只需在手机等终端按下按键即可。同时，当下的移动网络大多具有推送功能，更能让客户在最短的时间内获得自己想要的信息。

（二）移动化

2007 年，iPhone 以"重新发明手机"的姿态揭开移动互联网发展大潮的序幕，互联网的移动化趋势正以迅雷不及掩耳之势席卷全球，截至 2014 年 12 月，最为流行的移动操作系统——Android 设备的激活量已达 9 亿部。移动互联网正从 PC 互联网的延伸逐渐转变为全新的互联网形态，颠覆着传统互联网模式，移动互联网正在加速主导未来互联网的发展。

移动化趋势在金融互联网的发展中体现得日益明显。手机炒股、网上购买理财产品等网络金融服务已经被越来越多的客户使用。

（三）互动与透明化

典型的移动互联网应用，如手机微信等，使客户可以随时随地查看金融信息，并可以实现双方直接交流沟通。移动互联网将对用户获取金融信息的方式产生重要影响，并使得金融信息更为透明和公开。

（四）低成本

移动互联网使金融产品随时随地交易，降低交易成本。中国互联网信息中心数据显示，截至 2014 年 12 月，我国使用网上银行的用户规模达 6.49 亿人，互联网普及率为 47.9%，较 2013 年底提升了 2.1%，其中手机网上银行用户规模达 5.57 亿人，较 2013 年底增加 5672 万人；网上支付的用户规模达 3.04 亿，较 2013 年底增加 4412 万人，增长率为 17.0%。与 2013 年 12 月底相比，我国网民使用网上支付的比例从 42.1% 提升至 46.9%。与此同时，手机支付用户规模达到 2.17 亿，增长率为 73.2%，网民手机支付的使用比例由 25.1% 提升至 39.0%。手机网络商务应用，如网络银行和网上支付等使金融产品可随时进行交易，并且大大降低了交易成本。例如股票、期货、黄金交易、中小企业融资、民间借贷和个人投资渠道等信息快速匹配，极大地提高了效率。

第二节　金融互联网运营模式

互联网金融时代下金融机构的运营模式相对于传统金融机构的运营模式发生了很大的变化，目前金融互联网主要运营模式分为以下三类：传统金融业务的电子化模式、基于互联网的创新金融服务模式、金融电商模式。

一、传统金融业务的电子化模式

传统金融业务的电子化实质也是金融电子化的过程，是指金融企业采用现代通信技术、网络技术和计算机技术，提高传统金融服务行业的工作效率，降低经营成本，实现金融业务处理的自动化、业务管理的信息化以及决策的科学化，为客户提供快捷、方便的服务，达到提升市场竞争力的目的。它是一种基于传统的、封闭的金融专用计算机网络系统，其本质是行业内部管理的自动化与信息化。

以银行为例，目前传统业务的电子化模式按业务形态分类，可分为网上银行、手机银行、电话银行、家居银行等。除银行外的其他行业主要是依托信息技术，实现业务的网络化，包括网上证券服务、网络保险等形式。传统业务的电子化使得金融机构处于一个对金融信息进行采集、传送、处理、显示与记录、管理和监督的综合性应用网络系统之中。具体而言，这种系统包括四个层面，一是金融自动化服务系统，二是金融管理信息系统，三是金融电子支付系统，四是金融决策支持系统。通过一个完整的系统，对金融机构的运行提供全方位的支持。传统业务的电子化，从根本上改变了金融机构原有的业务处理和管理体制，大大加快了资金的周转速度。同时，金融业也发展为一个全开放、全天候和多功能的现代化金融体系。这种体系提高了金融业的效率，降低了经营成本，也使金融机构的收入结构发生了根本性的变化。

二、基于互联网的创新金融服务模式

（一）直销银行为代表的银行业金融服务模式

以互联网技术为支撑的金融创新遍布金融行业，基于互联网的新金融服务模式在不同的金融行业有着不同的代表模式。银行业作为我国金融系统的重要组成部分，其信息化水平一直处于领先地位。目前基于互联网的新金融服务模式也率先在银行业展开，比较有代表性的是直销银行模式。目前，直销银行在国外的发展已经比较成熟，国内的直销银行正处于试点阶段，最先涉足此模式的是民生银行和北京银行。

所谓直销银行，是指业务拓展不以柜台为基础，打破时间、地域、网点等限制，主要通过电子渠道提供金融产品和服务的银行经营模式和客户开发模式。此种模式能够为客户提供简单、透明、优惠的产品，具有显著的市场竞争力和广泛的客户吸引力。直销银行是几乎不设立实体业务网点的银行，其主要通过互联网、移动终端、电话、传真等媒介工具，实现业务中心与终端客户直接进行业务往来。直销银行是有独立法人资格的组织，其日常业务运转不依赖于物理网点，因此在经营成本、费用支出方面较传统银行更具优势，能够在经营中提供比传统银行更具吸引力的利率水平和费用更加低廉的金融产品及服务。

2013年9月16日，民生银行宣告与阿里巴巴合作，最早把直销银行的概念带入了公众的视野。然而最先推出直销银行业务的却是北京银行，2013年9月18日，北京银行宣布与其境外战略合作伙伴荷兰ING集团正式开通直销银行服务模式。然而国内的直销银行业务才刚刚起步，其发展模式已呈现出不同特征，北京银行的直销银行模式与民生银行的直销银行模式差异较大。

从目前来看，很难草率判断哪种模式会成为我国直销银行发展的主流模式，甚至还有其他新型直销银行模式问世。随着金融互联网化的深入，国内银行会积极借助互联网技术变革传统金融服务模式，通过为客户提供更好的服务体验而在激烈的市场竞争中获得优势。

（二）众安在线开创互联网保险新业态

众安在线是保险业基于互联网的一次创新金融服务的尝试，定位于"服务互联网"，其产品需求来自于互联网，通过互联网的技术手段来解决保险流程问题，有望成为互联网金融渠道新的发展形态。与传统保险机构不同的是，众安在线将不设分支机构，主要从事网络安全、电子商务、网购消费者权益保护、社交网络等与互联网相关的财产保险业务。定位于"服务互联网"的众安在线除通过互联网销售既有的保险产品之外，还通过产品创新，为互联网的经营者和参与者提供一系列整体解决方案，化解和管理互联网经济的各种风险，为互联网行业的顺畅、安全、高效运行提供服务和保障。

（三）余额宝模式引领互联网基金

互联网平台对基金公司来说是一个巨大的渠道，淘宝、腾讯、京东等互联网平台将给基金带来可观的客户流量。未来的互联网公司与基金公司的合作模式很可能会各司其职，发挥特长：互联网的第三方支付、基金销售等平台扮演的是渠道角色，而基金公司应将更多的注意力放在产品创新上，进行"产品定制"，扮演内容提供商的角色。随着"80后""90后"等互联网新生代逐渐成为基金客户的主流，互联网在基金公司销售渠道占比中将占据重要的比例。

从初期看，由余额宝带来的互联网基金风潮，主要是渠道和客户量的突破，基金行业规模的进展。基金借助强大的第三方互联网销售平台，终于实现了基金销售的"非银行化"。余额宝模式所引领的互联网基金，其意义不止于此。互联网基金很可能在一定程度上解决了基金业面临的痼疾——客户体验不佳。未来互联网基金的突破口可能在于更多地推出低风险的固定收益产品。

三、金融电商模式

（一）银行业的金融电商模式

就表现形式而言，目前银行业的金融电商模式主要表现形式有两种：第一种是以中国建设银行为代表的自建平台模式。第二种是以招商银行为代表的平台合作模式。

总体来讲，银行经营电商业务存在很大的短板，在业务中主要表现在用户的活跃度不够高，交易量也不及传统电商的千分之一，主要缺陷有以下几点：第一，商业银行内控比较严格，审批流程较长，而电商是短平快的业务，要求快速反应；第二，由于长久的垄断地位所致，银行与电商相比服务意识更差一些；第三，商业银行拥有传统的金融人才，但缺少了解电商运营的人才；此外，仓储、物流等因素也将是银行电商平台建设的短板。

但是对于银行来说，其建立电商平台也具有一定的优势，主要有以下三点：首先，商业银行有很多对公客户，这些对公客户有一大部分是制造企业，这就决定了银行有足够的货源；其次，商业银行有大量的个人客户，可以作为买家，拥有大量的买家资源；最后，在金融行业中，商业银行的作用属于金融中介，电商平台的建立，可以拓宽银行作为中介的内涵。

（二）证券业的金融电商模式

与银行业的电商模式类似，证券业的金融电商模式主要分为依靠传统电商平台渠道及自建电商平台等模式：一种是目前部分券商正在做的，自己搭建电子商务网站；另外一种是通过与淘宝、腾讯等大型网络公司合作，在对方的平台上销售产品的模式；此外，资本较充足的券商甚至可以直接收购第三方电子商务公司。

相对于银行，券商面临的主要问题是客户流量有限，不具备银行那样的海量数据资源，其品牌认知度也远低于银行。对于券商来说，建立电商平台，本身就是一个争抢客户数据的行为。在券商进军电子商务领域的竞争中，一批券商已经抢得先发优势。其中，国泰君安的网上商城已经成为各家券商模仿和学习的模板。在国泰君安的网上商城，金融产品同一般商品一样销售，甚至引入了目前火热的团购模式。

（三）保险业的金融电商模式

目前国内各大保险公司纷纷试水电商，试图通过电商平台的建立来取得渠道的突破。平安、太平洋等保险公司陆续推出网上商城，消费者可以在其官网上购买保险产品。同时保险公司也和电商企业积极合作，淘宝保险便是保险公司和电商企业合作的产物。

由网销逐步进入互联网保险已成为行业共识，目前保险业的运营模式主要分为两大类：综合考虑成本、控制权及相关影响等因素，大型险企倾向于自建网销渠道或依托官网进行互联网销售；另一种类型就是中小型险企普遍选择"借力"第三方的模式。但是总体来说，保险电子商务基本还处于"赚吆喝"的阶段，大部分通过电子商务平台销售的保险产品利率润较低，整体盈利前景尚未明朗。

第三节　金融互联网发展趋势

金融互联网在发展运用到极致之后，为人们带来的服务的便利性和创新性，将会充满让人遐想的金融服务空间。以下主要探讨传统金融在融合互联网基础上的发展趋势。

一、移动支付

智能手机的快速普及催生了移动支付这个巨大行业的发展，作为一个拥有12.86亿手机用户、5.57亿手机网民的互联网大国，移动支付有可能变革传统的商品交易模式。目前互联网实现的一大金融功能便是移动支付。随着手机、iPad等移动工具的使用，以及支付宝、财付通等网络支付的运用，让人们随时随地可以上网支付。支付宝正是因为其方便快捷的支付方式，牢牢抓住客户，最终获得认可。除了支付宝之外，越来越多的第三方机构介入支付市场。第三方支付市场正日益蓬勃发展。根据iResearch（艾瑞咨询）统计数据显示，2014年中国第三方互联网支付交易规模达到8万亿，同比增速50.3%。

第三方互联网支付竞争格局微调，支付宝仍然占据半壁江山。艾瑞分析认为，随着我国电子商务环境的不断优化，支付场景的不断丰富，以及金融创新的活跃，使网上支付业务取得快速增长，因此第三方支付机构发生的互联网支付业务也取得了较快增长。预计2018年，中国第三方互联网支付交易规模将达到22万亿元。

在移动支付的年代，尽量实现账户的多功能性，集购物、支付、投资理财等服务功能于一身的账户，才能给客户带来最大的便利性，让客户产生强大的黏性，实现锁定客户的目标。国泰君安万建华董事长曾有一个观点,得账户者得天下。他认为,支付宝、腾讯、淘宝的成功，其中一个核心要素便是账户。近日，央行已经同意国泰君安证券有限公司试点加入人民银行支付系统，该券商投资者可以通过账户像使用网上银行一样在网上购物时用证券账户里的钱付款。这标志着证券公司已经开始介入支付、电商的"大蛋糕"。

二、大数据分析与挖掘

随着产生数据的终端与平台的快速发展，大数据成了2013年科技界最为火热的话题，依托新兴的大数据分析与挖掘技术，从现有数据平台的海量数据中提取出数据的价值,提供数据分析与挖掘服务，可以帮助企业在提升营销与广告的精准性等方面进行探索。看似指数级膨胀的大数据，貌似负担，实则是无价之宝。借助先进的工具挖掘分析数据，对用户的行为模式进行提炼和分析，可能为公司在发现新的商机、拓展业务等方面带来极大的惊喜。

移动互联网的应用与发展，金融行业整体业务和服务的多样化和金融市场整体规模的扩大，金融行业数据收集能力的提高，将形成时间连续、动态变化的金融海量数据，其中不仅包括用户的交易数据，也包括用户的行为数据。对金融数据进行分析，才能快速匹配供需双方的金融产品交易需求，发现隐藏的信息和趋势，进一步发现商机。

在金融领域，越来越多的机构正在充分运用大数据分析。阿里小贷公司便运用交易数据提供信用评估，据此为申请贷款的客户发放贷款。华尔街的投资高手已经开始通过挖掘数据来预判市场走势，比如根据民众的情绪指数来抛售股票，对冲基金根据购物网站的顾客评论来分析企业产品销售状况；银行根据求职网站的岗位数量来推断就业率；投资机构搜集并分析上市企业，从中寻找破产的蛛丝马迹。麦肯锡在一份有关"大数据，是下一轮创新、竞争和生产力的前沿阵地"的专题研究报告中提出，"对于企业来说，海量数据的运用将成为未来竞争和增长的基础"。

三、线上线下互动营销

随着互联网的应用，新的商业模式的产生，将带动金融服务新方式的诞生与发展。近期，线上线下互动模式，即O2O模式，简单说便是线上线下互动的一种新型的商业模式,已经被互联网广泛关注。过去,是泾渭分明的两个世界,即现实世界的传统零售企业和虚拟世界的互联网企业。而虚实互动的O2O新商业模式的引领,将带动新的营销方式、支付和消费体验方式的涌现。

未来移动互联网将会加速对用户生活的渗透,而O2O模式很好地结合了线上信息资源与线下实体资源,以用户生活为核心,关注用户细分需求的移动O2O生活服务有望在2015年取得大发展。比如手机下载一个应用,发出打车需求,最近的出租车便会来到身边,打车费用可通过手机支付自动完成。交易完成后还可通过评价促进服务改进。二维码的迅速火爆和应用,让O2O的模式应用更为便捷。通过移动手机扫描二维码,即可直接进入产品信息的全页面,完成采购支付一条龙的交易活动。

金融服务相比传统零售行业,更容易采用线上线下互动的商业模式。金融服务的产品大都为虚拟产品,不需要实体的物流运输,规避了物流损耗风险等问题。比如,运用结合二维码进行营销推广,将大为提高营销的直接性以及到达率。可以想象,每一个金融产品配置一个二维码,当一个客户对公司的资管产品满意度较高,并愿意推荐给朋友时,只需要让朋友的手机扫一下产品的二维码,便可直接进入产品页面进行详细了解和订购支付。其他客户的评价也可直观地显示在产品页面,供客户购买参考所用。再如对客户的调查活动可通过扫描二维码,点击提交的方式。比起此前的电话、马路调研等人工方式,这一方式将大大降低调研成本,移动终端显示的客户身份信息,让调研过程与结果更可靠有效,解决方案也更具针对性。

四、大平台运用

建立支付体系以及大交易平台,让投资者在平台上实现自助式投资理财、交易融资等一站式的金融服务功能,这或许是多数金融机构的终极目标。例如风靡全球的苹果公司,即为运用平台的一个典型成功案例。其成功的一大因素便在于搭建了一个商业平台——App Store。他去掉所有中间环节,让开发者直接将应用发布给最终客户。收益由开发者和苹果共同分成。国内的淘宝、腾讯正在通过打造强大的平台,实现平台经济最大化。

在大平台运用上,资源自主实现优化配置是核心价值。大量的供求信息在平台上集合,在信息对称、交易成本极低的条件下,形成"充分交易可能性集合"。如资金供求信息的交集与配置,使得中小企业融资、民间借贷、个人投资渠道等问题迎刃而解。对于证券公司而言,互联网首先只是一个接触客户的渠道,专业化服务才是让其在竞争中脱颖而出的核心要素。通过大平台上提供展示的个性化、满足客户需求的金融产品与服务,才是证券公司的核心竞争力。

第四节 国内典型案例介绍

一、中国平安陆金所:"线上金融超市"的梦想

承载着中国平安董事长马明哲打造全国最大"线上金融超市"梦想的,是其 2011 年推出的"陆金所"。这一由平安集团旗下上海陆家嘴国际金融资产交易市场股份有限公司建设的网络投融资平台,像目前所有的网络信贷平台一样,连接融资方和投资方,促成网络上的借贷。

平安集团于 2011 年 9 月在上海以 4 亿元注册资金成立了上海陆家嘴国际金融资产交易市场股份有限公司后,即上线了其网络投融资平台——陆金所,并于 2012 年 3 月推出第一项业务——"稳盈-安 e 贷"。这是一项个人借贷类投融资中介服务,与拍拍贷、你我贷等平台类似,也是通过平台连接投资方(贷款人)和融资方(借款人),撮和并完成交易。目前,该项目下的单一债权一般为 1~15 万元,期限 1~3 年,年化利率为 7%~9%。

与其他网络借贷平台不同的是,"稳盈-安 e 贷"强调一对一模式,即一笔投资仅针对一笔借款,借款人同时只能借贷一笔,而不是多人凑钱投资一个项目的模式。同时,投资人收回借款及利息只能通过"每月等额本息"的方式,这有利于降低风险,投资人也可以对回收的资金再利用。另外,它采用全额担保模式,由平安旗下担保公司进行担保。

在陆金所董事长计葵生的描述中,陆金所的借款人目前基本上还是以个人为主,但未来会重点放到小额贷款公司、担保公司等非银行金融机构。陆金所同时强调,"稳盈-安 e 贷"的借款人中很多都是小微企业主,例如菜农、小商品销售者等,他们以个人名义借贷,这部分用户可能都没有信用卡,借贷金额也不大,是其他金融机构不愿服务的对象,陆金所可以填补这个空白。对于投资人目标客户群,则是拥有 3~50 万资产的人群,因为陆金所希望提供的是收益相比于银行理财等投资产品高一些,但投资门槛又不像信托等那么高的项目。

到目前,"稳盈-安 e 贷"已运营一年多。但在陆金所的发展计划中,它将不仅仅是一个网络信贷平台。陆金所介绍,其定位于互联网金融交易平台,"稳盈-安 e 贷"是陆金所推出的首款服务,未来还会有其他服务类别。

计葵生曾介绍,陆金所将有三重功能。第一重功能,即为 P2P 模式的"稳盈-安 e 贷";第二重功能是二级市场交易功能,即通过网站"认购"某项目的投资人,在急需用钱时,可以将自己剩余的资产再出售给其他投资人;第三重功能,为众多小额贷款公司、担保公司提供评级服务。

目前,前两重功能均已实现。在推出"稳盈-安 e 贷"后,2012 年 12 月,陆金所又

推出债权转让服务，投资"稳盈－安e贷"90天以上即可申请转让，以提高投资者的资金流动性。计葵生表示，按照马明哲的出发点，是把陆金所变成一个公开的平台，让所有人都能到平台上提供商品。"未来，信托可以在这个平台上卖，基金也可以在这个平台上卖，甚至某个银行的产品也可以放在这个平台上卖。"

二、民生银行 P2P 网贷——民生易贷

民生易贷是民生银行旗下的 P2P 平台，是我国银行业创新发展的先锋之一，该平台具有"去担保化""电商系""支持中小企业"等许多鲜明特色。

（一）去担保化

民生易贷在行业内主动适应监管，实行"去担保化"。民生易贷认为，未来去担保化将会是 P2P 平台的发展方向，回归金融中介的初衷和本质将是必然。

（二）风控严格

民生易贷对融资项目进行严格审查，要求融资项目必须具备良好的自偿能力，在风险源头上进行控制，将融资人的违约风险降到最低。此外，民生易贷委托了第三方支付公司及银行管理投资人资金，不经手资金交易，不搞资金池、资产池，不做期限错配，以保障资金安全。

（三）投融双赢

民生易贷并不仅靠高收益率吸引客户，高收益与高风险往往是同时存在的。单边追求高收益，势必让投资人进入较高的风险领域，同时也会对融资人产生过高的运营成本。过硬的风控能力、稳健创新的产品运作是民生易贷的核心竞争力。民生易贷致力于在降低中小企业融资成本的同时，为投资人提供安全稳健的投资产品，这也正契合了民生易贷的定位和目标——"打造让投资人放心、让融资人称心的专业互联网金融服务平台"。

（四）资源优势

民生易贷以拥有 30 亿元注册资本的民生电商为后盾，将依托民生电商强大的资源整合能力，在政策和市场允许的前提下，打造资产业务和资金业务的信息撮合平台，让资金、资产高效、稳健地流通。P2P 业务也将成为连接民生电商其他业务的纽带，如 B2B、O2O 等板块，以此打通用户体系，提高用户的黏性，为客户提供更多更专业的服务。

（五）社会责任

融资难、融资贵的问题一直困扰着国内中小企业的成长和发展。民生易贷作为成立之初便定位扎根民企的互联网金融平台，积极尝试破解这一金融难题。目前，平台募集的资金全部投放至优秀民营企业和中小企业，支持其经营发展。7 月 24 日发布的"满溢 1 号薛蟠烤串"正是民生易贷助力中小企业融资而迈出的一步。民生易贷一方面创新贷前审核模式，用大数据分析、资金流控制等方式完成对"薛蟠烤串"的尽职调查，提高风

控能力，并降低传统业务高昂的成本；另一方面充分考虑"薛蟠烤串"在互联网上的品牌知名度和影响力，并结合其微博粉丝数量、粉丝活跃度等指标，对其信用等级进行评估。

三、招行开展"消灭信用卡"运动，加快进军移动支付 2000 亿蓝海

2013 年 9 月 18 日，招商银行联手 HTC，推出国内商业银行在移动支付产业新标准下的首款移动支付产品招行"手机钱包"。不必刷信用卡，只需在收银终端前晃一下手机，就能进行支付——这是招商银行行长马蔚华给客户描绘的"手机钱包"支付场景。利用移动支付领域的 NFC（Near Field Communication）近场通信支付技术，将银行卡加载在内置安全芯片的 3G 手机上，实现所谓手机与银行卡"合二为一"，这只是招行提出"消灭信用卡"战略目标的第一步。

在招行之前，多家银行已经纷纷高调宣布进军移动支付。2013 年 6 月 18 日，浦发银行和中国移动发布四大战略产品，其中中国移动浦发联名卡及演进产品（NFC 技术手机）主推手机近场支付，即用户附带一张手机挂坠卡或贴片卡，在具有银联"QuickPass 闪付"标识的 POS 机上直接进行小额支付。

2013 年 5 月 30 日，中国农业银行与银联、中国电信合作推出基于金融 IC 卡 PBOC2.0 标准的手机现场支付的智芯系列产品"掌尚钱包"，使用者通过简单的刷手机方式，就能在支持非接触读卡方式的各类 POS 机具上进行支付。

此外，去年 9 月，中国建设银行和银联宣布推出银联手机支付，客户通过在手机中装置符合银联标准的金融智能 SD 卡和绑定 IC 卡等简单程序即可用于近场支付。

此次招行推出的手机钱包，是通过将招行 TOUCH 卡（大吉卡、电子现金卡）加载在内置安全模块的 NFC 手机上，在手机上开卡后，即可在境内超市、药店、便利店等商户中具有银联"QuickPass 闪付"标识的 POS 机上进行快速消费，客户在付款时，只需确认付款金额后在刷卡设备上点击"确定"，就可完成手机支付。HTC 在中国市场的三款手机上预装招行"手机钱包"，支持移动、联通、电信三大运营商。

与其他银行与三大运营商合作不同的是，招行移动支付第一步选择了和手机生产商合作，这也是首家与手机生产商合作的商业银行。据悉，除了与 HTC 合作之外，其他手机生产商也将列入招行合作伙伴序列之中；与此同时，招行也正与运营商接洽。

招行零售银行金融总部常务副总裁刘建军认为，全球移动支付共同认可的方向是 NFC 方向，即通过在手机等电子设备上内置 NFC 芯片，允许电子设备之间进行非接触式的点对点数据交换。"如果用化学反应和物理反应的概念来形容，招行移动支付是化学反应，真正让支付的信息数据进入到手机当中，这符合发展趋势的方向。"不同银行有不同的移动支付策略考量，但他们将共同面临一个巨大的移动支付市场。

据美国权威 IT 咨询公司高德纳研究显示，2011 年全球移动支付交易规模达到 2410

亿美元，预计未来几年交易总额年均增速将超过42%，到2015年将突破1万亿美元，占全球支付市场的比例也将由目前的不足1%提升至2.2%。

而中国电子商务研究中心统计，2011年中国移动互联网用户达4.3亿户，预计到2013年将突破7亿户；移动支付市场交易规模达480亿元，预计到2013年将突破2000亿元。进入移动支付市场的除了商业银行之外，还包括运营商、第三方支付机构等，各方都想抢占先机和话语权。"我们完全有理由相信，在以80后、90后为主体的年轻一代消费方式变革的带动下，未来几年我国移动支付产业必将呈现出井喷式发展态势。"马蔚华说。

本章小结

金融互联网，就是银行、保险公司、证券公司等传统金融机构把产品搬到网上，个人和金融机构通过网银开立存款或证券登记账户；现金、证券等金融资产的支付、转移均通过互联网进行；支付清算均实现电子化，替代现钞流通。金融互联网目前呈现即时性、移动化、互动与透明化和低成本的特点。

目前金融互联网主要运营模式分为以下三类：传统金融业务的电子化模式、基于互联网的创新金融服务模式、金融电商模式。

结合互联网发展的优势，传统金融在融合互联网基础上的发展体现了移动支付、大数据分析与挖掘、线上线下互动营销以及大平台运用的趋势。

复习思考题

1. 分析金融互联网与互联网金融的区别。
2. 金融互联网的特点有哪些？
3. 目前金融互联网的运营模式有哪些？请举例说明。
4. 什么是直销银行模式？它与传统业务的电子化模式相比有哪些区别？
5. 目前金融互联网呈现哪些发展趋势？

第七章　互联网理财

【学习目标】

通过本章的学习，了解互联网理财的概念、特点及优势；了解互联网存款类理财产品的主要产品，掌握其相比传统存款产品的优势；掌握互联网消费金融的主要服务模式，理解互联网消费金融在我国兴起及发展的经济逻辑；了解互联网保险在我国的发展现状，掌握互联网保险的主要模式。建立对互联网理财基本的认识，进而对互联网金融的新兴业态及发展趋势形成一定的解读分析能力。

第一节　互联网理财概述

一、互联网理财的概念

互联网理财是指投资者自主通过互联网平台进行咨询、交易，以实现资金增值、盈余调剂、财富管理、风险缓冲的一系列活动的总和。

"互联网理财"不能简单地等同于"互联网+理财"。它不是简单地把传统金融机构提供的理财产品或服务原封不动地搬到网上进行销售，这种方式只能视为一种"互联网+理财"的简单模式，互联网只是被视为一种新的渠道而已，与传统的理财并无本质上的区别。

而事实上，互联网绝不仅仅是一种渠道，而是一种生态。真正的互联网理财是依托于互联网金融的大环境，根据不同的理财产品进行投资，体现得更多的是一种互联网思维和互联网精神。比如，传统的理财方式一般最关心的往往是资金的安全和收益，一般门槛都比较高，期限较长；而网络理财则有很大区别，投资人除了关心安全和收益外，还会考虑是否方便（包括充值方便和是否可以随时提现），体验是否顺畅，与其他消费（比如网购）的关联度是否高等。

按照提供者不同，互联网理财可分为由传统金融机构（如银行、证券公司、基金公司和保险公司）提供的理财产品和由新兴的互联网金融平台提供的理财产品（含服务）。本章主要探讨的是后者。根据产品类型，又可分为存款类理财产品、消费类（含贷款类）理财产品和互联网保险三种类型。

二、互联网理财产品的优势

（一）信息优势

信息优势主要体现为信息量的广泛与传播的迅速。投资者毕竟不是专家，长久以来困扰着他们的是信息不对称的问题。投资者可以在网上轻松地掌握全国各地甚至全球的财经信息。而各金融网站传递的信息几乎没有数量限制。一般来说，网络证券交易提供的行情更新时间在8～10秒内，快于其他任何一种委托方式。

（二）成本优势

网络理财服务与传统的理财服务相比，节省了大量的运营成本，使服务供应商能够不断地提高服务质量和降低服务费用，最终使投资者受惠。首先节省的是设立庞大经营网点的费用；其次大幅度节省了通信费用；另外，还整合了数据等资源，优化了工作流程。数据统计显示，一般新建一家营业部需一次性投资500～2000万元不等，日常营业费用为每月25～80万元，而发展虚拟的网上理财网站的投资仅为其1/3～1/2，日常费用更是只有其1/5～1/4。

（三）时空优势

网络理财空间上覆盖面广，业务范围可以覆盖全球，拥有无限扩张的全球化目标市场；时间上提供全天候营业服务，真正做到了每周7天、每天24小时营业，极大地方便了客户。

（四）服务优势

网络理财可以提高服务质量，最明显的就是给投资者提供个性化服务。以前，一般投资者不是专家，要进行技术面分析和基本面分析都是相当困难的，需要耗费大量的时间和精力。但是借助互联网，尤其是网络的信息搜集功能，投资者可以获得权威的研究报告和现成的投资分析工具。

（五）效率和质量优势

在金融市场上，效率就是金钱。而理财活动要耗费投资者的时间、金钱和精力去搜集信息、研究市场行情、研究投资工具、做投资决策等。网络理财的运用可以节省投资者每一步骤的投入，提高理财的效率，使得投资者处处掌握先机，最终提高投资者的应变能力；而且，互联网技术和计算机技术的应用，使投资者可以减少投资的盲目性和随意性，提高了理财活动的质量。

三、我国互联网理财现状

根据新浪财经发布的《2015国民理财投资行为差异研究报告》的数据显示，2015年互联网理财的使用率超过40%，开始与最传统的银行储蓄理财方式相抗衡，其市场发展潜力巨大，如图7.1所示。

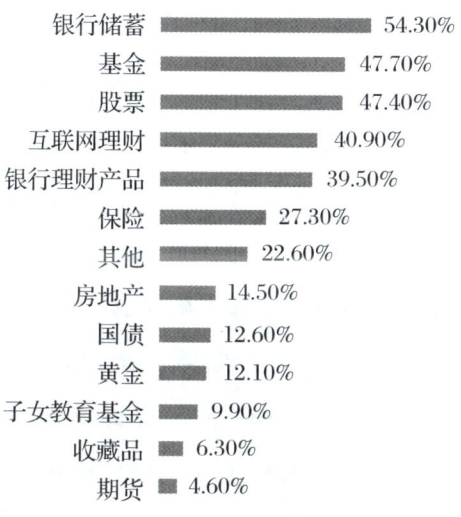

图 7.1 各种理财行为占比

具体而言，各类互联网理财产品中，网上基金、网上炒股及第三方理财产品的认知度较高，分别占比 19.8%、19.8% 和 18.7%，其次网上借贷和 P2P 也有一定的认知度，占比为 16.9% 和 11.2%，如图 7.2 所示。

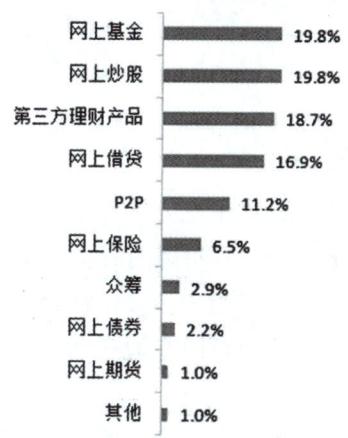

图 7.2 各类互联网理财产品占比

而在互联网阻碍因素的统计数据中显示，最大的担忧是资金安全隐患，占比高达 54%；其次是互联网金融政策存在不稳定性，占 44.4%，排名第三的因素是担心网上诈骗，占 41.6%，而个人信息泄露、产品发展不成熟以及对产品的不熟悉也是阻碍人们选择互联网理财的重要因素，分别占比 40.4%、32.5% 及 28%。因此，公众最看重的莫过于"资金的保障"，这与理智、谨慎的理财态度、务实的理财理念也相吻合，互联网金融只有加强资金保障才有可能走入下一个飞跃期，如图 7.3 所示。

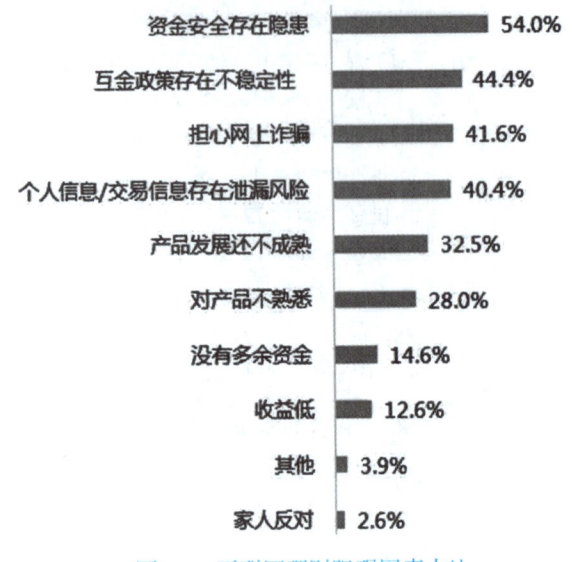

图 7.3　互联网理财阻碍因素占比

第二节　互联网存款类理财产品

一、互联网基金

（一）互联网基金理财的概念

互联网基金一般是指网上平台，如第三方支付平台与基金公司合作，将互联网作为销售渠道，门槛低、费用少，如现金一样可随时存取的基金销售模式。资金进入基金公司后与传统基金的运作方式一样，但网上用户多、资金集中，形成了巨大的资金池，在基金正常运作进行投资的同时，用户可随时存取，因此与传统基金相比，流动性、安全性和体验性都相对较高。

互联网基金的产生是社会经济发展的必然产物，尤其是当居民和小微企业的金融需求难以得到满足时，可以为个人及小微企业客户提供良好的服务。

（二）互联网基金理财优势与特点

1. 依托于庞大的网络客户群，操作便捷

根据中国互联网网络信息中心的数据，2015 年 6 月，中国网民规模达 6.68 亿，互联网普及率为 48.8%；我国手机网民规模达 5.94 亿，占总网民数的 88.9%。其中，基金业务

基本上实现了零门槛理财，有效缓解了金融排斥，提高了社会金融福利水平。

2. 信息对称，供求匹配

传统模式下，基金公司与消费者之间的信息传达成本较高，且信息传达极有可能出现不及时的情况。互联网基金模式实现了基金销售的金融脱媒，基金公司通过互联网平台公司将基金产品直接送达到海量的互联网客户群体面前，极大程度地解决了信息不对称的问题，提高了相应基金市场的运作效率。同时，互联网客户可以通过网络平台自行完成对基金信息的对比、甄别、匹配和交易，有效激活市场存量资金，提高了社会资金的使用效率，减少了资源在中介机构或中介平台上的浪费。

3. 减少金融排斥

Sherman Chan 将金融排斥定义为在金融体系中人们缺少分享金融服务的一种状态，包括社会中的弱势群体缺少足够的途径或方法接近金融机构，以及在利用金融产品或金融服务方面存在诸多困难和障碍。互联网基金由于其依托于信息发布迅速方便的网络平台，且基本不存在购买条件，因此在很大程度上减少了该领域的金融排斥现象。

4. 获利于大数据并产生海量数据

互联网基金以互联网平台交易和大数据分析为基础开展业务，比以商业银行为主要销售渠道的传统基金销售模式效率更高且成本更低，提高了投资人的收益率。同时，互联网带来的海量数据如果被良好地数据化处理，应用大数据思维，将助推未来互联网金融和传统金融业的发展甚至是实体经济的发展，将进一步推动金融创新，形成良性循环。

（三）互联网基金理财的现状

艾瑞咨询数据显示，2014 年中国互联网基金的交易规模为 61947.4 亿元，同比增长 175.4%，预计之后几年将持续保持 25% 左右的速度增长。预计到 2018 年达到 154787.8 亿元。2014 年基金互联网化的水平达 49.1%，随着互联网金融的发展，之后几年将会超过 50%，到 2018 年达到 66.8%，如图 7.4 所示。

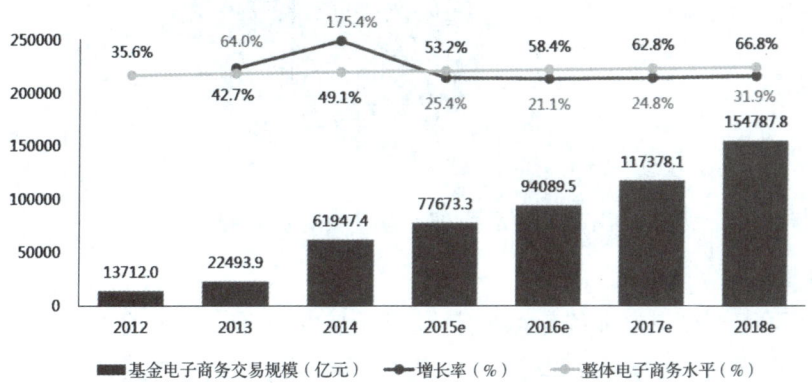

图 7.4　2012—2018 年中国互联网基金交易规模及互联网化水平

互联网基金销售规模的增长主要来自于以下几方面的力量：①以余额宝为代表的"宝"类货币基金，2014年仍保持较快增长。②代销机构的互联网化水平不断提升，电子银行、独立代销机构网站都是重要的交易额来源。③传统基金公司为了谋求利润，开始自建平台，布局互联网，这也是另外一种重要的互联网化渠道。以下主要以互联网"宝"类基金为例进行阐述。

（四）互联网"宝"类基金发展概况

互联网"宝"类产品的发展初期应该从2013年6月余额宝上线开始，2013年下半年至2014年上半年互联网"宝"类基金迎来了爆发期，不管是传统型金融机构还是互联网金融机构纷纷推出各自的"宝"类货币基金。由于各产品上线初期市场资金偏紧，因此互联网"宝"类产品普遍具有高收益、高流动性及高安全性的特点，不过随着资金流动性逐渐加大，高收益不再。与此同时，2015年初新诞生的"宝"类产品越来越少，市场进入饱和期，规模增长也开始放缓。融360数据显示，截至2015年第三季度末，全国72家平台共推出82只"宝"类产品，对接69只货币基金。

1. 类别

按照发行机构的主体分类，基金公司发行的互联网"宝"类产品归类为基金系，银行发行的归类为银行系，第三方支付公司（含电商企业）发行的归类为第三方支付系，基金代销机构发行的归类为代销系。截至2015年第三季度，基金系"宝"类共32只，银行系"宝"类共27只，第三方支付系"宝"类共15只，代销系"宝"类共8只，如图7.5所示。

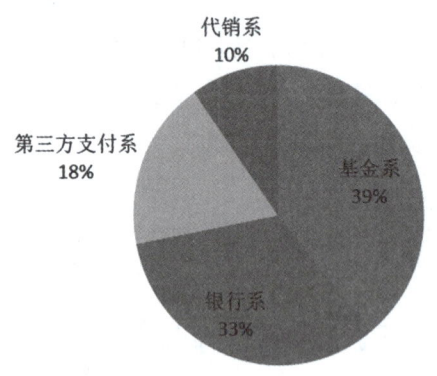

图7.5　各系互联网"宝"类基金数量占比

2. 规模

2015年第三季度规模排名前十的"宝"类基金如表7.1所示。在全部69只货币基金中，余额宝对接的天弘余额宝货币基金仍然遥遥领先。不过余额宝与第二名的差距在逐渐缩小，一季度余额宝规模是工银货币的7.1倍，二季度这一数字降至4.5倍，三季度只有3.2

倍，可见行业老大的地位在逐渐受到挑战。基金、银行等传统金融机构在吸收资金方面占据较大优势，而与之相比，第三方支付系在政策方面形势不利，规模增长进入瓶颈期。

表 7.1　2015 年第三季度"宝"类基金规模前十排名　　　　　　（单位：亿元）

名称	平台	系别	合作基金	规模	环比
余额宝	支付宝	第三方支付系	天弘余额宝货币	6039.48	−1.54%
储蓄罐 现金快线 凤凰宝	好买基金 工银瑞信基金 凤凰网	代销系 基金系 代销系	工银货币	1879.25	38.86%
快溢通 百度百赚 活期通	交通银行 百度 华夏基金	银行系 第三方支付系 基金系	华夏现金增利货币 A	1032.5	33.67%
速盈	建设银行	银行系	建信现金添利货币	1023.38	69.88%
掌柜钱包	兴业银行	银行系	兴全添利宝货币	965.27	37.26%
微信理财通	腾讯	第三方支付系	华夏财富宝货币	790.94	62.41%
增值宝	建信基金	基金系	建信货币	532.85	54.23%
平安盈 快溢通 收益宝 南方现金宝 聚力宝 马宝宝	平安银行 交通银行 同花顺 南方基金 重庆银行 包商银行	银行系 银行系 代销系 基金系 银行系 银行系	南方现金增利货币 A	472.07	−12.95%
民生如意宝 汇添富现金宝 零钱宝 网易现金宝 电信添益宝 微财富存钱罐	民生银行 汇添富基金 苏宁 网易 中国电信 新浪微财富	银行系 基金系 第三方支付系 第三方支付系 第三方支付系 第三方支付系	汇添富现金宝货币	435.59	18.18%
快溢通 活期乐	交通银行 嘉实基金	银行系 基金系	嘉实货币 A	396.39	33.14%

资料来源：东方财富网，2015-10

3．收益

互联网"宝"类基金对接的是货币基金，资金投向以银行存款及结算备付金为主，这部分通常能占到 60% 以上，除此之外少部分资金投向债券及其他资产，基本上都是风险等级较低的资产标的，且各货币基金资金投向趋同，这也就决定了各个"宝"类产品之间的收益差距不会太大，如表 7.2 所示。

互联网金融理论与实务

表 7.2 2015 年第三季度互联网"宝"类基金收益前十排名

产品名称	平台	合作基金	系别	平均收益率
和聚宝	中国移动	汇添富和聚宝货币	第三方支付系	4.02%
百度百赚利滚利	百度	嘉实活期宝货币	第三方支付系	3.87%
中银活期宝	中银基金	中银活期宝货币	基金系	3.76%
增金宝	浙商银行	易方达增金宝货币	银行系	3.66%
掌柜钱包	兴业银行	兴全添利宝货币	银行系	3.66%
活期乐	嘉实基金	嘉实货币 A	基金系	3.60%
钱袋子	广发基金	广发钱袋子货币	基金系	3.58%
储蓄罐 凤凰宝 现金快线	好买基金 凤凰网 工银瑞信基金	工银货币	代销系 代销系 基金系	3.53%
慧存钱 零钱宝	广发银行 苏宁	广发天天红货币	银行系 第三方支付系	3.49%
沃百富 富钱包	中国联通 富国基金	富国富钱包货币	第三方支付系 基金系	3.49%

资料来源：东方财富网，2015-10

在当前我国经济面临下滑压力、货币政策继续宽松、利率市场化以及人民币存在较大贬值预期的大环境下，"宝"类基金的收益率有进一步下降的空间。但相比其他理财产品，其具有的灵活、安全、普惠以及高流动性的特质，仍不失为大众理财基本而重要的手段之一。

二、P2P 理财

据《P2P 互联网投资者行为调研白皮书（2015）》（以下简称《白皮书》）显示，随着互联网对理财市场的持续渗透，P2P 理财快速崛起，投资者对 P2P 的认知程度仍有待提升。数据显示，随着互联网对理财市场持续渗透，P2P 理财方式也快速崛起，以 38% 的普及率小幅超越股票和银行定期存款，成为普及率第三高的理财方式，与排名第二的银行理财仅存在微弱差距。投资门槛低、收益高和用户体验佳是 P2P 理财吸引投资者的三大要素。

《白皮书》显示，目前理财人群平均只将 27% 的收入用于投资。与 "4321 资产配置法则"（即 40% 投资、30% 生活开销、20% 储蓄备用、10% 保险）相比，这一比例明显偏低。未来潜在理财容量可以继续激发，其中，P2P 理财份额具有可观的提升空间。64% 的理财用户明确表示，将在未来一年中增加互联网理财的投入。数量庞大的互联网"宝"类产品用户人群，均可能成为 P2P 平台所转化的对象。

据网贷之家发布的《2015 年中国网络借贷行业年报》显示，2015 年网贷行业总体综合收益率为 13.29%，如图 7.6 所示。伴随着全年央行多次降准、降息所造成的宽松的货币市场环境，市场持续宽松的背景下推动网贷综合收益率的持续下行。预计网贷综合收益率在 2016 年仍然有下行空间，2016 年网贷行业综合收益率将降至 10%～11%。

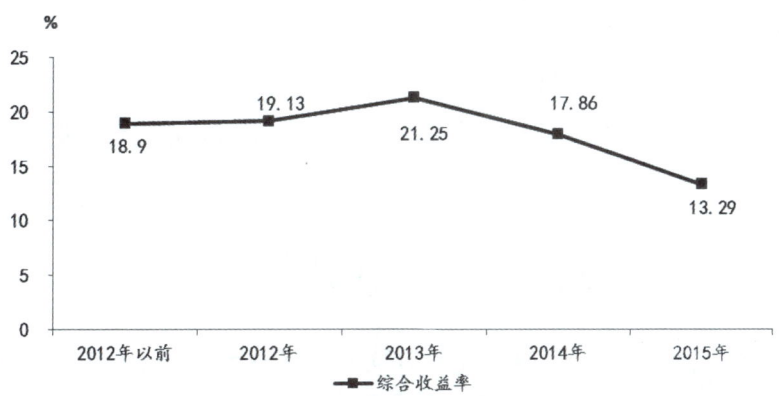

图 7.6　P2P 平台各年综合收益率走势

三、票据理财

（一）票据理财的概念及兴起

票据理财，是指借款企业以银行、企业到期承兑的商业汇票作为抵押，以此来融资，汇票到期后，借款人可以直接拿着汇票去银行、企业兑现。汇票主要有两种：银行承兑汇票和商业承兑汇票。在目前我国企业信用普遍不高的市场环境下，商业承兑汇票的流通更困难。为此，目前开展票据理财业务的平台，大部分为银行承兑汇票，比如银票通，所有的项目都是银行承兑汇票。

银行承兑汇票虽然能够在银行直接贴现，但由于一些票据金额小，而办理贴现时间又较长或手续较复杂，因此企业更愿意借助互联网金融平台，以尽快实现融资的目的。

票据理财之所以能成为受投资者追捧的新兴理财方式，首先在于其安全性较高。票据理财产品以银行刚性兑付的承兑汇票为核心，只要银行不破产就一定能拿回本息，安全性有保障。其次，票据理财产品具有收益高、门槛低的优势，根据 2015 年底的数据，目前主流票据理财产品的年化收益率在 6%～10% 左右，远高于市面上货币基金、银行理财产品的收益水平，收益优势显著。

（二）票据理财的类型

从数据来看，目前开展票据理财业务的平台类型主要有三种。

第一是银行系，主要有民生银行的民生易贷、招商银行的小企业 e 家、平安银行小票通。

这些平台由于隶属于银行，专业程度高，信用好，其给出的年化收益一般高于"宝"类基金1～3个百分点，基本上就是银行贴现利率。

第二是互联网系，主要有阿里的招财宝、京东的京东票据、苏宁以及新浪的微财富。这些平台自身并不开展票据业务，也没有资源优势，然而由于其背靠大型互联网公司，有着良好的流量优势，通过与票据中介合作，作为一个销售通道，其给出的年化收益略高于前者。

第三是一些专业平台，比如金银猫、票据宝、银票网、票金所等，这些平台一般都是在线下长期从事票据业务，积累了丰富的资源，然后转战互联网。这些平台给出的年化收益则更高一筹。

第三节　互联网消费金融

互联网消费金融是指资金供给方通过互联网及移动互联网的技术手段，将资金提供给消费者购买、使用商品或服务。互联网消费金融得益于互联网技术的进步，相较传统的消费金融服务模式，一般具有覆盖用户面更广、提供服务更方便快捷等特点。

随着"80后""90后"成长为消费市场的主流消费人群，年轻人消费观念更加多样开放，再加上居民收入的不断增加、社保体系的逐步健全、消费环境的逐渐改善，消费者开始敢消费也愿消费。社会主流的消费模式由传统的理性保守消费转变为提前消费、信用消费，消费金融的发展迎来了历史性的机遇。

一、互联网消费金融的起源及发展历程

从国际范围考察，消费金融体制已有300多年的发展历史，最早是由于产能过剩，为了扩大产品销售，制造商和经销商就对产品进行了分期付款销售，因此带来了消费信贷的迅速发展。

中国的消费金融公司概念，最早出现在2009年。银监会发布《消费金融公司试点管理办法》，北银、锦程、中银和捷信等四家消费金融试点公司获批成立。在行业发展最初的几年间，消费金融业务模式与业绩饱受争议，参与主体数量也没有进一步放开。

2013年，消费金融公司试点进一步扩大，消费金融公司准入门槛放宽，银监会陆续批复招联、兴业和苏宁云商消费公司筹建。2014年初京东白条的上线和2014年7月天猫分期的推出标志着大型电商平台介入消费金融领域，另外，互联网金融平台大举发展消费金融业务，逐渐成为消费金融服务的新兴力量。

2015年6月10日，国务院常务会议决定将消费金融公司试点扩至全国之后，消费金融政策限制破冰。2015年7月，经中共中央、国务院同意，由中国人民银行等十部委联

合发布的《关于促进互联网金融健康发展的指导意见》，更加加速了消费金融产品的诞生。

2015年6月之后的两个月内，超过12家消费金融公司获准开业，这一数量已接近过去五年消费金融公司的总和。在消费贷款规模上，6月份当月，消费贷款在短期贷款中的占比就上升到43%，消费贷款投放余额占比与2015年初相比，提高了1个百分点。

中国互联网消费金融市场目前处于市场启动阶段，随着互联网金融行业的整体发展、居民消费观念的进一步升级，以及对互联网消费金融服务模式的逐步认可，互联网消费金融市场在未来3年将继续保持爆发式增长的势头。2014年互联网消费金融市场交易规模达到96.9亿元人民币，环比增长112.5%。预计到2017年，市场交易规模将突破1000亿元人民币。

二、互联网消费金融的产业链

完整的互联网消费金融产业链包括上游的资金供给方、消费金融核心圈及下游的催收方或坏账收购方，其中消费金融核心圈又包括消费金融服务提供商、零售商、消费者和征信/评级机构四部分组成，如图7.7所示。

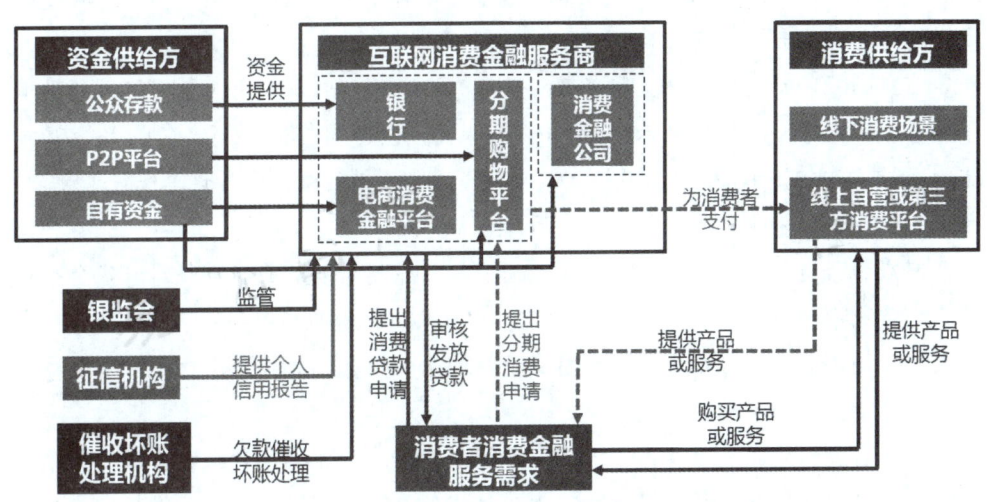

图 7.7　互联网消费金融产业链

资料来源：未央网，2015

上游的资金供给方包括消费金融服务商的股东、消费金融服务商的资产受让方、P2P网贷平台投资人等。消费金融服务提供商包括银行、互联网消费金融公司、大学生消费分期平台、提供消费分期服务的电商平台、P2P网贷平台等。零售商是广义的零售商，包括各种消费品和服务的经销商。下游的催收方是专业的催收公司，坏账收购方是专门收购坏账的金融机构。

三、互联网消费金融的服务模式

（一）电商模式

电商的互联网消费金融服务模式主要依托自身的互联网金融平台，面向自营商品及开放电商平台商户的商品，提供分期购物及小额消费贷款服务。由于电商在互联网金融、网络零售、用户大数据等领域，均具有较明显的优势。因此，在细分的互联网消费金融领域中，综合竞争力也最强，未来也将引领市场的发展趋势。其中，天猫和京东是典型代表。

电商模式用户覆盖优势明显，业务创新及大数据等技术实力突出，注重客户体验，将互联网思维发挥到了极致。

专栏 7-1　京东结合自身电商业务重点打造消费金融战略

京东积极扩展自身电商业务所覆盖的消费场景，在此基础上，以"京东金融"为统一品牌打造的互联网金融产业链为消费者带来多元化服务的同时，反过来进一步促进其电商业务的发展。

京东的互联网消费金融主打产品——京东白条，对自身电商业务的促进效果十分显著。京东公布的数据显示，在 2015 年 "618 大促" 期间，京东白条日均交易额环比增长了 240%，白条的订单占总订单数量的 8%。其中 80% 白条订单进行了分期，白条用户平均客单价是其他普通用户的两倍。

京东白条是依托京东电商业务，为用户提供信用赊购服务的互联网消费金融产品，也是业内较早推出的相关产品。2015 年以来新推出的 "白条+" 系列产品，与不同领域的消费企业深度合作，将自身的消费金融业务拓展到京东商城平台之外的大学、旅游、租房等领域。

作为首款"白条+"产品，旅游白条将消费金融服务与各种旅游消费场景深度结合。不仅覆盖了传统的交通出行、酒店住宿及旅游休闲等产品，还将服务范围延伸至定制游、亲子游等细分旅游市场。旅游白条解决了购买力有限的白领及学生群体，在旅游时一次性占用资金较大的问题，使得旅游出行真正做到了"说走就走"。

租房白条改变了传统"押一付三"的房租缴付模式，缓解了应届大学毕业生及青年白领的资金压力，解决了目标用户初入职场的经济拮据与大城市高额的房屋租赁价格之间的矛盾。

资料来源：《中国互联网消费金融市场专题研究报告（2015）》，易观智库

（二）分期购物平台模式

作为新涌现出来的互联网消费金融服务模式，分期购物平台目前主要针对大学生群体。但由于目标群体缺乏稳定收入，且客户绝对数量较小，未来分期购物平台在坏账率、征信数据获取、客户群体延续性等方面均面临挑战。目前大学生分期购物市场竞争激烈，类似于刚刚启动时期的团购市场，未来市场将经历整合后形成几家行业领先企业的过程。分期乐以及趣分期是其中典型代表。

专栏7-2 "分期乐"深耕校园消费市场，布局消费金融服务

分期乐是国内首家面向大学生提供分期消费的金融服务平台。其商业模式为在校大学生提供可分期付款的商品及小额消费借款，并将债权通过自有的P2P平台出售给投资者。现在分期乐已经成为京东最大的分销商。

分期乐与京东在消费产品层面深度合作，保障货品的来源正规和送货速度，所购商品可分期最长24个月，并提供行业首创的提前还款服务费全免，以及限时惠、新人特权等特色服务；提供最高3000元人民币的小额消费借款，首次办理会有高校经理上门完成身份信息审核，审核通过后资金于48小时内到账。

消费前端，通过与京东在商品供应链、物流、售后等方面深度合作，保证了用户的消费体验；债券处置后端，通过成立于2014年6月的桔子理财，专门转让来自于分期乐向大学生提供消费金融服务所产生的债权，打通了从债权的获得到小型的资产证券化，再对接到互联网理财平台的资金闭环，既转移了消费金融服务的违约风险，也丰富了分期乐的资金来源渠道。

资料来源：《中国互联网消费金融市场专题研究报告（2015）》，易观智库

（三）银行模式

银行的互联网消费金融服务模式相对最为简单，消费者向银行申请消费贷款，银行审核并发放，消费者得到资金后购买产品或服务。目前，个人消费贷款业务在银行整体个人贷款业务中占比偏低。银行目前在积极布局网络消费的全产业链，丰富自身网上商城的消费场景，力图在相关领域追赶淘宝、京东等电商领先企业。

相比其他模式，其优势在于业务模式成熟、资金来源稳定、拥有巨大的潜在客户群体，但主要劣势在于审批要求严格、周期较长、效率低。

（四）消费金融公司模式

消费金融公司的互联网消费金融服务模式与银行类似。一般情况下，消费金融公司的审核标准较银行的标准更为宽松，贷款额度也更高。不过消费金融公司的整体实力和

消费者的接受程度与银行相比，还有很大差距。早期的消费金融公司多以银行为设立主体，在试点放开之后，未来将有更多来自不同行业的设立主体参与到市场中来，这也将为消费金融公司带来差异化的发展模式。

第四节　互联网保险

随着信息技术的快速发展与广泛普及，互联网及移动互联已成为保险机构销售和服务的新兴渠道。近年来，我国互联网保险呈现加速发展态势，为保险业注入了活力，但其发展过程中存在的问题也亟须进一步解决。保监会日前发布的《互联网保险业务监管暂行办法》，遵循"促进互联网保险业务健康发展""保护消费者合法权益""线上与线下监管标准一致"等原则，明确了对互联网保险业务的监管要求，从而为互联网保险业务的发展营造良好的市场环境。

一、互联网保险的概念及特点

互联网保险是新兴的一种以计算机互联网为媒介的保险营销模式，有别于传统的保险代理人营销模式。互联网保险是指保险公司或新型第三方保险网络平台依托互联网和电子商务等技术订立保险合同，提供保险产品及服务的业务。

对比传统线下保险，互联网保险的参与方更为广泛，除了原有的保险公司、代理人以外，第三方平台、专业中介代理平台都将发挥重要的作用，而且互联网渠道的数据积累可以正向反馈给保险公司，进而对保险产品的设计、保险的商业模式都产生重要影响。

二、我国互联网保险发展历程及现状

根据易观智库研究报告显示，截至 2015 年 11 月，中国全行业经营互联网保险业务的各类机构已经超过 120 家，较 2014 年大幅提升，市场经营主体进一步扩容，如表 7.3 所示。2015 年上半年互联网保险市场累计实现保费收入 816 亿元，同比增长 1.6 倍，与 2014 年互联网保险全年总保费水平接近，对全行业保费增长的贡献率达到 14%，继续成为拉动保费增长的重要驱动力。

表 7.3　新型互联网保险及服务机构的发展状况

时间	事件
2013 年 9 月	第一家纯粹的"互联网保险公司"众安在线成立。2014 年，众安在线成立后的首个完整年度内实现盈利，获得净利润 2728 万元，覆盖客户超过 2 亿人，总保费收入达 7.94 亿元
2015 年 6 月	国内经营互联网保险业务的保险公司达到 96 家

续表

时间	事件
2015年7月	保监会连续发放三种互联网保险牌照，分别是易安财产保险股份有限公司、安心财产保险有限责任公司和泰康在线财产保险股份有限公司
2010—2015年	创新类保险服务机构涌现：保险直销超市、保险搜索与比价平台、保险特卖平台、保险第三方鉴定平台、车险O2O服务平台、UBI车险定价服务机构等
2012—2015年	互助型保险组织出现，包括抗癌公社、E互助和必护保险等。截至2015年8月，抗癌公社（成立于2012年）会员已超过17万，E互助（成立于2014年）注册会员达到了39万

资料来源：《金融时报》，2015-12-9

互联网保险保持高速增长，一是由于理财型保险产品在第三方电商平台等网络渠道上的销售热度继续，同时互联网车险保费收入增速处在一个明显的上升通道中；二是由于保险公司对于互联网渠道重视度大增，加大了拓展力度，尤其是中小保险公司转战互联网，寻求新的市场空间。从险种结构看，存在发展不均衡，2014年互联网保险保费收入中占比和贡献最大的险种是车险，占比为56.4%。同时，第三方电商平台日趋成熟，保险产品线也逐渐丰富。互联网保险产品已从最初的车险、意外险等条款和费率标准化程度较高的险种，逐步扩展到货运险、信用险、万能险、健康险等一些相对复杂的险种。

三、互联网保险的主要模式

（一）保险公司直销官网模式

保险公司直销官网是指传统保险公司自身设立的互联网保险销售及服务平台。

在设立自保险电商平台、移动App的基础上，保险公司进一步探索如何利用互联网技术增加线上服务内容，进行服务互联网化尝试。保险公司拥有丰富的从业经验与产品设计能力，但最大的问题是身兼"运动员"与"裁判员"，无法真正地站在消费者利益端。

从目前传统保险企业直销官网交易来看，用户有更强的自主选择性，浏览产品信息、对比产品细节、缴费等均可在线完成。用户自主参与度提高，但部分个性化需求难以得到满足，官网定制组合能力差，而相对于第三方平台的多品牌海量资源，产品略显单一。

复制升级原有寿险、财险产品目前仍是传统保险企业产品发展的主流，产品同质化问题从线下转移至线上，部分企业如平安、泰康、太平洋等保险公司有针对性地对特定领域进行产品创新升级。如泰康推出的微互助、乐业保、飞常保；平安联合众安推车险新品保骉车险、社交保险产品；各大险企针对互联网线上交易推出的个人资金账户安全险、快递邮包险等。但总体来看，创新动力不足，互联网创新产品主要动力来自第三方保险机构以及合作平台的促进。

专栏 7-3　太平洋保险积极打造互联网平台业务闭环

2012年8月太平洋保险正式推出"太平洋保险在线商城",2013年12月微信服务账号正式上线,2014年1月推出太平洋保险生活广场平台,2015年3月正式发布"中国太保"App。

太平洋保险整合集团资源,平台化运营,将保险在线商城与生活消费平台"生活广场"相关联。满足了消费者多元化的需求,为平台流量的稳步增长奠定了基础。以"在线商城+生活广场"为大数据平台,可以收集各种用户信息,为公司进一步优化保险产品,改进服务提供了决策依据。

"太平洋保险e服务"微信服务账号,提供了车险、家财险、人寿险等各类保险产品的展示和销售,客户可以通过微信支付的方式购买保险产品。"中国太保"App是面向终端客户的移动应用入口,为客户提供投保、自助理赔、救援、查询等服务,未来将构建移动应用的小型生态圈。

太保除了自有的PC端和移动端之外,还在天猫开设了保险直销店,已将所有产、寿险产品与服务在互联网渠道实现融合。太保目前还在申请支付牌照,并进军汽车后市场和健康生活领域,逐步形成保险产品应用场景的业务闭环。

资料来源:《中国保险市场互联网化专题研究报告(2015)》,易观智库

(二)第三方平台模式

第三方平台模式具体又包括两种,第一种是引流代销模式,包括互联网企业保险频道和第三方中介机构两类平台,前者的代表有淘宝保险、网易保险和放心保等;后者的代表有保网、慧择网和中民保险网等。互联网企业拥有绝对的流量优势,可以吸引大量用户关注不同保险公司的各类产品;第三方中介机构则提供专业的保险产品分析、比较和测评,帮助消费者更快捷、准确地选择适合自己的保险产品。

第二种是产品合作模式,典型代表有淘宝与众安、泰康合作推出的众乐保、参聚险、乐业保等,京东与中国人寿合作推出的海淘交易保障险、众筹跳票取消险、投资信用保障险等。互联网电商企业针对自身的网上零售及互联网金融有关业务,与专业保险公司合作开发特色险种,覆盖整体消费生态圈中各个场景,为消费者和商户打造全程安全无忧的消费及投资环境。

专栏 7-4 中民保险网实践"互联网+保险"新模式

2008年9月中民保险网正式上线运行，2012年1月成为首批通过保监会审核的第三方保险网销平台。中民保险网是站在投保人的角度、满足投保人需求的主动型保险电子商务平台，在线销售80余家国内外著名保险公司共1300多种（款）保险产品，包括意外险、旅游险、家财险、健康险、寿险、车险等。目前，已经完全实现这些保险产品的在线保费计算、对比、购买、支付与投保功能。

除合作保险公司众多、保险产品齐全之外，中民保险网最大的特色就是其电商返利服务。同样是在电商平台购物，获得的返券可以为自身代理的保险业务带来客户人气，又能保证自身轻资产运营。中民保险网旗下的中民电商，拥有中民返利导航网及红酒世界两个电商平台。返利网支持500多家电商购物，返5%中民券，可实际用于购买中民保险网的保险产品。

中民保险网并未止步于保险中介，在互联网保险的道路上也进一步探索新产品的开发。全面二胎政策刚落地，中民保险网立刻联合永安保险公司顺势推出了"二胎保"安孕意外护航保险，为即将到来的"二胎"孕期潮提供专项保障；紧跟社会热点，为保障电梯出行，推出电梯意外保障计划；针对交通事故伤害多的情况，中民保险网携手安联保险推出性价比较高的自驾游保险；针对近年我国出国人数持续攀升而签证拒签又会给当事人带来一定的困扰，联合史带财险开发了一款单项签证拒签保险。

资料来源：《中国保险市场互联网化专题研究报告（2015）》，易观智库；以及网络资料整理

（三）互联网保险公司模式

互联网保险公司是指依托互联网和移动通信等互联网线上技术，保险业务全程在线，完全通过互联网线上进行承保和理赔服务的保险从业公司。众安保险开创了互联网保险公司发展先河，易安、安心、泰康随后成立。截至2015年11月底，BATJ企业（即四大互联网巨头：百度、蚂蚁金服、腾讯、京东）已经齐聚互联网保险行业，成为互联网保险公司的重要组成力量。随着互联网公司不断深入互联网保险领域，互联网保险产品的生态及模式都将发生变化。

社交、理财、购物、美容、餐饮、娱乐等多领域交易互联网化发展，互联网保险公司基于以上互联网场景，联动互联网的各参与方，如互联网电商、互联网社交、互联网金融等公司以及场景消费的个人客户，嵌入互联网背后的物流、支付、消费者保障等环节，创造新的互联网保险产品，并实现保险产品从购买到理赔全环节线上进行。

专栏7-5　众安保险为淘宝电商产业链提供完整保障

众安保险作为阿里发起设立的第一家互联网保险公司,重点为"选购与供货—配送—售后—维修"的淘宝电商产业链,分别面向买家与卖家设计出各种碎片化的针对性保险产品。这一系列的产品,既为卖家履约能力提供保险,帮卖家减负;同时还为买家良好的购物和售后体验提供了保障,促进了阿里自身电商业务的良好发展。

具体而言,为聚划算卖家推出针对选购与供货环节而打造的"参聚险",针对配送环节推出的退货运费险买家版和卖家版,针对售后环节推出的国内首款网络保证金保险"众乐宝",针对维修环节推出的"淘保包"。

不仅如此,众安保险还与不同领域的消费平台合作,为更多的消费场景提供保险保障。比如,众安保险与网贷平台赢众通合作推出的"众赢宝";与河狸家合作推出的"O2O安心保障险";联合小米推碎屏险、小米盗刷险;联合腾讯、丁香园,为糖大夫量身定做"糖小贝"糖尿病并发症保险等。

众安保险在上述领域的产品布局,避开了与其他保险公司在传统保险产品上的重复竞争,让人们看到了保险市场在场景化创新方面具备的巨大潜力。

资料来源:《中国保险市场互联网化专题研究报告(2015)》,易观智库,2015-7-8

专栏7-6　保险+互联网金融:金融大资管时代来临

保险业正在高调介入到互联网金融行业中。2015年12月22日,网络借贷平台行业信息审核责任保险在北京亮相,互联网金融平台与保险企业新的合作模式落地。据悉,该险种将主要保障网络借贷平台的安全性、向投资人提供标准化的信息服务,明确因为疏忽、过失造成的责任,并对平台的服务、操作等进行风险管控。

中国支付清算协会副秘书长马国光表示,互联网金融要借助传统金融的方法、要不断地加强创新,引入新的方法、手段,全方位多角度地化解风险。在经历过前期的爆发式增长后,中国互联网金融逐渐走向规范化,这被保险业视为切入的契机。

据分析,保险企业与互联网金融平台的合作将涌现一些新模式,未来互联网金融行业混业、跨业创新将日益增多,将有更多体现混业金融,跨界、合作的产品。互联网金融大资管的局面或将打开。

资料来源:《中国经济时报》,2015-12-25

本章小结

互联网理财是指投资者自主通过互联网平台进行咨询、交易，以实现资金增值、盈余调剂、财富管理、风险缓冲的一系列活动的总和。"互联网理财"不能简单地等同于"互联网+理财"，互联网不仅仅是一种渠道，而是一种生态。真正的互联网理财是依托于互联网金融的大环境，根据不同的理财产品进行投资，体现得更多的是一种互联网思维和互联网精神。

互联网存款类理财产品主要包括互联网基金、P2P理财、票据理财等。互联网基金以"宝"类基金为典型代表，其具有的灵活、安全、高流动性的特质，成为大众理财基本而重要的手段之一；P2P理财快速崛起，投资门槛低、收益高和用户体验佳是P2P理财吸引投资者的三大要素；票据理财吸引大众理财的首要优势在于其安全性，相对于银行理财产品和余额理财产品，其收益优势显著。

互联网消费金融得益于互联网技术的进步，相比较传统的消费金融服务模式，一般具有覆盖用户面更广、提供服务更方便快捷等特点。主要模式有电商模式、分期购物平台模式、银行模式和消费金融公司模式。

互联网保险是指保险公司或新型第三方保险网络平台依托互联网和电子商务等技术订立保险合同，提供保险产品及服务的业务。互联网保险的主要模式包括保险公司直销模式、第三方平台模式和互联网保险公司模式。

复习思考题

1. 互联网理财相比传统银行理财有何特点和优势？查阅网络资料，理解什么是"互联网思维"和"互联网精神"，结合这两个概念，进一步理解互联网理财的普惠特性。
2. 你知道哪些余额理财产品？它们有何异同？你如何看待余额理财产品的风险性和收益性？
3. 互联网消费金融产品主要有哪些？未来会向哪些方向或领域发展？
4. 互联网保险相比传统保险有哪些特点？

第八章 互联网货币

【学习目标】

通过本章的学习，了解互联网货币（数字货币）的含义、分类，理解互联网货币自身的特点，了解互联网货币产生的背景；了解比特币的产生、特点，理解其自身存在的风险；掌握互联网货币存在的问题及其风险。在此基础上，能理性地看待互联网货币的作用、风险及其投资。

第一节 互联网货币概述

一、互联网货币的含义

互联网货币也称网络虚拟货币（通常简称数字货币），是指在特定的虚拟环境中根据现实货币的部分特征"创造"出来的一种支付工具。

我们将互联网货币（数字货币）的发展分为传统和高级两个阶段，前者是指由非金融机构发行，借助计算机网络在发行者与持有者或发行者和少数几个商家与持有者之间流通，能购买数据商品（如虚拟商品、应用程序等）甚至现实商品，在一定范围内充当等价物的近似货币。后者是指网络虚拟货币走向非传统模式的发行机制，是一种去中心化的金融发展趋势，并基于互联网的数字加密货币，例如一些国家出现的正处于萌芽时期的比特币。

二、互联网货币的分类

（一）按照用途大致可以分为游戏币、网络专用货币、数字加密货币

第一类是大家熟悉的游戏币。自从互联网建立起门户和社区、实现游戏联网以来，虚拟货币便有了"金融市场"，玩家之间可以交易游戏币。如魔兽G币、天堂币、盛大元宝等。

第二类是门户网站或者即时通信工具服务商发行的多用途专用货币，用于购买本网站内的服务。包括Q币、百度币、新浪U币、网易POPO金币、搜狐狐币、博客币、酷币、V币、金钱、网商币等。

第三类是互联网上的虚拟货币，如比特币（BTC）、狗狗币、林登币、莱特币（LTC）、网络币（Netcoin）等。

（二）按流通情况分为为封闭型、单向型以及双向型三类

封闭型虚拟货币是指与法定货币之间不存在兑换关系，只能在网络社区中获得和使用，如某网络游戏里通过任务所得的金币；单向型虚拟货币，是指可以通过法定货币来购买，也可以购买虚拟服务或者小部分指定的实体商品，但不能兑换为现实货币，例如Q币和亚马逊币；双向型虚拟货币则可以与法定货币相互兑换，并且还可购买虚拟的和真实的商品或服务，这类货币的典型代表即比特币。移动支付发展起来后，网络虚拟货币的便利性及交易功能得到了更充分的体现。

封闭型虚拟货币通过参与网络虚拟活动而获得，发行数量不限，完全属于一种数字资产，其数量多寡与流通状况对实体经济没有可见的影响。其存在有利于增加网络社区参与者的相互依赖，促进网络社区活动的繁荣和发展。而单向型虚拟货币，用户用法定货币购买不是为了交换或投资，而只是为了方便获得运营商大量小额的增值服务，也即代表法定货币在互联网领域发挥流通手段的职能。如同历史上银行券曾代表黄金进行流通一样，单向型虚拟货币代表纸币进入电商领域，并且与纸币保持固定的单向兑换比率，其本质是一种表征货币，有利于提高货币在互联网领域的使用效率。因此，单向型虚拟货币的运行，受制于现有的货币体系，如其过度发行而不能稳定与纸币的兑换比率，其广泛接受性就不能保证，而且一旦切断与纸币的兑换，单向型虚拟货币就退化为封闭型虚拟货币。

但双向型的比特币则和前两者完全不同，属于货币制度上的创新。它更好地兼容互联网经济的支付与流通，一定程度上剥夺了传统法定货币在政府无限增发上的不对等权力，颠覆了货币的传统。比特币不仅仅是一类虚拟货币，它更重要的意义在于货币发行非国家化的实验，以及互联网直接民主的实践。

三、互联网货币与法定货币的比较

（一）互联网货币与法定货币的共同点

法定货币（legal tender），也称本币，是指不代表实质商品或货物，只依靠政府的法令使其成为合法通货的货币。法定货币的价值来自拥有者相信货币将来能维持其购买力。货币本身并无内在价值，当纸币产生之后，法定货币实质上就是法律规定的可以流通的纸币。现在各国流通使用的法定货币均为信用货币。

货币的核心是信用。与法定货币相同，互联网货币也是建立在信任的基础上，存在一个中心化的发行者（比特币比较特殊，没有中心化的发行者），其价值取决于人们对发行者的信任。只不过法定货币是基于对政府的信任，在一国范围内强制发行和流通；互联网货币是基于互联网以信任关系为纽带建立起一个更加广阔的熟人社会里非强制使用的类货币。

互联网货币也承载了一定的货币功能。很多网络虚拟货币在网络社区内建立了内部支付系统，被网络社区的成员普遍接受和使用，可以用来购买网络社区中的数据商品或实物商品，并可以为其进行标价。这意味着互联网货币能用作一般等价物，而且跨越了国界，具有交易媒介和计价功能。鉴于互联网货币的购买能力以及所购买之物的价值，互联网货币有价值储藏功能。

（二）相比法定货币，互联网货币的特点

相比法定货币的一般性和规范性，互联网货币的产生和发展往往依托于某种网络经济活动，由某个网络社区发行和管理，不受或较少受官方的监管；以数字形式存在，没有实物货币，没有现金，不存在假币；受众范围和购买标的有限，一般限于本网络社区成员购买既定的产品和服务。具体而言，互联网货币具有其独特性，主要表现在以下几个方面。

1．虚拟性

互联网货币存在于虚拟世界中，在现实世界中很难具体感知，是数字化的信息，只有经过特定虚拟货币系统解析之后，才具有货币特性，实现支付功能。目前，尽管有一部分发展较为成熟的互联网货币（如Q币、比特币、林登币）能够购买现实的商品或服务，但绝大多数只能购买虚拟商品和服务，且流通环境固定在有限的虚拟空间内。即使是发展较为成熟的互联网货币可用来购买现实产品或服务时，它同样表现为法定货币的虚拟物，在网络环境中作为法定货币的逻辑对应物来履行流通手段的职能。

2．流通有限性

由于互联网货币通常是非金融机构发行的，因此其流通范围很有限。一方面，互联网货币只能购买特定的现实商品、虚拟商品和服务；另一方面，互联网货币的受众往往是有限的，很难具有法定货币支付的强制性。

3．近似货币性

货币的主要职能有流通手段、价值尺度、储藏手段、支付手段和世界货币，其中基本职能是流通手段和价值尺度。互联网货币在一定范围内，已经具备了货币的部分职能。互联网货币的出现是因为传统的支付体系难以满足虚拟商品的微支付需求，这种特定的虚拟环境使得流通范围比现实货币狭小得多。互联网货币的价值尺度职能表现在发行商对虚拟产品的定价上，由于缺乏类似法定货币的国家信用担保，因此互联网货币的价值锚定缺乏稳定性。随之而来的价值储藏功能往往取决于发行方的信誉、影响力和货币本身的认可度。

四、互联网货币的产生背景

（一）计算机网络信息技术和网络经济发展是互联网货币产生的大背景

计算机网络信息技术的发展，使得在不同销售终端、电子设备以及公开网络上执行

支付功能的"储值"和"预付"支付机制得以实现,这是互联网货币产生的技术背景。

网络经济,一种建立在计算机网络(特别是 Internet)基础之上,以现代信息技术为核心的新的经济形态。互联网货币是信息化时代的产物,特别是随着以电子商务为代表的互联网经济的高速发展与创新,互联网货币的用途和功能被大大延伸。

(二)可以减少交易费用和使用便捷是互联网货币产生的根本原因

互联网货币可以给网络社区带来的好处包括:可以对数据产品实现独立定价、可以存在网络账户以实现"财富效用"、方便网络社区成员之间的交易和支付活动、增强成员对网络社区的黏性、没有现金等。因此,互联网货币能显著减少交易费用,使用更便捷。

(三)信用货币的弊端与货币发行去中心化试验是互联网货币向纵深发展的深层次原因

人类货币形态的发展大致可分为三个阶段,分别是物物交换阶段、商品货币阶段和信用货币阶段。随着引入中央银行制度,法定货币出现,也即国家通过立法确定法定偿还货币,具有强制性。但目前这种由法定货币主导的货币制度并非人类货币形态演变的终点。哈耶克、弗里德曼早在 20 世纪 50 年代就对这种货币制度有过怀疑。哈耶克认为政府在发行货币上并没有天然的优势,相反,货币发行主体单一是造成通货膨胀、经济周期性波动的重要原因。因此,他建议采用多货币发行主体互相竞争发行货币的方式,通过竞争机制维持货币发行的稳定。弗里德曼则希望借助新技术,用一个自动化系统取代中央银行,以稳定的速度增加货币供应量,从而建立一个比国家信用更可靠的货币体系。

2008 年全球金融危机爆发以来,美元滥发导致全球范围内发生通货膨胀,世界经济备受冲击,也凸显了现存国际货币体系长期存在的弊端与缺陷。以货币定量化、去中心化、自由、开放理念为特征的比特币应运而生。比特币的产生,是现存货币体系无法满足国际经济健康发展需要的客观反映,它击中了现存货币体系的软肋——美元的主体地位并不能确保国际货币体系的安全稳定。完善信用货币体系,至少需要建立遏制美元无限制发行的有效机制,保持市场信用与市场币值的相对稳定。

第二节　互联网货币存在的问题及风险

一、互联网货币对金融稳定的影响

互联网货币在一定范围内替代了法定货币,原有的货币供求理论受到挑战。如果互联网货币的货币创造继续处于一个低水平,就不足以对金融稳定构成威胁。以比特币为例,目前比特币和经济的联系有限,只在一定范围内少量流通,其流通和支付手段的功能不可能无限扩大,因此不会冲击金融秩序、危害金融稳定。而如果比特币用户庞大,介入实体经济活动,创造体系外的 M1、M2,出现货币替代现象,产生挤出效应,影响法定货币的流动速度，则将会对货币政策与金融稳定产生影响。

（一）互联网货币对货币政策的影响

目前，世界各国都实行中央银行制度，中央银行处于国家金融体系的核心地位，代表国家制定和实施货币政策，垄断了货币发行权。货币发行权的垄断是中央银行实施货币政策的重要前提，中央银行通过控制基础货币、影响货币乘数来控制货币供应量。然而，互联网金融背景下，互联网货币的发行主体是不同的网络经营商，比特币更是采用去中心化的发行机制，发行主体不再是中央银行。互联网货币的发行脱离了中央银行的掌控，分散发行的现状及其对现金的替代，必然会造成货币流通的混乱，不利于中央银行制定和实施货币政策。

从货币供给的角度分析，按照货币供应理论，货币供应量（MS）是基础货币（B）和货币乘数（m）的乘积，其中货币乘数会受到准备金率、现金漏损率等的影响。由于互联网货币具有一定的货币属性，因此对货币创造的乘数产生了影响。由于互联网货币主要用于满足网络支付，随着其货币属性的进一步完善，势必降低个体为满足流动性需要而持有的现金。随着移动支付的普及，现金漏损率将不断下降，从而使货币乘数变大。

从货币需求的角度分析，依据凯恩斯和弗里德曼的货币需求理论，两者均从微观主体视角，认为货币需求主要受收入和利率的影响。其中凯恩斯将货币需求分为三个动机，并以此为界限分割了货币本身；弗里德曼则把货币看做受利率影响的一类资产，提出了恒久收入的概念，与货币需求正相关。然而，电子技术的发展和互联网货币的产生，使得按不同用途划定货币变得困难，界定变得模糊，货币间的转化反而变得更加容易，加大了货币的流通速度。同时货币需求的结构也发生了变化，个体对交易和预防性的货币需求持续下降，而与投机性货币需求融合得更紧，投机性货币需求增加。互联网货币流通速度的加快减小了弗里德曼货币需求理论中不同资产回报率之间的差异。

互联网货币还加大了利率的波动。由于互联网货币产生在支付环节，使商品的流通更便捷，影响了货币的流通速度，也影响了货币的需求结构，依据货币数量论，其引发了货币需求的不稳定，加大了利率的波动性。同时利率的波动又反作用于货币需求，加大了决策者预测货币需求量的难度。

（二）互联网货币对通货膨胀的影响

通货膨胀是指在纸币流通条件下，流通中的货币超过商品流通实际所需的货币量而引起的货币贬值、物价上涨的现象。由于互联网货币在一定范围内会替代法定货币执行货币职能，甚至产生挤出效应，而互联网货币的发行量并不受中央银行控制，那么互联网货币的滥发会否引发现实世界的通货膨胀是一个值得关注的问题。

我们首先探讨虚拟世界的通货膨胀发生的可能性问题。如果网络运营商规定只能用法定货币购买虚拟货币，不能通过长时间在线或其他方式获取的话，虚拟货币不会引发虚拟世界的通货膨胀。比如用户用人民币按1:1购买Q币，用其购买腾讯公司的商品或服务，这部分人民币实际上就是腾讯公司对用户的预收款项，流通中货币的购买力不会因为Q币的发行而有所增加。在这种情况下，虚拟货币的发行量就取决于消费者有真实商品作为保障的购买需求，而不取决于发行商的主管意愿。这样，虚拟货币的发行量就是可控的，不会导致通货膨胀。

但现实中流通的大多数虚拟货币是可以通过玩游戏、赠送、在线累积等方式获取。国内以Q币、淘金币等为代表的虚拟货币事实上已经开始具有了一般等价物的特性和广泛的流通性，这种由互联网公司发行的虚拟货币几乎已经成了当下游戏收入的最主要来源，其发行量和定价完全由厂商自行确定。由于数据商品是没有边际成本的，即创造成本非常低，网络运营商很容易提供，因此虚拟货币有超发的内在动机。但是由于市面上网络游戏的不断上新，竞争趋于白热化，互联网厂商提供的原有服务或者产品吸引力不断下降。因此，虚拟世界中的相关数据商品容易引发通货膨胀，即该系列数据商品价格上涨、该虚拟货币的购买价值下降。

再考虑到大量专业玩家、打金团队以及虚拟货币交易平台的存在，虚拟货币呈现明显的贬值趋势。游戏中的虚拟货币量会因为这些专业"打金团队"的存在而急速膨胀，但真正花钱购买的玩家却是有限的。供过于求一方面导致虚拟货币一路贬值，另一方面，越来越多的中介渠道使得虚拟货币的终端价格一路走低。

虽然虚拟货币容易引发虚拟世界的通货膨胀，但由于虚拟货币的使用尚且局限于虚拟世界或非常有限的现实世界，且相对于实体经济和法定货币而言体量甚小，其影响力还没有显现，因此不会引发现实世界的通货膨胀。但是，随着虚拟经济的发展及其影响力的扩大，虚拟货币对现实经济体系的冲击值得持续关注并加以防范。

二、互联网货币存在较大的内在风险

互联网货币的发行者主要是网络运营商，其信誉比不上中央银行，相关支付功能也比不上中央银行管理的支付清算系统，也没有国家信誉背书，因此虚拟货币在交易和支付中不可避免地会遭遇信用风险、流动性风险、操作风险和支付安全问题。互联网货币是以电子化形式存在的，流通交易是数据的传输与存储过程。科技的进步使虚拟货币在快速发展的同时，也使其暴露在黑客、病毒和系统漏洞等方面的技术安全风险之上。

（一）流动性风险

互联网货币目前还只是一种约定货币，如果发行人非主观性地不能满足消费者的回赎需要，就会形成流动性风险。虚拟货币的发行规模越大，这种风险发生的可能性越大，同时商务活动虚拟网络化进程的不断加快更有进一步放大这种风险的趋势。在虚拟网络中,所有的商务活动都表现为货币信息的传递和调配。在网络内流动的不再只是货币现金,其代表的货币量远远超过了实际的货币拥有量，这很容易引起经济泡沫。此外，一些突发事件，诸如重大的安全事故、市场的不利传闻等也会使消费者拒绝使用虚拟货币，要求回赎，从而导致流动性风险的发生。

（二）安全性风险

对互联网货币的发行人来说，安全隐患主要来自三个方面，即外部的攻击，系统本身的故障，以及内部人员的蓄意破坏等。

首先，黑客攻击和游戏"外挂"是常见的外来风险。黑客通过攻击互联网货币系统，发现其中的漏洞，故意伪造或编造互联网货币，虚增互联网货币的金额，进行非法获益，如果发行人没有识别出来就需要对这些伪造的数额承担责任，从而造成经济损失。而消费者使用"外挂"程序，加速挣取"游戏币"，会影响到发行人发行的互联网货币数量，造成其经济损失。其次，由于虚拟空间是由众多节点构成的相互联系的整体，任何一个节点发生风险都可能威胁到整个网络的安全，严重时会引发整个系统的瘫痪。高科技的网络服务虽然可以快速地进行远程处理，但也会加快风险的积累，一旦聚集的风险同时发生就容易导致资金的损失。此外，在国内发生的虚拟财产盗窃案中，很多是因为内部人员的蓄意破坏造成的。

在虚拟经济中，互联网货币持有人在开设虚拟账户或使用互联网货币的过程中会留下自己的信息，一旦账号被盗，持有人拥有的互联网货币就会丢失，由于很多账号都是采用匿名的方式，丢失的互联网货币是无法通过挂失找回的，这也就意味着相应的金钱价值的损失。同时，互联网货币的发行人在同消费者交易时会尽量多地收集消费者的信息，这在客观上为消费者的隐私权带来隐患，消费者的隐私权会因为发行人系统的被入侵而受到侵犯。当前，我国关于隐私权保护的法律还不够完善，加之互联网货币交易的跨国界性、瞬间性等特点，更加大了互联网货币持有者隐私权的保护难度。

（三）破产风险

互联网货币是虚拟经济和信息技术高速发展的产物，其发行人不仅要面对来自系统本身的风险，还要面对来自经济领域的风险。而虚拟交易的虚拟性和高科技性，更增加了这些风险发生的可能性。一旦发行人对风险的处理不当，就可能导致经营上的失败，甚至导致破产。由于虚拟经济的特殊性，互联网货币的发行人承受的破产风险是极高的，甚至超过了传统意义上的金融机构，这就意味着一旦互联网货币的发行人破产，连锁反应的存在会使得虚拟货币的持有人面临其无法承受的风险。

三、互联网货币对法律秩序的冲击

随着网络社会的崛起，互联网货币也迅速发展。但是由于互联网货币的虚拟性和匿名性等特点，加之规范网络金融行为的立法跟不上网络的发展速度，使得发行人和持有人面临的法律风险尤为突出。比较常见的是利用网络进行洗钱、赌博和逃税。

互联网货币的特殊性为洗钱活动提供了便利。首先,虽然我国通过了《反洗钱法》,但是并没有建立健全的互联网货币监管机制,不能对发行人进行有效地反洗钱管理。加之互联网货币的虚拟性也使得追查活动更加困难,难以掌握有利的证据。其次,随着经济全球化和虚拟经济的发展,互联网货币的跨境流动也日益频繁,在方便国际间支付的同时,如何防止利用互联网货币进行洗钱行为的发生成为各国共同面临的一个严峻的问题。

互联网货币可能沦为赌博的工具。现在出现了不少提供输赢游戏币的网络游戏,游戏玩家只有购买了虚拟货币才能够玩游戏,而每次游戏中,虚拟货币的提供者都会抽取一定金额的游戏币,玩家玩得次数越多,赌额越大,赌注的消耗也会越快,虚拟货币的提供者就能获取更多的利润。尽管国家新闻出版广电总局曾下发《关于禁止利用网络游戏从事赌博活动的通知》,试图规范网络赌博活动,但是许多网络服务商并不承认其行为是组织赌博,因为对于虚拟货币尚且没有明确的法律界定,就更加无法认定输赢游戏币的游戏活动是否属于赌博活动。

互联网货币成为逃税的工具。首先,同传统的商务活动不同,以互联网货币为媒介的商务活动实现了无纸化的操作,许多交易活动可以被记录也可以不被记录,甚至在记录后也可以被轻易修改而不留痕迹,这就为传统的税务稽查工作带来了难度。其次,由于网络虚拟交易的国际化发展,传统贸易方式下形成的国际税收准则和管理办法也不再适用,这就加大了国际间税收协调的难度。

第三节 比特币概述

高级阶段的互联网货币是一种"去中心化"的、支付广泛的虚拟货币,接受程度高,流动范围也往往具有全球性,此处以比特币为代表进行介绍。

一、比特币的产生

2008年11月1日,一个自称中本聪(Satoshi Nakamoto)的人在一个隐秘的密码学评论组上发表了《比特币:一种点对点的现金支付系统》,阐述了他对虚拟货币的新构想,2009年1月3日他开发了比特币客户端的第一个版本,比特币由此诞生。[①]

比特币是一种由开源的P2P软件产生的电子货币,是一种网络虚拟货币。比特币不依靠特定货币机构发行,它通过特定算法的大量计算产生,比特币经济通过使用整个P2P网络中众多节点构成的分布式数据库来确认并记录所有的交易行为。P2P软件的去中心化

---

① 中本聪,《比特币:一种点对点的现金支付系统》,百度云盘客户端,2017-1-10

特性与算法本身可以确保无法通过大量制造比特币来人为操控币值。

虽然只有短短8年历史，比特币随着"虚拟电子"货币概念的风行，在全球迅速蔓延开来。比特币目前已成为全球最通用的互联网货币，拥有超过1亿的用户。目前，比特币的使用人数比全球人口第十二大的菲律宾还要多，市场上流通的比特币总市值约为35亿美元，全球每日交易量已高达20万比特币，价值5000万美元。

如图8.1所示，在经历过多次比特币泡沫以后，比特币的价格已经开始逐渐稳定下来。与此同时，随着比特币交易所以及比特币的基础设施不断完善，越来越多的机构投资者加入了比特币的投资中，市场的浮动性有望逐年得以降低。

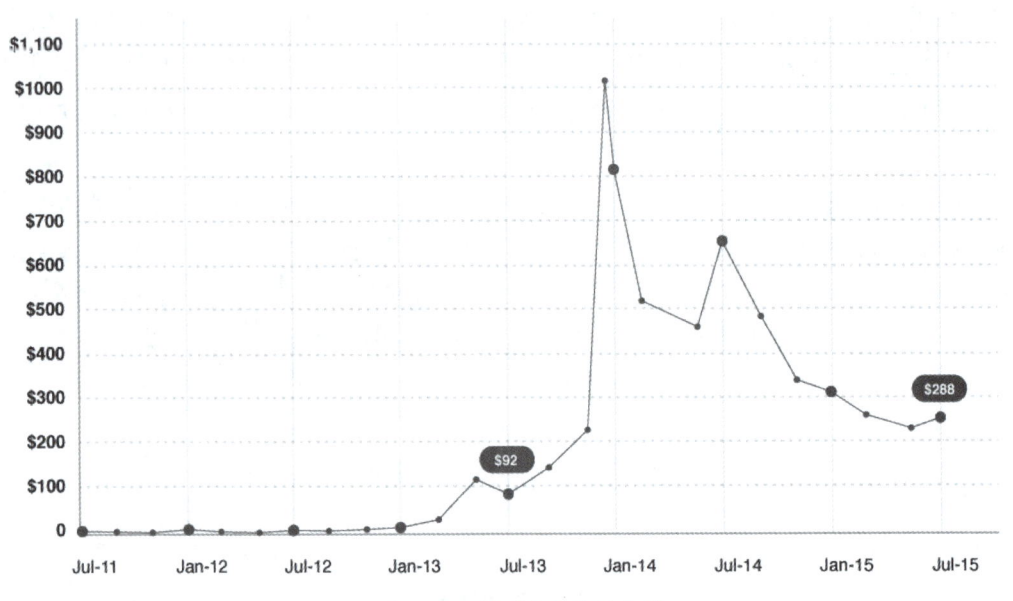

图8.1 比特币市场价格走势

资料来源：新浪财经，2016-1-31

二、比特币的特点

比特币势不可挡的发展潮流来自它作为一种新型虚拟电子货币所具有的显著优势。

（1）发行"去中心化"，非主权超国家性。比特币是第一种分布式的虚拟货币，以编码系统为基础，依据加密算法计算生成。整个网络由用户构成，没有中央银行，并由整个比特币系统共同承担交易风险，且不属于某个国家所有。比特币的设计原理充分避免了货币被滥发的可能性。

（2）没有通货膨胀。比特币没有中央机构控制货币供给，货币的发行最终趋于一个稳定的总量，最终达到 2100 万枚的总供给量，可以极大地避免通货膨胀。

（3）全世界流通。比特币可以在任意一台接入互联网的电脑上管理。不管身处何方，任何人都可以挖掘、购买、出售或收取比特币。比特币电子钱包能够让使用者存储比特币、查阅交易记录和保存密码。比特币使用者还可以将比特币转换成其他货币，但需支付 0.2% ～ 2% 不等的手续费。

三、比特币的风险及存在的问题

有观点预测比特币会取代传统货币，成为日常生活中的主要定价和支付货币。这种观点并不切合实际。就目前而言，比特币主要存在以下问题。

（一）缺乏信用担保，币值不稳

比特币最大的问题是缺乏法定信用担保，从而缺乏稳定的购买力。货币的发行依靠国家信用做保证，而比特币发行"去中心化"，就等于宣布自己是一个缺乏信用保证载体的货币，其背后缺乏任何政府和机构为其信用背书。比特币也不像贵金属那样具有内在价值，因此比特币的价格稳定性缺乏有力的支撑。

同时，由于比特币的发行量不能根据经济增长速度调节，而且发行速度越来越慢，必然导致比特币的价格波动非常大。这种情况在比特币过去两年过山车式的行情中已经充分体现。一个价格如此剧烈波动的货币不可能成为日常生活中的主要定价和支付货币。

（二）比特币存在较大的安全隐患

比特币价格的暴涨、投资者参与的盲目性以及比特币特有的网络虚拟性，使比特币成为诈骗犯罪、黑客攻击的理想对象，信息安全事件频出。2014 年 4 月全球最大比特币交易平台 MT.GOX 申请破产。据媒体报道，Mt.GOX 因为受到黑客攻击，总共 744408 个比特币失窃，价值 3.5 亿美元。在中国，2013 年 10 月 26 日比特币交易平台 GBL 网站突然无法登录，首页显示黑客攻击，随后平台关闭。据估计，其损失了 400 万元人民币和 8000 枚比特币。类似事件都引发了人们对比特币安全的担忧。

（三）交易的隐私性可诱致非法交易

由于交易的隐私性，比特币也为毒品、走私、绑架等违法活动提供了方便。美国早期曾出现一个叫做"丝绸之路"的比特币匿名交易网站，它的年收益曾达到 1500 万美元，但政府随后发现"丝绸之路"的交易中存在着洗黑钱的行为，并且能够在其网站上购买毒品。为此美国联邦调查局在 2013 年关闭了这一网站，并查扣了 14.4 万比特币。比特币也为国际洗钱、赌博、国际避税等非法行为打开方便之门。

（四）比特币面临新加入者的竞争威胁

比特币并不是唯一的数字加密货币。目前网络创新日新月异，既然可以发明一种算法创造比特币，就可以发明新的办法创造其他的数字货币。与比特币相似的虚拟货币层出不穷，包括 Litecoin、Namecoin、Peercoin、Primecoin 等八种类似比特币的"泛比特币"。比特币的模式可复制，一旦更新的数字加密货币得到市场认可，比特币系统会遭受巨大打击。

（五）监管不确定性是比特币发展面临的最大风险

目前，全球大多数国家都对比特币采取不承认货币身份且适度监管的态度。俄罗斯、泰国采取了比较严厉的管制。俄罗斯政府于 2014 年 2 月明确禁止在俄罗斯境内使用比特币。2015 年 11 月，我国台湾地区金融监督委员会宣布比特币属于非法货币，金融机构及个人不得使用比特币进行支付。作为世界最大的比特币市场，中国在 2013 年 12 月禁止金融机构和"第三方支付机构"为比特币交易所提供服务。

德国是首个公开承认比特币合法身份的国家。德国财政部承认比特币为"记账单位"，具有结算功能，但不能充当法定支付手段；2015 年 9 月，美国商品期货交易委员会正式将比特币归为大宗商品，这意味着比特币期货及期权要符合相关规定并接受正规监管。

本章小结

互联网货币也称网络虚拟货币，是指在特定的虚拟环境中、仿造现实货币的部分特征"创造"出来的一种支付工具。相比法定货币，互联网货币具有虚拟性、流通受限性和近似货币性的特点。

互联网货币本身存在较大的风险，如果未来大规模地介入实体经济，将会对货币政策与金融稳定产生影响，我们需要借鉴各国经验并积极探索，对其进行有效监管。

比特币是一种高级阶段的互联网货币，是一种"去中心化"的、支付广泛的虚拟货币。它由计算机程序产生，在互联网上发行和流通。比特币的最大创新是构建了一个不依赖于现有银行体系的分布式电子支付系统，用户可以点对点地完成交易，支付便捷、及时，交易费用低。

复习思考题

1. 从货币的概念及职能出发，思考互联网货币是否具有货币的特性？并结合某种虚拟货币（如 Q 币），理解虚拟货币的特点。

2. 什么是比特币发行的"去中心化"？相对于其他互联网货币,比特币具有哪些特点，又存在哪些独特的风险？

3. 互联网货币对经济、金融产生哪些积极的和消极的影响？

第三篇　规则环境

第九章　互联网金融征信

【学习目标】

通过本章的学习了解征信的产生和发展，掌握征信的含义、征信的信息主体和征信的内容，了解互联网金融信用评估模型；理解征信的功能，理解互联网金融征信模式、征信数据库、芝麻信用评估模型、大数据金融的创新；掌握互联网金融征信的内涵，掌握互联网金融征信业务。

第一节　征信概述

一、征信的产生和发展

征信活动的产生源于信用交易的产生和发展。信用是以偿还为条件的价值运动的特殊形式，包括货币借贷和商品赊销等形式，如银行信用、商业信用等。信用本质上是一种债权债务关系，即授信者（债权人）相信受信者（债务人）具有偿还能力，而同意受信者所作的未来偿还的承诺。随着经济全球化的趋势加快，信用交易的范围日益广泛，逐步扩散到全国、全球，信用交易的一方想要了解对方的资信状况就会极为困难。此时，了解市场交易主体的资信状况就成为一种需求，征信活动也应运而生。

全球征信业的萌芽始于19世纪中后期，快速发展则是从20世纪60年代开始的。美国是世界上最早的征信国家之一。1849年，John M.Bradstreet 在辛辛那提注册了首家信用报告管理公司，随后，通过多年的经营积累，逐步发展成为企业征信领域中规模最大、历史最悠久并具有影响力的领先企业——邓白氏集团（The Dun & Bradstreet Corporation）。欧洲在全球征信业的发展中占据着重要地位。欧洲征信业的发展可分为两个阶段。在20世纪80年代以前，欧洲央行由于资金充沛，大公司和固定客户很容易从银行获得融资款，市场对征信的需求量并不大，主要是由公共征信系统采集公司和贷款数额较大的个人客户的信息，为中央银行更好地监督金融市场、防范金融风险服务。20世纪80年代以后，全球市场格局发生了重大变化，新型产业不断崛起，传统产业的融资地位不断下降，征信业又被投资人和金融家们加以重视，用来评估企业申请贷款和信用额度的资质，这时私营征信机构开始兴起。欧洲最著名的征信企业——格瑞顿公司（Graydon International Co.）成立于1888年，它有能力提供世界130多个国家和地区的企业征信报告。在亚洲，日本的征信业产生较早，发展引人注目。日本最早的征信公司是成立于1892年的商业兴信所，其业务主要面向银行提供征信。日本征信业有代表性的征信机构是株式会社日本信息中心（JIC）、株式会社信用信息中心（CIC）和日本株式会社（CCB）。

中国征信业的发展要追溯到20世纪30年代初，1932年6月6日，由著名民主人士、银行家章乃器牵头，由多家中资金融机构共同发起的专职征信机构"中国征信所"在上海宣布成立，标志中国征信业的开始。然而中国企业征信行业真正起步源于1992年11月，中国第一家专门从事企业征信的公司——北京新华信商业风险管理有限责任公司的成立，2011年改为北京新华信商业信息咨询有限公司，新华信的成立标志着中国企业征信行业开始进入市场化运作阶段。近年来，我国在征信领域的建设取得了快速发展，全国统一的企业和个人信用信息基础数据库已经顺利建成。征信系统的信息查询端口遍布全国各地金融机构网点，信用信息服务网络覆盖全国。形成了以中国人民银行征信中心为主的多层次征信机构体系，以及以企业和个人信用报告为核心的征信产品体系，信用中心出具的信用报告已经成为国内企业和个人的"经济身份证"。

二、征信的定义、信息主体、征信内容

（一）征信的定义

征信，从字面上理解，"征"是指征集、验证、求证，"信"是指信用、诚实、信任，结合企业即为征求或验证信用。

征信作为名词，它是一系列特定的调查技术操作的名称；作为动词，常指征信活动，强调进行资信或信用调查的行为与过程。近现代以来，在中国大陆、香港和台湾等地，征信被广泛用作信用调查的同义词。

征信机构是指依法设立的、独立于信用交易双方的第三方机构，专门从事收集、整理、加工和分析企业和个人信用信息资料的工作，出具信用报告，提供多样化的征信服务，帮助客户判断和控制信用风险等。

征信最重要的目的在于防范在非即付经济交往中受到损失，为此需要采集在经济交往中最能显示一个人按期履约的能力和意愿的履约历史记录，并依靠这些信息来判断信息主体的信用状况。征信时以事实为依据，即这条信息是可验证、有记录的。对于准确性不高的信息，坚决不予采集。全球一些大型的跨国征信机构，在信息采集上越来越全面，主要是为了相互印证，全方位、多角度、更准确地判断信用主体的信用状况，如采集各类等级信息、行政处罚信息等，这也有利于促进信息主体在这些方面更加遵守承诺。

综上所述，狭义的征信，是指对企业信用状况和个人信用状况的相关信息进行采集、核实、整理、保存、加工并对外提供信用报告、信用登记、信用调查和信用评级等服务。在实践中，征信表现为一种为信用活动提供的信息服务，一般由专业的第三方征信机构依法收集、整理、保存、加工信用主体的信用信息，并提供信用报告、信用咨询等服务，帮助客户判断、控制信用风险，为信用管理提供服务的活动。广义的征信则为狭义的征信加上信用管理服务。而信用管理服务包括信用管理咨询、评分模型开发、商账追收、信用担保、信用保险等。

（二）征信信息主体

征信信息主体，又称征信对象，即信用调查或信用审查的客体；通俗讲是信用提供者，也称被征信人，指征信机构采集、整理、加工和适用的征信信息描述对象，包括自然人、法人及其他组织。政府作为债务人的信用形式是政府信用或国家信用，举债方式有发行国债、国库券等；企业法人作为债务人的信用形式是企业信用或称商业信用，举债方式有赊购货品、发行企业债、向银行借款等；自然人作为债务人的信用形式是个人信用，举债方式有民间借贷、向银行借款等。作为征信的主体需承担提供真实基本信息的义务，同时，也拥有知情权、异议权、纠错权和司法救济权等相应权利。

征信服务对象不同于征信对象。征信对象是信息主体，大都为信用需求者；而征信服务对象则为授信机构及其授信活动，是信用的供给者。征信最本质、最典型的服务是微观服务，其服务对象主要是各种类型的授信机构及其授信活动。征信服务对象包括商业银行，同时还包括很多非银行金融机构甚至非金融企业，如小额贷款公司、公积金中心、P2P 网络借贷平台等。

（三）征信内容

征信内容，主要指征信机构所采集的数据和信息。不同的征信机构采集和处理数据的方式及其数据特征不同。目前国内征信机构采集的信用数据大体分为三种：一是银行等金融机构的信贷数据（中国人民银行的征信中心掌握及与银行等机构有紧密合作企业沉淀的数据），通信、水、气等缴费及其他公共事业数据；二是电商及第三方支付的交易数据；三是互联网金融企业采集的数据与信息。

三、征信的功能

征信活动服务范围很广，例如金融业、电信业、公共事业、政府部门等，从这些服务对象的不同角度出发，可以总结出征信具有六大功能。

（一）防范信用风险，促进信贷市场发展

随机波动理论认为，股价波动遵循随机波动，呈现典型的马尔可夫性质，股价过去的历史和从过去到现在的演变方式与股价的未来变动不相关。但是，对于单一个体而言，人类行为在很大程度上则具有路径依赖的特点,预测一个人未来行为的最好方法是看其过去的表现,这一点成为社会信用体系建设的理论基础。

银行如果不了解企业和个人的信用状况,为了防范风险,就会采取相对紧缩的信贷政策。通过征信活动,查阅被征信人以前的历史记录,商业银行能够比较方便地了解企业和个人的信用状况,采取相对灵活的信贷政策,扩大信贷范围,特别是对缺少抵押品的中小企业、中低收入者等边缘借款人。这对于防范信用风险,促进信贷市场发展具有重要意义。

(二)服务其他授信市场,提高履约水平

现代经济的核心是信用经济,授信市场包含的内容非常广泛,除银行信贷外,还包括大量的授信活动,如企业与企业(多以应收账款的形式存在)、企业与个人(各种购物卡、消费卡等)、个人与个人(借款)之间的授信活动,一些从事授信中介活动的机构(如担保公司、租赁公司、保险公司、电信公司等)在开展业务时,均需要了解受信方的信用状况。

征信活动通过信息共享、各种风险评估等手段将受信方的信息全面、准确、及时地传递给授信方,有效揭示受信方的信用状况。采用的手段有信用报告、信用评分、资信评级等,提高履约水平。

(三)加强金融监管和宏观调控,维护金融稳定

通过征信机构强大的征信数据库,收录工商登记、信贷记录、纳税记录、合同履约、民事司法判决、产品质量、身份证明等多方面的信息,以综合反映企业或个人的信用状况。当从更为宏观的角度进行数据分析时,则可以整合出一个企业集团。一个行业和国家整体的信用风险状况,因此,可以按照不同的监管和调控需要。对信贷市场、宏观经济的运行状况进行全面、深入的统计和分析,统计出不同地区、不同金融机构、不同行业和各类机构、人群的负债、坏账水平等,为加强金融监管和宏观调控创造条件。

征信对监管者的帮助主要有两个:监控总体信贷质量、测试银行是否满足监管要求(尤其是满足新巴塞尔资本协议的要求)。征信对宏观调控者的帮助主要体现在通过整体违约率的测算来判断目前经济所处的周期,例如,意大利的监管机构就利用征信数据库来测算商业银行的资本要求、总体风险构成等,作为对商业银行进行监管依据的外部补充。

(四)服务其他政府部门,提高执法效率

根据国际经验,征信机构在信息采集中除了采集银行信贷信息外,还根据各国政府的政府信息公开的相关法规采集了大量的非银行信息,用于帮助授信机构的风险防范。在这种情况下,当政府部门出于执法需要为征信机构提供帮助时,可以依法查询征信机构的数据库,或要求征信机构提供相应的数据。

通过征信活动,使政府在依法行政过程中存在的信息不对称问题得到有效解决,为

政府部门决策提供了重要的依据，这些依据主要是通过第三方反映出来的，信息的准确性比较强，有效地提高了执法效率。

（五）有效揭示风险，为市场参与各方提供决策依据

征信机构不仅通过信用报告实现信息共享，而且会在这些客观数据的基础上通过加工而推出对企业和个人的综合评价，如信用评分等。通过这类评价，可以有效反映企业和个人的实际风险水平，有效降低授信市场参与各方的信息不对称，从而得到市场的广泛认可，进而做出更好的决策。

根据学者的研究，这些综合评价主要有两个作用：第一是信号传递作用，通过这些综合评价，将新信息和现有信息加以综合，提供给市场，市场根据这些综合评价所处的信用区间，对受信方的信用状况做出一个整体的评价；第二是证明作用，满足一定门槛的信用评分，往往成为监管者规定取得授信的条件之一。

（六）提高社会信用意识，维护社会稳定

在现代市场经济中，培养企业和个人具有良好的社会信用意识，有利于提高宏观经济运行效率。但是，良好的社会信用意识并不是仅仅依靠教育和道德的约束就能够建立的，必须在制度建设上有完备的约束机制。以美国为例，美国国民的社会信用意识和遵纪守法意识比较强，主要是靠完善的制度约束达到的，当制度约束缺失时，国民的社会信用意识和遵纪守法意识也会面临严峻的挑战。

征信在维护社会稳定方面也发挥着重要的作用。实践经验表明，不少企业和个人具有过度负债的冲动，如果不加约束，可能会造成企业和个人债务负担过重，影响企业和个人的正当经营和活动，甚至引发社会问题。有的国家就曾发生过信用卡过度发展，几乎酿成全民债务危机。一些西方国家建立公共征信机构的目的之一就是防止企业、个人过度负债，维护社会稳定。在我国，征信活动有助于金融机构全面了解企业和个人的整体负债状况，从制度上防止企业和个人过度负债，有助于政府部门及时了解社会的信用状况变动，防范突发事件对国计民生造成重大影响，维护社会稳定。

综上所述，正是因为征信能够帮助实现信息共享，提高对征信对象风险的识别。所以，征信在经济和金融活动中具有重要的地位，构成了现代金融体系运行的基石，是金融稳定的基础，对于建设良好的社会信用环境具有非常深远的意义。

第二节　互联网金融征信

一、互联网金融征信的重要性

《征信业管理条例》规定："征信业务是指对企业、事业单位等组织的信用信息和个人

的信用信息进行采集、整理、保存、加工并向信息使用者提供的活动。"征信相关活动包括向征信机构提供信息的活动、使用征信机构所提供的信息的活动、信息主体维护自身权益以及征信业监督管理部门依法监督管理征信业的活动等。征信业务的内涵是市场经济条件下一种专业化的信用信息服务，对外提供信用报告、信用评估、信用信息咨询等服务，目的是帮助经济社会活动主体确认其交易对象的信用状况，为其判断风险提供帮助。当前互联网金融的四种运行模式仍然以信用为基础，后两种模式对征信的需求更为迫切，互联网金融征信的内涵仍然在《征信业管理条例》规范的范畴之内。

互联网金融是当代金融体系的重要组成部分，而征信是现代金融的基石，在互联网金融背景下，征信体系的完善更是改善互联网金融生态的重要方面。

（一）征信数据支撑互联网金融发展

互联网金融征信注重消费数据、频率和地位。不同于传统的金融业，互联网金融公司，尤其是电子商务平台，拥有自主支付渠道和积累大量数据是它们的优势所在，以此来有效、**快捷地**对借款人进行资信评估，并快速发放贷款。基于电子商务平台的大数据金融，就是因为掌握了用户的交易数据才能为内部的商户提供融资业务，并借助大量的网络信贷业务发展壮大，同时将平台信贷的不良率保持在较低水平。如阿里巴巴网贷，就是利用其电商平台进行信用数据征集和使用，很好地控制了商户信贷违约的风险，进而实现稳定、可观的利息收入。再如，腾讯、苏宁、京东等电子商务企业，也是利用自身电子商务平台上的客户数据开办网络小额贷款或与金融机构合作开发金融产品。另外，P2P网贷平台放款人通过数据来分析、评估借款人的信用，其实也是借助互联网数据进行征信管理。除上述电商大数据金融及P2P网贷平台，数据征信还可以独立开办业务，国外专门提供数据征信服务的公司就普遍存在，它们通过搜集、挖掘、加工数据，形成信用产品出售给需要这些征信数据的公司和个人。

（二）互联网金融征信的探索有利于传统征信业务创新

征信业务需要覆盖更广大人群。中国13亿人口中目前仅3亿多人有信贷征信记录，金融服务有明显的长尾效应，处于尾部的人群较难获得理想的金融服务。互联网金融的**发展弥补了**正规金融领域没有服务到的人群，而征信需要为每个有金融需求的个体建立信用档案。

征信业务需要探索更便利的服务方式。互联网技术日趋成熟，应用互联网技术对网络上的信息进行征集、加工，并形成征信产品提供给征信需求方是未来征信服务的技术趋势。

征信业务需要创新风险评价模式。网络社会中个人的行为方式，已经在电商平台、社交网络、网络工具及渠道上留下痕迹，基于此类信息开发有效的风险防范模型，是对传统风险评价方式的重大突破。

（三）互联网金融征信有助于在更大范围内促进全社会形成良好的信用环境

一方面，互联网金融机构可以通过借助征信系统的威慑力和约束力，增加对线下信用风险的管理手段，控制还款人信用，督促客户按时还款，使客户更加重视保持良好的信用记录，更大程度提高金融资源的配置效率，减少互联网金融模式下的金融交易成本；另一方面，可以使互联网金融的守信用客户积累信用财富，进而提升个人、小微企业的信用水平，使其获得成长为传统金融服务对象的机会和资格，在客户成长发展维度上，互联网金融将为传统金融培育潜在客户，二者形成良性互补。

（四）有助于控制互联网金融的风险

互联网金融征信对于信贷风险管控的价值在于它通过网络代替以前商业银行通过看报表、现场收集的资料，从而大大提高了效率和精确度，而且一旦交易达成后产生新的信息又形成新的范围更广、行业更多、数据更全的征信数据。这些征信数据根据企业需要制定出不同的征信产品，可以帮助互联网金融企业全面掌握融资主体的负债水平和历史交易表现；优化信贷审核流程，降低成本。帮助投资人了解投资对象的真实信用水平，为互联网金融企业被迫超越自身能力提供担保获取资金的局面解困，从而帮助互联网金融企业有效控制风险。

二、互联网金融运行下的征信模式

（一）传统金融的征信模式

目前国际上金融征信主要有市场主导、政府主导、协会主导三种模式。第一种市场主导型模式是由私人组织开发运营，用于商业目的，通过收集、加工信用信息，为个人和企业提供第三方信用信息服务来进行营利。市场主导型征信体系的特点是政府只处于辅助地位，仅负责信用管理的立法和监管法律的执行，而市场信用机构却占据主导地位，通过发达的行业自律，依靠市场经济法则和运行机制来形成具体的运作细则。典型的代表有美国、英国、加拿大及北欧国家。第二种政府主导型模式是以中央银行或金融管理部门牵头建立"中央信贷登记系统"为主体，以私营征信机构为辅助。强制要求信息主体提供征信数据、隐私保护、保密、报告贷款信息的最低贷款规模，主要用于银行业金融机构防范贷款风险、中央银行加强金融监管及执行货币政策。典型的代表有意大利、奥地利、德国、西班牙、葡萄牙、比利时和法国等。第三种协会主导型模式是介于前两类模式之间的一类特殊的行业会员制征信模式。它是由行业协会为主建立信用信息中心，通过搭建互换平台，达到会员间信用信息共享的目的，不以营利为目的，只收取成本费用。将自身掌握的个人或者企业的信用信息提供给信用信息中心是会员的义务，反过来中心则向会员提供信用信息查询的服务。这种模式主要在日本使用。

（二）互联网金融运行下的征信模式创新

目前，互联网金融运行下的征信模式可在传统金融征信模式的基础上进行创新，可有三种选择：以中国人民银行征信中心为代表的政府主导型模式、以电商征信机构和金融征信机构为代表的市场主导型模式、以互联网金融协会信用信息中心为代表的行业会员制模式。

第一种，丰富政府主导型模式下征信中心的数据库。

中国人民银行征信中心采集的金融机构的贷款、信用卡等记录，有系统技术成熟、规模效应、信息保密性强等优势。在互联网金融下，可逐步接入P2P、众筹等网络贷款平台，并征集相关信用记录，在为互联网金融企业提供服务的同时丰富中国人民银行征信中心的数据库。

第二种，以电商平台或金融机构为主，设立市场主导型模式的征信机构。

电商组建征信机构利用自身用户多、交易数据包含的信息量大等优势，通过大数据、云计算，充分挖掘数据信息，控制信贷风险，并对外提供征信服务。金融机构组建征信机构，通过组建电商平台，并利用综合牌照、风险管理能力等优势，将交易数据和传统资产负债、抵押物等信息综合，充分挖掘银行、证券、保险、信托、基金等信息，控制信贷风险，并对外提供征信服务。

第三种，以互联网金融协会为依托，设立行业会员制模式征信机构。

互联网金融协会设立征信机构，通过采集互联网金融企业信贷、物流信息开展征信活动，并免费向会员共享，亦可向非会员开放收取金融中介服务费用。

在互联网金融征信业务发展初期，以政府主导型模式为主，互联网金融企业可充分利用中国人民银行征信系统，了解借款人信用，控制信贷风险。随着互联网金融企业逐步成熟，中国人民银行征信系统可逐步接入P2P、众筹等平台，收集信用数据，完善征信系统的数据库。逐步引导市场主导型模式健康发展，鼓励互联网电商平台、金融机构组建征信机构，在充分保护个人信息和企业商业秘密的前提下，开展征信活动，条件成熟的可以对外提供征信服务。同时，要完善相关立法，加快建设互联网金融征信行业标准。

三、互联网金融运行下的征信数据库

（一）征信数据来源

互联网金融运行下的征信数据主要有六大来源。一是电商大数据，以阿里巴巴为例，它已利用电商大数据建立了相对完善的风险控制数据挖掘系统，并通过旗下阿里巴巴、淘宝、天猫、支付宝等积累的大量交易数据作为基本原始资料，将数值输入网络行为评分模型，进行信用评级。二是信用卡类大数据，此类大数据以信用卡申请年份、通过与否、授信额度、卡片种类、还款金额等都作为信用评级的参考数据。国内典型企业是成立于

2005 年的"我爱卡",它利用自身积累的数据和流量优势,结合国外引入的 FICO（费埃哲）风险控制模型,从事互联网金融小额信贷业务。三是社交网站大数据,典型企业为美国的 Lending Club,它基于社交平台上的应用搭建借贷双方平台,并利用社交网络关系数据和朋友圈之间的相互信任聚合人气,平台上的借款人被分为若干信用等级,但是却不必公布自己的信用历史。四是小额贷款类大数据,目前可以充分利用的小贷风险控制数据包括信贷额度、违约记录等。由于单一企业信贷数据的数量级较低、地域性较强,业内共享数据的模式正在逐步被认可。五是第三方支付大数据,支付是互联网金融行业的资金入口和结算通道,此类平台可基于用户消费数据做信用分析,支付方向、月支付额度、消费品牌都可以作为信用评级数据。六是生活服务类网站大数据,包括水、电、煤气、物业费交纳等,此类数据客观真实地反映了个人基本信息,是信用评级中一种重要的数据类型。

（二）征信数据采集

互联网金融运行下征信数据采集分为个人征信数据采集和企业征信数据采集。与传统数据采集方式相比,以下方式更适合互联网金融运行下征信数据的采集。

1. 合作采集

征信机构可以与政府机构、金融机构、电子商务企业、小额信贷企业建立商业化的信息采集合作关系,也可以通过掌握相关网站的结构,建立数据自动抓取系统,自动化采集。

征信机构从事业单位采集,主要的方法有两种:一是从公用事业单位或通信公司采购数据,至少采集欠费用户的负面信息;二是承接公用事业单位或通信公司的信用风险控制任务,帮助它们建立信用风险防范机制,包括欠费催收工作。

2. 共享采集

对于企业征信机构,获取信用信息的一种重要方式是交换信息,它们需要建立起行之有效的信息资源共享机制。通常来说,交换信息的对象包括政府部门、行业协会、用户群、供应商网等。通过信息资源共享的方式,企业征信机构有可能收到意想不到的效果,交换到以正常方式无法获取的信用信息。通过与自己的用户群交换数据,企业征信机构可以取得一些企业的失信记录,还可以取得一些企业付款行为的数据。

另外,个人征信数据采集方式还包括主动建档和社会举报。

（三）征信数据管理

征信机构要建立专门用以存储反映企业和个人信用状况和信用能力相关信息的征信数据库。征信数据库以及基于数据库开展征信服务的信息系统、网络系统由征信机构投资建设、运营,其设计方案和管理运营必须确保信息及服务的安全。

1. 数据的筛选

征信数据的筛选分为企业信息筛选和个人信息筛选。企业信息筛选可以从采集或汇集来的各类企业信息、产品信息等信息中挑选出来，包括从信用信息采集清单中挑选出合格的信用信息。个人信息的筛选可以从电子商务企业、金融机构、互联网金融企业、政府机构等采集的各类人员消费信息、贷款信息、缴费信息中挑选出来。

2．数据录入

数据录入是指将企业征信数据和个人征信数据录入计算机，使不同媒介上的征信数据统一形成电子信息，包括录入所有数据项下的信用信息，其中既有量化信息，也有文字信息。数据录入过程中，还要注意对数据类型的校验，一旦录入的信息不符合系统规则，系统便会自动提示输入错误，并拒绝接受录入错误的数据。

3．数据的存储和维护

（1）征信数据存储的安全性

征信数据库的安全性问题是每个大型企业征信机构都不能回避的严肃问题，安全性问题不仅是管理问题，也很可能是法律问题。在征信数据库的安全保卫措施方面，征信机构应该在两大方面予以充分的关注，包括所存储信息的安全、物理设施的安全和配套管理措施。

在存储信息安全方面，征信机构必须保证征信数据的质量和安全，既要做好数据的技术处理，也要保证处于存储状态的数据不受外力的破坏。为了保证征信数据存储的安全，征信机构要请专业机构帮助构建一套防火墙软件及更新换代机制，让外部的"黑客"无法攻击数据库。

在物理设施的安全方面，首先，机房的安全非常重要。有些征信机构将机房设在武警或部队大院内，就是考虑到防止信用档案中有不良记录或"黑名单"企业或个人对征信数据库进行人为的冲击和破坏。其次，防范任何内部人员接触主机或主服务器，特别是防范内部人员出于泄愤、报复、打赌、内外勾结等心态，对征信数据库进行破坏。再次，机房的物理结构要安全，符合保密要求。例如，有的征信机构将数据库置于有多层金属安全防护墙保护的机房内，地面材料与保密室的围墙熔铸在一起，几十公斤的炸药也无法炸开，房屋倒塌也不能将主计算机设备砸坏。最后，要保证对主机使用双回路供电，即最好给设备配备蓄电池，甚至要准备一个柴油发电机，保证设施永不断电。

在配套管理措施方面，企业征信机构要制定严格的管理措施，受约束的人员包括数据库的操作和维护人员、被记录企业的人员和征信机构的管理者。对数据的出入，征信机构都要有准确无误的记录，保证包括总经理在内的内部员工不能任意更改任何数据，特别要注意数据库的技术负责人和数据库操作人员的违规操作防范问题。

（2）征信数据存储的期限

征信数据在征信数据库中被保存时间的长短，主要是指征信数据的使用时间长短，也就是征信数据传播时间的长短。从被调查企业的角度看，意味着它们的信用记录或失信记录被公示的时间长短。在保存期限结束后，征信数据通常被转移存储到其他硬盘中，不再直接用于制作信用记录。

数据库中存储大量的利用率极低的征信数据，会影响检索效率，降低数据库的利用率指标。因此，征信机构应该定期清理征信数据库中的数据，而且首先清理的就是那些利用率非常低的数据，尤其是大量的保存期限过长的"过期数据"。但是，多长时间以上的征信数据是过期数据，并没有法律或国家标准方面的要求，征信机构可以根据市场需求、行业惯例、自身的需求等因素，自己制定相关的管理规定。通常来说，需要被清理和转移的过期数据主要包括：

（1）在政府工商部门登记的名单上消失5年以上的企业的记录。

（2）近5年内完全没有被查询过的企业记录，或查询频率低于征信机构规定次数的企业记录。

（3）根据法律法规的要求，必须删除的"黑名单"企业负面记录。

（4）超过5年的个人的不良信用记录。

四、征信信息共享

（一）互联网金融征信与中国人民银行征信的信息共享

《征信业管理条例》规定，从事信贷业务的机构应当按照规定向征信系统提供信贷信息，征信系统为信息主体和取得信息主体本人书面同意的信息使用者提供查询服务。征信系统只有囊括信息主体所有的信贷交易，才能充分全面地反映出借款人的资信状况。目前，征信系统的数据主要来源并服务于银行业金融机构等传统意义上的信贷机构，而随着互联网金融业务的创新，P2P网络信贷机构、电商小额贷款机构等新型信贷机构的出现，以新的技术工具拓展出了新的多个放贷主体对应多个借款主体的信贷方式。这些新的多个放贷主体完全不同于传统意义上的金融机构，但新的多个借款主体已经开始积累信用信息。因此，有必要在保障信息安全、保护信息主体权益的前提下，进一步研究论证将这些信贷信息纳入中国人民银行征信系统的可行性，实现能反映个人信用状况的信贷信息在更大程度上的共享和整合。

金融风险控制的核心是控制借款人的"还款难"问题，在看到互联网金融有放款便捷、低成本等优势的同时，也应该看到互联网金融仍然需要管理"还款难"的问题，相比传统金融模式，由于业态发展处于初期，互联网金融在贷后管理方面更缺乏有效的手段和力度。由于信贷信息尚未实现共享，借款人的信用交易记录，只有与其有过信贷交易行为的互联网信贷机构才能掌握，脱离了这个体系之后该借款人完全可以再创造新的信用记录，不受之前违约行为的影响。从这个意义上看，将互联网信贷机构中的信贷信息纳入中国人民银行的征信系统，对互联网金融的发展是"搭便车"式的有力支持，并将从总体上、在更大范围内促进全社会形成"褒扬诚信、惩戒失信"的信用环境。一方面，互联网金融能够借助征信系统的约束力和威慑力，督促客户按时还款，使客户更加重视保持自身良好的信用记录，增加互联网信贷机构的线下信用风险管理手段，控制还款人信用，更大程度地降低互联网金融模式下的金融交易成本，提高金融资源的配置效率；另一方面，可以使互联网金融的守信客户积累信用财富，从而提升小微企业、个人的信用水平，为传统金融服务培育基础潜在客户，获得成长为正规金融服务对象的机会和资格，在客户成长发展维度上，互联网金融将可能与传统金融形成良性互补。

据调查，P2P 网络信贷机构有意愿接入中国人民银行征信系统，但由于 P2P 网络信贷机构与正在逐步纳入征信系统的小额贷款公司和融资担保公司不同，将其纳入征信系统还存在以下几个方面的问题：一是目前我国对互联网金融信息的使用尚无明确的法律规定，将这些信息纳入征信系统存在法律风险。二是 P2P 网络信贷数据缺乏统一的征信标准，归集困难。P2P 网络信贷数据项种类庞杂、数据量巨大，各机构缺乏统一的征信标准，如何开发符合其业务的接口规范尚需论证。三是国家对个人信息采集、查询和不良信息报送告知等有严格的规定，目前 P2P 网络信贷机构自身信用风险管理能力和信息安全管理水平还需进一步提高。

（二）互联网金融同业数据库

为共享同业机构间的客户信用交易信息，帮助互联网信贷机构在一定范围内了解授信对象，防范借款人恶意欺诈、过度负债等信用风险，我国建立了一些互联网金融同业信息数据库。这类同业数据库有别于国家金融信用信息基础数据库（即中国人民银行征信系统），属于社会类征信系统，向这类系统提供和查询数据的互联网信贷机构属于征信活动中的信息提供者和信息使用者。互联网金融同业数据库是中国人民银行征信系统的有效补充，目前已经有三家企业建立了同业数据库。

1．上海资信的网络金融征信系统（NFCS）

网络金融征信系统是由中国人民银行征信中心控股的上海资信有限公司于 2013 年 7 月推出的全国首个基于互联网的专业化信息系统。该系统主要收集并整理 P2P 借贷平台两端客户的个人基本信息、贷款申请信息、贷款开立信息、贷款还款信息和特殊交易信息，通过信息共享，帮助 P2P 平台机构全面了解授信对象、防范借款人恶意欺诈、过度负债等信用风险。根据其自身定位，NFCS 系统是网络金融开展业务的必要基础设施，其建设目标是实现网贷企业之间的信息共享，打通线上线下、新型金融与传统金融的信息壁垒，提高网贷失信者的违约成本。

2．安融惠众的小额信贷行业信用信息共享服务平台（MSP）

"小额信贷行业信用信息共享服务平台"是由国内一家民营企业——北京安融惠众征信有限公司于 2013 年 3 月创建的以会员制同业征信模式为基础的同业征信服务平台。该系统采用封闭式的会员制共享模式，目前北京安融惠众尚未取得中国人民银行对其经营个人征信业务的批准，仅在会员间实现信息的共享。"小额信贷行业信用信息共享服务平台"主要为P2P公司、小额贷款公司、担保公司等各类小额信贷机构提供同业间的借款信用信息共享服务，帮助防范借款人多重负债，降低坏账损失，建立行业失信惩戒机制。

3．国政通的互联网金融信用信息平台

中关村互联网金融信用信息平台，简称互联网金融信用平台，是由北京国政通科技有限公司受中关村管委会的委托，于2013年8月正式启动的互联网金融服务产品。互联网金融信用平台主要为企业提供三个层次的信用信息服务，基础服务是整合利用权威数据源提供的基本信用信息核查服务；在此基础上，通过互联网金融企业间信息共享，整合其他行业信用信息，逐步建立完善的信用信息库，提供包括良性信用记录和失信记录等信用信息的查询服务；在真实详尽的信用数据库基础上，引入信用评分技术，提供针对不同业务特点、不同用户需求的个性化评分评级服务。

五、互联网金融征信的隐私保护

互联网金融企业以电子商务、社交网络为平台，大量采集用户的基本状况、财产状况、经营状况、交易数据、选择偏好、消费规律和信誉评价等信息，但是信息采集范围明显超出了法律规定。因此，互联网金融征信应遵守征信业务规则，包括严格遵守《征信业管理条例》等法规，主动遵循有关国际惯例，如世界经济合作发展组织《个人数据的隐私保护和跨国界流动的指导原则》等。

（一）采集个人信息应当经信息主体本人同意

《征信业管理条例》第十三条规定，采集非依法公开的个人信息应当取得信息主体本人同意。在传统的征信模式下，没有取得信息主体的同意，采集者就无法获取信息。但是，互联网金融征信和传统的信息采集不同，只要个人登录网站，互联网金融企业就可以自动记录个人的网络行为，很可能在信息主体还不知情的情况下，就已经完成对个人信息的采集。还有一些网站在用户注册的时候，通过自身的强势地位，强制采集用户的个人信息，否则用户就无法完成注册。这些行为削弱了信息主体的权益，弱化了互联网金融征信行为中数据采集和使用机构在采集个人信息时的责任，不利于互联网金融的健康持续发展。

（二）明确禁止和限制采集的个人信息的范围

互联网金融企业采集的个人信息中的身份信息、财务状况、消费偏好等通常具有高度敏感性，有可能涉及个人隐私，甚至关乎人格权益。互联网金融的目的在于在陌生的网络社会中建立起交易双方的信任，以便于交易，而不是让个人抛开隐私，完全暴露在网络公众之下。互联网金融征信活动应当始终保持对个人人格权利的充分尊重，应当遵

守《征信业管理条例》中明确禁止采集和限制采集的个人信息的范围的规定。同时，为保证征信业务活动的质量，互联网金融征信活动中采集的个人信息，只要能够识别信息主体，能对信息主体的信用状况充分判断即可，没有必要过度采集。

（三）建立个人不良信息告知制度

《征信业管理条例》第十五条规定，信息提供者向征信机构提供个人不良信息，应当事先告知信息主体本人。目前，很多从事互联网金融的企业都将其运营过程中产生或采集到的信贷交易信息、电子交易平台信息、物流信息、资金流信息等信息进行整合，逐步建立了独立或同业内的信息系统。当互联网金融企业在向这些信息系统报送客户的不良履约信息时，应当按照《征信业管理条例》的规定，事先告知信息主体，以尽可能地避免由于错误提供不良信息造成对信息主体权益的侵害，同时也能督促信息主体履约，避免不良信息的产生。

第三节 互联网金融运行下的个人信用评分

一、建立个人信用评分模型的步骤

在互联网金融运行模式下，信贷机构可广泛应用个人信用评分模型，通过电子交易平台信息、物流信息、资金流信息等大量互联网行为数据综合判断授信对象的信用状况，得出较为准确的信用评分，并根据信用评分进行风险定价。同时，以关联客户账号、降低客户评价等措施与信用评分捆绑，在督促客户还款方面比传统商业银行有了更多的手段。

个人信用评分模型的建立是市场分析人员、风险管理经理、统计学家、数据库管理人员和计算机程序员等多个领域的专家综合协调的结果。为了保证个人信用评分模型的顺利开发和应用，必须对建模过程的每个部分进行仔细的设计和计划安排。通常，建立信用评分模型的过程一般包括以下几个部分。

（一）明确模型的使用目的

建立个人信用评分模型的第一步是明确模型的使用目的。建立个人信用评分模型的目的是预测消费者违约的概率，也可以是预测消费者拖欠的概率，或者是贷款的过期损失以及拖欠、违约及损失的组合。由于建立模型的目的不同，所研究的对象也不同，在使用开发方法、检验手段和处理原则方面也会存在差异。

（二）数据收集与样本设计

在模型开发过程中，能够收集到用于建立个人信用评分模型的数据是非常重要的技术处理环节之一。通常，可供使用的数据越多，模型的预测结果就会越精确。因此，在建立个人信用评分模型之前，需要确定有哪些可以使用的数据。在互联网金融运行模式下，电子商务企业、小额贷款公司、公共机构等的很多数据都可以用于建模，由于这些数据的大量使用，大大提高了个人信用评分的可信度和准确度。

（三）选择建立信用评分模型的工具

建立个人信用评分模型的统计及数学工具很多，通常使用的方法有判别分析法、逻辑回归、分类树法和神经网络方法等。对于技术人员来说，在选择合适的方法时既要考虑到与建立个人信用评分模型的目的有关，也要考虑到与建模所使用的大数据有关。

在实际建立个人信用评分模型时，往往将多种方法交叉使用。例如，可以使用"分类树方法"选择变量，以确定变量之间的相互关系，构造出新的变量。再将这些新变量与原始变量一起使用，通过回归的方法构建出预测模型。然后，把预测模型产生的结果与神经网络模型产生的结果进行比较，以确定模型的有效性，并对模型进行改进。

（四）模型的验证与检验

建立了个人信用评分模型后，技术人员面临的一个重要的问题是这一模型的应用效果究竟如何。当然，一个个人信用评分模型的有效程度如何，最终要通过模型在实际应用中的效果来评价。但是，在模型实际投入使用之前，必须对模型的预测能力进行验证和检验。

在对模型进行检验时，经常采用的方法是"保留样本法"，也就是在建立个人信用评分模型时，将大数据样本随机地分成两部分：一部分用于建立模型，另一部分（保留样本）用来对模型进行检验。如果模型对建模样本和保留样本的预测结果都较好，说明模型总体来说是稳定的，有一定的应用价值。

对个人信用评分模型进行检验的统计方法很多，常用的统计量包括 Gini 系统、Kolmogorov-Smirnov 统计量（简称 K-S 统计量）、和谐度等。对模型进行评价的总体原则是个人信用评分模型必须尽可能地将高风险授信和低风险授信区别开来。另外，针对某个总体建立起来的个人信用评分模型对该总体的一个子集的预测能力，也是检验模型有效性的一个重要方面。

（五）选择临界分值及人工修正

在个人信用评分模型开始运行之前，还需要考虑授信机构所能承受的信用风险的大小。模型本身可以预测某个信用申请人违约的可能性大小，但是并不能确定模型使用者所能承受的总体信用风险的大小。信用申请人承受信用风险的能力取决于授信机构对可能的申请人数量的市场分析、充足资本率要求以及定价、收益目标等因素。确定授信机构所能承受的信用风险即需要确定信用评分工具的临界值，若申请人的信用评分分值在这一临界值之下，则授信机构可以拒绝其申请，若申请人的信用评分分值高于这一临界值，则建议批准其信用申请。

通常，临界分值的确定应该使得信用申请批准比率基本与当前的批准比率保持一致，或"坏账率"与当前的"坏账率"相等。

在个人信用评分模型运行之前，还需要确定"人工修正"原则。人工修正是指授信部门作出的决策与个人信用评分模型所建议的不一致所采取的人工修正规则。

（六）个人信用评分模型的监测

由于个人信用评分的基本假设之一是未来与现在是相似的，因此一旦信用评分模型投入运行，技术人员就应与先前的系统相比较，评价新模型的运行效果。这样就需要对模型进行监测。重点监测以下几个方面：

（1）信用评分模型的使用是所预期的那样吗？信用评分模型的人工修正是否保持在一个较低的水平？人工修正确实有理由吗？

（2）信用评分模型对贷款风险的排序是否与所期望的一致？信用评分模型的表现是否出现退化？好、坏客户发生比（或坏客户比率）与我们运行信用评分模型时的预期是否一致？

（3）信用申请人的特征是否发生了变化？是否有更多分值低的消费者申请贷款但是被拒绝了？他们的特征是什么？

（4）账户信用分值的分布是否发生了变化？

二、FICO 评分模型介绍

目前应用最广泛的个人信用评分是美国的 FICO 信用评分。它于 20 世纪 50 年代由工程师比尔·费尔（Bu1Fair）和数学家法尔·艾萨克（Farllsaac）发明，目前美国三大信用局 ExPenan、Equalax 和 Trans un.on 都使用它对个人信用质量和风险进行量化。

FICO 评分主要用于贷款方快速、客观地度量客户的信用风险，缩短授信过程。FICO 信用评分技术的基本思路是将借款人过去的信用历史资料与数据库中全体借款人的信用习惯进行比较，检查该借款人的发展趋势与经常违约、随意透支、申请破产等各种陷入财务困境的借款人的发展趋势是否相似。

该模型利用多达 100 万的大样本数据，首先确定决定消费者信用的指标，再把各个指标分成若干档次以及各个档次的分值，然后计算每个指标的加权，最后得到消费者的总分。FICO 信用评分的打分范围是 325～850，得分越高，其信用度也越高。一般来说，如果借款人的信用分达到 680 分以上，金融机构就可以认为借款人的信用卓著，可以毫不迟疑地同意发放贷款。如果借款人信用分低于 620 分，金融机构或者要求借款人增加担保，或者干脆寻找各种理由拒绝贷款。如果借款人的信用分介于 620～680 分，金融机构就要作进一步的调查核实，采用其他的信用分析工具，作个案处理。

美国各种信用分的计算方法中，FICO 信用评分的正确性最高。据一项统计显示，信用分低于 600 分，借款人违约的比例是 1/8，信用分介于 700～800 分，违约率为 1/123，信用分高于 800 分，违约率为 1/1292，因此美国商务部要求在半官方的抵押住房业务审查中使用 FICO 信用评分。

FICO 评分考虑的主要因素包括：

（一）过去的还款历史

（1）各种不同账户（如信用卡、零售贷款账户、分期付款账户、住房抵押贷款等）的还款信息。

（2）负面的公共记录信息（如破产、诉讼判决等）。

（3）拖欠的严重程度。

（4）到期拖欠或催收账户的数量。

（5）最近的拖欠、负面公共记录或催收至现在的时间。

（6）按期还款的账户数量。

（二）未偿还信贷的数量

（1）各类账户中未偿还贷款的数量。

（2）某些特别类型的账户中未偿还贷款的数量。

（3）有贷款余额的账户数。

（4）信用额度使用的比例（某类循环账户的贷款余额占信贷额度的比例）。

（5）分期付款贷款中未偿还的比例。

（三）建立信用的时间

（1）开设信用账户的时间。

（2）某类特定账户开设的时间。

（3）账户活动的时间。

（四）新贷款的查询与获取

（1）近期开设账户的数量，近期开设的各种不同类型账户的比例。

（2）近期信用查询的数量。

（3）近期不同类型账户开设的时间。

（4）近期信用查询的时间。

（五）已建立信用的类型

不同类型账户（信用卡、零售贷款账户、分期付款、抵押贷款、消费贷款等）的数量。

三、阿里巴巴的芝麻信用评估模型

2014 年 9 月，央行放开了个人征信业务，阿里巴巴旗下的芝麻征信成为首批试点单位，也是 8 家试点单位中两个互联网征信公司之一，经过在信贷领域的多年探索及其依托于丰富产品线产生的数据优势，芝麻征信在 2014 年年底便正式推出了国内首个基于互联网用户行为数据的征信产品——芝麻信用。

芝麻信用是阿里巴巴旗下芝麻信用管理公司推出的面向社会公众的信用服务体系，依据用户包括互联网行为在内的各方面信息，运用大数据及云计算技术的分析，来客观呈现用户的个人信用情况，并通过与各种商品和服务的连接，让每个人都能享受信用带来的价值。芝麻信用是国内首款基于用户互联网行为信息生成的个人征信产品，其评估体系和建立过程对我国互联网征信行业的发展有着重要意义，下面将对互联网用户行为数据与个人信用的关系并对芝麻信用征信体系的建立进行分析。

（一）芝麻信用评分模型的特点

芝麻征信在评估模型上以 FICO 评分体系为基础。通过对用户品德、资本、财务状况等信息评估后综合给出用户信用得分的评估模型。

芝麻信用虽然参考了 FICO 评分模型，但是作为基于互联网用户行为数据的评估体系，芝麻信用有自己的特点。

芝麻信用的评估维度分为：身份特质、信用历史、行为偏好、履约能力、人脉关系五个维度。

1．身份特质

身份特质指用户的年龄、性别、职业、家庭状况、婚姻情况、收入水平等基本信息。

2．信用历史

信用历史是指用户在过往发生的债务活动中的表现，主要是过往信用卡的还款记录以及信用账户历史。

3．行为偏好

行为偏好是指用户在购物、缴费、转账、理财等活动中的偏好及稳定性。

4．履约能力

履约能力是指用户在进行各类信用服务中的履约表现，如使用打车应用最终是否完成和司机的约定、预订酒店后是否按时到店等。

5．人脉关系

人脉关系即用户好友的信用等级以及用户和好友的互动程度。

（二）芝麻信用的评估体系

芝麻征信的信用评估体系是一个动态评估体系，主要由三部分构成。

1．数据搜集

芝麻征信拥有较为丰富的数据来源，主要分为以下四类：第一，来自淘宝、天猫体系的电商数据，可以为评估提供用户的财务状况、个人偏好等信息；第二，来自蚂蚁金服的互联网金融数据，可以为评估提供用户的财务状况、信用历史、履约能力等信息；第三，来自众多合作企业以及合作机构的信息，可以为评估提供用户的身份特质、履约能力、人脉关系等信息；第四，用户自主上传的经过认证的信息，可以为评估提供其他所需信息。

2. 技术处理

芝麻信用的数据从存储到生成结果，使用的是阿里巴巴通用的大数据平台业务，该平台主要由三个层次的业务组成：第一，阿里云业务，提供数据存储和处理的基础设施服务；第二，数据平台事业部，提供对搜集到的数据进行结构化处理的"数据清洗"工作，让搜集到的数据可以被用来分析；第三，商业智能部，对清洗后的数据进行分析，供各个业务部门使用。

3. 应用场景

芝麻信用虽然诞生时间较短，但是在阿里巴巴丰富的产品体系下，拥有多种使用场景，仅从目前公开的信息中，已经有以下使用场景：旅行信用入住，即芝麻信用达到一定分数，可以享受在合作酒店无需押金和房款直接入住，在一定时间内，补齐房款即可；信用租房，即芝麻信用达到一定分数，可以享受在合作租房机构免费入住，入住后一定时间内补交房租即可；个人信用贷款，即根据芝麻信用分数，可以在阿里小贷申请对应额度的贷款，无需审核，快速放款。可以预见，未来会有更多的阿里产品和合作伙伴使用芝麻信用作为对用户某种资质的审核参考，而各种应用场景下的用户行为数据又会返回芝麻信用，进一步对用户的信用进行更准确的评估，从而形成一个动态评估过程。

（三）芝麻信用的数据来源

用户的互联网行为是以互联网应用为载体，用户的互联网行为数据也是分散在不同的互联网应用中。因此，可以从阿里巴巴的产品线来分析芝麻信用的用户数据来源。总体上看，阿里巴巴涉及用户网络行为数据的业务可分为以下几个部分。

1. 电商平台部分

电商平台部分是阿里巴巴的核心业务，主要由 C2C 平台淘宝网、B2C 平台天猫商城、团购平台聚划算、跨境零售平台 AliExpress、国内批发平台 1688 以及跨境批发平台 Alibaba 构成，整个平台贯穿从批发到零售的全产业链，经过 15 年的发展，平台上积累了大量的买家、卖家以及交易数据，这也是阿里巴巴最为核心的数据部分。中国电子商务研究中心发布的《2015 年上半年中国网络零售市场监测报告》显示，2015 年上半年中国网络零售市场交易规模达 16410 亿元，同比增长 48.7%；网络零售市场交易规模占到社会消费品零售总额的 11.4%，同比增长 31%；中国网购用户规模达 4.17 亿人，同比增长 19.1%。阿里巴巴的淘宝网、天猫商城以及聚划算构成的网络购物平台积累的大量用户行为数据是芝麻征信的重要数据来源。

2. 互联网金融部分

互联网金融部分是阿里巴巴近年来业务发展的重点，主要有支付、小额贷款、担保、金融零售（理财＋保险）四大业务。其中，支付业务以支付宝为核心，以第三方身份为消费者提供资金安全服务；贷款业务主要是面向阿里巴巴卖家、天猫卖家、淘宝卖家的阿里小贷；担保业务由商城融资担保有限公司向平台卖家提供融资担保业务；金融零售业务由保险和理财两部分组成，其中，保险业务由众安保险提供针对商家和消费者的保险服务，理财业务主要以支付宝为载体，向普通用户售卖理财类产品。经过多年的发展，阿里金融板块的体量不断增大，目前，除了吸储业务外，阿里金融已经覆盖到了金融的各个领域，积累了大量用户的金融数据。

3．云业务

阿里云已经成长为一个集弹性计算、数据存储、大规模计算、安全与管理、应用服务的综合性技术平台。随着基础服务和产品的逐渐完善，阿里云已将其服务对象扩充至全网，并开始关注细分行业，推出移动云、游戏云、金融云等服务。不仅中小型互联网企业不断加入阿里云平台，2013年以来，浙江、海南、贵州、广西、宁夏、河南等省份相继与阿里云合作进行智慧城市、大数据建设方面的业务，这都为阿里巴巴提供了大量的用户行为数据。

4．互动娱乐业务

互动娱乐业务是阿里巴巴的非核心业务，目前主要通过收购股权进入已获得市场地位的应用来实现。阿里巴巴的泛娱乐业务由影视、游戏、音乐、阅读等板块构成，阿里不满足对线上产品布局，在线下的智能硬件方面，阿里也在积极参与，这为阿里巴巴在进行用户画像描述的研究上提供了更加多样化的数据。

此外，阿里巴巴还在流量入口、社交和生活服务领域进行了积极的布局，期望积累更多的用户行为数据。

本章小结

征信有狭义和广义之分。狭义的征信，是指对于企业信用状况和个人信用状况相关信息进行采集、核实、整理、保存、加工并对外提供信用报告、信用登记、信用调查和信用评级等服务。广义的征信则为狭义的征信加上信用管理服务。而信用管理服务包括信用管理咨询、评分模型开发、商账追收、信用担保、信用保险等。征信信息主体，又称征信对象，即信用调查或信用审查的客体；通俗讲是信用提供者，也称被征信人，指征信机构采集、整理、加工和适用的征信信息描述对象，包括自然人、法人及其他组织。征信内容，主要指征信机构所采集的数据和信息。

互联网金融征信的重要性：①征信数据支撑互联网金融发展；②互联网金融征信的探索有利于传统征信业务创新；③互联网金融征信有助于在更大范围内促进全社会形成

良好的信用环境；④有助于控制互联网金融的风险。互联网金融运行下的征信模式有三种选择：以中国人民银行征信中心为代表的政府主导型模式、以电商征信机构和金融征信机构为代表的市场主导型模式、以互联网金融协会信用信息中心为代表的行业会员制模式。

复习思考题

1. 互联网金融征信的内涵是什么？互联网金融征信的重要性是什么？
2. 什么是互联网金融征信业务？
3. 互联网金融运行模式下征信业务的数据来源有哪些？
4. 互联网金融征信模型有哪些？各有哪些优缺点？
5. 芝麻信用评分体系有哪些特点？
6. 大数据征信与传统征信相比有哪些创新？

第十章 互联网金融法律与监管

【学习目标】

通过本章的学习,掌握我国互联网金融六大模式的法律风险,了解我国互联网金融现行法律及监管的基本情况以及互联网金融法律与监管的发展趋势。

第一节 国外互联网金融相关法律及监管概述

一、美国互联网金融监管及相关法律

2009年美国政府公布了《金融监管改革白皮书》强调加强美联储市场稳定监管者职责,将美联储的监管范围扩大到所有可能对金融稳定造成威胁的企业,当然包括了互联网金融专业,并专门成立了跨部门的金融稳定监督委员会(FSOC)用以监视系统性风险。

针对1929年大萧条破产上万家金融机构,美国出台了存款保险制度,并加强宏观经济调控与管理。2008年美国金融危机后出台了多德-弗兰克法案,其中针对影子银行等金融机构加强了金融监管。比如对超过1亿美元的对冲基金需要在SEC注册登记并接受监管,低于1亿美元的则需要在州内进行注册登记并接受监督。尽管经历了百年不遇的金融危机,破产倒闭了包括雷曼兄弟等数百家金融机构,但美国经过经济金融结构调整和金融监管改革更增强了美国金融业的竞争力。目前在后金融危机时代,美国正在对互联网金融在内的金融创新监管保持谨慎监管的态度,但从2013年9月25出台的美国JOBS法案来看,美国支持包括众筹平台在内的为中小企业公开融资的互联网金融模式已渐成定局。

美国金融监管当局针对互联网金融中网络银行的监管态度,既强调网络交易安全、重视银行稳健经营和对银行客户权益的保护,又认为网络银行有益于金融机构降低成本、促进服务创新,有助于实现银行间资源共享,所以不应过分干预网络银行的发展。因而,美国互联网金融监管模式对网络银行的监管采取的是审慎宽松的政策,主要通过补充金融法律法规,使原有的监管规则适应于网络电子环境的要求。在监管体制、监管政策、监管内容、监管机构和监管分工等方面,美国监管当局对网络银行与传统银行的要求比

较相似，如大多数金融机构在开展网络银行业务时，不需要特别备案，监管当局一般通过年检收集网络银行业务数据。新成立的网络银行既可以按照标准程序申请注册，也可以按照银行持股公司申请注册。

二、欧洲互联网金融监管及相关法律

2007年美国次贷危机席卷全球，发展成为金融危机，全球遭遇几十年不遇的经济危机。各国政府积极救市，实施积极的财政政策，美国、日本及欧洲一些国家实施量化宽松的货币政策，大量注资银行。金融危机传导至欧洲也引发了2009年的欧洲主权债务危机。直到2012年欧元区18国中除了德国2013年财政略有盈余外，其他国家都陷入财政赤字，赤字率和债务远超3%和60%的国际警戒线。百年不遇的金融危机和欧债危机促使了欧美各国监管层的反思并加大了监管力度和监管范围，实施了更加严格的监管。对包括互联网金融等新兴金融模式也逐步纳入监管范围并进行监管。《巴塞尔协议Ⅲ》提高了对银行业资本金的要求，将对冲基金、投资银行等影子银行纳入监管。

欧盟泛欧金融监管改革方案也在2009年决定设立由成员国中央银行组成的欧洲系统性风险管理委员会，专门负责监测整个欧洲金融市场上可能出现的系统性风险，其中包括互联网金融企业。欧洲对包括网络银行在内的互联网金融的监管采取的办法较为新颖，主要是从两个方面对网络银行进行监管：一是提供一个清晰、透明的法律环境；二是坚持适度审慎和保护消费者的原则。欧洲监管当局在整个欧盟地区加强监管合作，以达到提高监管效率、保护金融产品交易者的利益和实时监控网络银行风险的目标。

三、英国互联网金融监管及相关法律

应对国际金融危机和欧债危机的过程中，英国彻底改革金融监管体制。尤其是2010年卡梅伦政府上任后，取消原来由英格兰银行（英国央行）、财政部和金融服务管理局（FSA）的第三方监管体制。赋予英格兰银行维护金融稳定和对其他银行及金融机构进行审慎监督的权利，不仅重申英格兰银行维护金融稳定的目标，而且对金融监管机构FSA进行改革和重组，并要求在特殊情况下对金融市场提供流动性支持。具体地，在英格兰银行下新设金融政策委员会（FPC），作为宏观审慎监管机构，负责监控和应对系统风险；新设审慎监管局（PRA），作为英格兰银行的子公司；负责对各类金融机构进行审慎监管；新设立金融行为监管局（FCA），负责监管各类金融机构的业务行为，促进金融市场竞争，并保护消费者。也就是把FSA的审慎监管职能和行为监管职能分别传承给新设立的PRA和FCA，FCA在宏观审慎监管上接受FPC的指导。

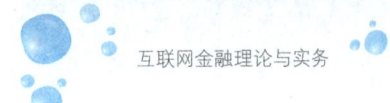

第二节 我国互联网金融现行法律及监管概述

一、我国互联网金融监管现状

对于我国互联网金融的监管态势，可以从 2013 年下半年我国金融改革政策频出看出互联网金融的发展机遇。我国金融改革为互联网金融带来了发展政策层面的机遇，为传统金融和互联网金融化的发展提供了政策上的支持。从 2013 年 6 月 19 日国务院推出八项措施，其中指出要推动民营资本进入金融领域，并鼓励金融创新；到 7 月 5 日，我国金融"国十条"出台，再次强调要扩大民间资本进入金融业，明确了民资进入金融业的具体改革政策。7 月 19 日，央行进一步推动加快利率市场化改革进程，彻底取消了贷款利率 0.7% 的下限；7 月 30 日，中国银监会副主席、巴塞尔银行监管委员会委员王兆星撰文提出金融机构"大而不倒"存在的五大危害；8 月 2 日，中国央行发布的《2013 年第二季度中国货币政策执行报告》中专门提出互联网金融的概念及发展情况；8 月 12 日，国务院办公厅发布关于金融支持小微企业发展的具体实施意见；8 月 19 日，央行行长周小川表态看好互联网金融的发展；在 9 月份举办的达沃斯论坛上，李克强总理再次表示出推动中国金融改革的坚定决心。从 2013 年下半年我国互联网金融相关政策密集出台可以看出，有了互联网金融相关发展政策的支持与规范，互联网金融对于传统金融业的发展机遇与挑战将更加充满期待。

目前我国包括央行、证监会在内的金融监管机构都对互联网金融的发展表现出支持和加强监管相配合的态度。2013 年 8 月 20 日，国务院宣布同意建立由央行、银监会、证监会、保监会、外汇局组成的金融监管协调部际联席会议制度，并首度确立央行的宏观监管牵头单位的地位。

二、我国互联网金融法律环境

（一）六大模式发展进程不一，存在大量法律空白

在互联网金融的第三方支付、P2P 网贷、众筹、大数据金融、信息化金融机构以及互联网金融门户六大模式中，第三方支付模式因其发展时间较长，产业模式发展相对成熟，配套法律相对齐全。中国人民银行相继颁布了《非金融机构支付服务管理办法》《非金融机构支付服务管理办法的实施细则》以及《支付机构客户备付金存管办法》三项法律文件，文件中将第三方机构定性为非金融机构，并对第三方金融机构进行牌照管理。2005 年中国就诞生了 P2P 网贷模式，虽然近年来"跑路""倒闭"的负面新闻不断，但至今仍法律定位不明、监管主体刚定，尚无从提起配套法规。对大数据金融、信息化金融机构以及

互联网金融机构的规定更多的是援引《刑法》《合同法》《公司法》《证券法》《商业银行法》《全国人民代表大会常务委员会关于加强网络信息保护的决定》《互联网信息服务管理办法》《中华人民共和国电信条例》此类或具有普遍适用性或专门针对互联网、电信、传统金融领域的法律法规。

目前，针对互联网金融领域新兴业态的法律定位，监管主体、准入机制、业务运转流程监控、个人及企业的隐私保护措施及沉淀资金及其利息的监管处理方式等问题的法律法规存在大量有待完善的空白地带。部分实行债权转让模式的P2P网贷平台以及实行股权制的众筹平台游走在法律的灰色地带，有些甚至已经触碰了非法吸收存款、非法集资的法律底线。

（二）现有法律位阶较低，效力覆盖范围有限

一方面，现行的对于互联网金融业态使用性较强的法律多数属于国务院制定的行政法规，如《征信业管理条例》，以及由中央人民银行等部门制定的部门规章，如《非金融机构支付服务管理办法》等。另外还有一些中央规范性文件及北京、上海、杭州等地出台的地方政策性文件。总体说来，上述法律法规位阶较低，效力有限，不稳定的临时监管性质较强。另一方面，很多法律仅仅适用于互联网金融产业中某一特定行业，如《全国人大常委会关于加强网络信息保护的决定》可以为网络中的个人电子信息提供保护，《征信业管理条例》可以对在"中国境内从事征信业务及相关活动"中产生的个人隐私进行保护，但对侵犯公民隐私权的惩罚措施却难觅踪迹。若对侵犯权力行为无相应的惩戒措施，那么法律对这项权利的保护也是薄弱的。

针对行业适用性较强的法律位阶较低的问题应辩证来看。法律位阶相对较低虽然会带来法律稳定性较弱、不同区域监管规则存在差异的问题，但是这种现状也是与互联网金融目前的发展阶段存在联系的，并且在一定程度上有利于互联网金融产业的进一步发展。法律的滞后性，决定了立法者无法在当一种新兴业态尚未发展成熟的时候就为行业制定出监管完善的法律，在互联网金融产业尚未发展成熟的状态下，对行业的法律监管也必然是不完善的。在新兴产业发展的初期采用位阶较低的法律对其进行规制，一方面因为此类法律立法程序相对简化，能够在较短的时间内完成立法以便及时对行业发展中出现的严重问题进行规制；另一方面位阶较低的法律修改程序也相对简化，修改难度较小，可以随着新兴产业的不断发展不断调整，以便更好地适应产业的发展需求。

（三）部分法律僵硬滞后，不适应产业的发展需求

互联网金融是金融领域的一个新兴业态，势必会在诸多方面对传统金融模式进行突破，而在突破的时候难免步子迈大走入法律的禁区。但是如果极其严格地在法律的框架内进行创新，此种创新又难免力度有限，此时部分法律严重的滞后性及僵硬性便凸显出来。如我国《证券法》第十条规定"公开发行证券，必须符合法律、行政法规规定的条件，

并依法报经国务院证券监督管理机构或者国务院授权的部门核准，未经依法核准，任何单位和个人不得公开发行证券。有下列情形之一的，为公开发行：①向不特定对象发行证券的；②向特定对象发行证券累计超过两百人的；③法律、行政法规规定的其他发行行为。"部分股权制、凭证制众筹项目以及 P2P 网贷中的债权转让在募集资金的过程中毫无疑问是面对不特定对象，且人数很有可能超过两百人，极易触犯《证券法》关于公开发行证券的规定。若完全限制此种筹集模式，中国的众筹平台将会演化成为团购、预购网站，仅仅起到项目或企业宣传、营销的作用，一定程度上背离了众筹平台支持梦想、鼓励创业的初衷；P2P 网贷行业的发展也将举步维艰。所以，面对日新月异的互联网金融的发展进程，现行《证券法》关于"禁止公开发行证券"的认定标准过于严苛，应当适当放宽，在适度监管、风险可控的前提下为众筹平台、P2P 网贷这些新型金融创新经济模式提供能够保证其快速、健康、有序发展的法律环境。

专栏 10-1　网贷平台风险增大

自 2012 年至 2014 年 4 月初，中国上千家 P2P 网贷平台中，因出现各种问题而倒闭的网贷平台近 100 家。其中，仅 2014 年 1 月以来，出现问题的网贷平台已经不少于 15 家。涉及的原因包括因网贷平台被黑客攻击，引发投资者恐慌和"挤兑"风潮；网贷平台风险审核不严引发大量债权无法收回；网贷公司给自己融资，投资失败而无法偿还投资人利息；网贷平台实际控制人出现道德风险，直接卷款跑路等。具体事例，在卷款跑路的时间方面，没有最快，只有更快。比如 2013 年 10 月的福翔创投，办公场所设立于网吧，实际控制人恶意诈骗，开业三天即跑路，开创当年网贷业最快跑路史。在 2014 年 3 月 13 日，元一创投上线当天即卷款 30 万元跑路，创下网贷行业最快跑路史！涉案金额日益惊人，比如 2013 年 7 月涉嫌自我融资的网赢天下逾期提现，涉及金额高达 1.2 亿元；2014 年 1 月，上线 9 个月的徽州贷非法吸收资金超过 2 个亿；2014 年 2 月 27 日，深圳中欧温顿基金管理有限公司北京分公司法人失踪，2000 多客户的 4 亿多元资产去向不明。

资料来源：黄震、邓鹏，《互联网金融法律与风险控制》，机械工业出版社，2014-6

三、常见互联网金融模式的法律风险分析

（一）第三方支付法律风险

法律在大陆法系国家作为一种成文法，具有僵化性和滞后性的固有缺陷，加之互联网金融领域的第三方支付模式近些年的飞速发展，使得第三方支付平台在法律领域存在

很大的填补空间。这对第三方支付平台的发展，既是一种机遇，也是一种挑战。机遇在于，在法律规制较少的状态下，第三方支付平台的发展空间更为广阔；挑战在于，在不久的将来，法律必然对此领域加大监管力度，届时可能会触及现有相关企业的既得利益，甚至有涉嫌违法的风险，因此，提供第三方支付平台服务的相关企业也是出于一种大步向前与谨小慎微兼顾的状态，反过来，这对法律的加快制定也提出了紧迫的需求。第三方支付涉及三大法律问题，即沉淀资金问题、信用卡套现问题和洗钱罪问题。

沉淀资金，在央行发布的规章中被称为客户备付金，它的产生是源于交易过程中的迟延支付、迟延清算行为，因此即时付款的交易方式不产生沉淀资金的问题。央行发布的两个办法和一个细则，对第三方支付机构的沉淀资金问题已经有了一个基本的定性和一套较为具体的存放、使用和监管规则。譬如，客户备付金的所有权不归属于支付机构，其存放需要遵循"两种银行、三种账户"（备付金存管银行和备付金合作银行，备付金存管账户、备付金收付账户和备付金汇缴账户）的规则，支付机构不得擅自挪用、占有、借用客户备付金，不得擅自以客户备付金为他人提供担保，以及通过计提风险准备金来弥补客户备付金的特定损失等。但是，客户备付金所产生的巨额利息的归属问题仍未确定，这会导致大量的闲置资金，不符合经济效益原则。另外，风险准备金的计提比例问题、非活期存款方式储蓄的客户备付金的比例问题以及第三方支付机构的准入门槛高低问题等，都是亟待解决的法律问题。

信用卡套现是指持卡人通过正常合法手续之外的，以虚构交易、虚开价格、现金退货等方式，将信用额度以内的资金以现金方式套取，同时又无须支付银行提现费用的行为。通过第三方支付平台进行信用卡套现是众多方式之一。套现资金游离了银行正常的信贷管理渠道，脱离了监管层的监管视线，严重破坏国家的金融市场管理秩序，因此必须予以严格惩治。2009年最高人民法院、最高人民检察院联合中国人民银行发布了《关于妨害信用卡管理刑事案件具体应用法律若干问题的解释》（以下简称《解释》）。《解释》第七条第一款规定，"违反国家规定，使用销售点终端机具（POS机）等方法，以虚构交易、虚开价格、现金退货等方式向信用卡持卡人直接支付现金，情节严重的，应当依据《刑法》第二百二十五条的规定，以非法经营罪定罪处罚。"第三款规定，"持卡人以非法占有为目的，采用上述方式恶意透支，应当追究刑事责任的，依照《刑法》第一百九十六条的规定，以信用卡诈骗罪定罪处罚。"该规定并未明确指出包含利用第三方支付平台这种形式，但是根据其构成要件的描述，利用第三方支付平台进行信用卡套现属于非法之一，应当受到法律的追究。对于提供该种套现方式的机构应以非法经营罪定罪处罚，对于以非法占有为目的、利用该种方式套现的持卡人应以信用卡诈骗罪定罪处罚。

《刑法》第一百九十一条对洗钱罪作出规定，"明知是毒品犯罪、黑社会性质的组织犯罪、恐怖活动犯罪、走私犯罪、贪污贿赂犯罪、破坏金融管理秩序犯罪、金融诈犯罪的所得及其产生的收益，为掩饰、隐瞒其来源和性质，有下列行为之一的：①提供资金账户的；②协助将财产转换为现金或者金融票据的；③通过转账或者其他结算方式协助资金转移的；④协助将资金汇往境外的；⑤以其他方法掩饰、隐瞒犯罪的违法所得及其收益的性质和来源的。单位犯前款罪的，对单位判处罚金，并对其直接负责的主管人员和其他直接责任人员，处五年以下有期徒刑或者拘役；情节严重的，处五年以上有期徒刑。"

第三方支付平台交易存在匿名性、隐蔽性和信息的不完备性，交易资金的真实来源和去向很难辨别，这无疑为洗钱活动提供了一块犯罪滋生地。在这种风险下，对第三方支付机构和银行业金融机构就提出了较高的审查义务和监督义务。第三方支付机构有义务对其平台下的交易进行审查，对于以合法形式掩盖非法目的的交易行为必须严格予以制止。对此，各支付机构也都在其服务条款中进行了声明，比如《支付宝服务协议》中对洗钱罪发出了禁止性声明。但是，究竟如何有效地防范和制止这种犯罪行为，还需要更多人力和技术上的投入。

（二）P2P 网贷的法律风险

P2P 平台面临的法律风险主要是机构法律性质定位的风险、非法集资的风险和非法吸取公众存款的风险。

机构法律性质定位的风险主要是指监管层将 P2P 网贷平台定位为信贷服务中介机构还是准金融机构？如果将 P2P 网贷平台定位为信贷服务机构，平台就只能开展信用认定和信息撮合业务，不能吸储、不能放贷、不能担保，那么目前许多 P2P 网贷公司开展的债权转让业务和风险保证金业务都将被认定为违法。相反，如果将 P2P 网贷平台认定为准金融机构，那么目前其开展类金融业务全部都可以继续存在，不过要接受特殊的金融监管。

可能涉及非法集资风险的主要是 P2P 网贷中的债权转让模式。根据央行《关于取缔非法金融机构和非法金融业务活动中有关问题的通知》中规定"非法集资是指：单位或个人未依法定程序经有关部门批准，以发行股票、债券、股票、投资基金证券或其他债权凭证的方式向社会公众募集资金，并承诺在一定期限内以货币、实物及其他方式向出资人还本付息或给予回报的行为"。

从债权转让模式来看，首先，P2P 网贷在工商局和电信局注册的经营范围仅为"金融咨询"和"信息服务"业务，并没有取得向公众募集资金的资格。其次，第一次出借人在向出借人转让债权时，转让的不仅是本金还包括利息，属于变相给予其他出借人回报。再次，P2P 网贷在其平台上公开向其出借人客户进行债权转让，其转让的对象是不特定的社会公众，因为只要自然人依照平台的规定在其平台上注册为出借人，均可成为出借人客户，属于向不特定的社会公众募集资金。最后，P2P 网贷利用其符合《合同法》的债权转让行为，在平台进行大规模、批量化的放贷加转让行为，实质已经有涉及非法集资之嫌，属于以合法形式掩盖其非法集资的性质。同时，这种债权转让行为也涉及非法发行证券的风险，因为我国《证券法》第十条已经界定了公开发行的定义，公开发行是指向不特定的社会公众广泛地发售证券，或者向特定对象如果累计超过 200 人发售证券的行为。公开发行需要经过证监会的核准，否则属于非法集资。债券转让模式虽然没有以有形的证券形式向社会公众发放，但是其直接以电子形式转让债券的行为也涉及向不特定的社会公众发放证券的风险。

可能涉及非法吸收公众存款风险的，主要是 P2P 网贷的资金存管方式。根据 2011 年最高人民法院的解释，违反国家金融管理法律规定，向社会公众（包括单位和个人）吸收资金的行为，同时具备下列四个条件的，除《刑法》另有规定的以外，应当认定为《刑法》第一百七十六条规定的"非法吸收公众存款或者变相吸收公众存款"：①未经有关部门依法批准或者借用合法经营的形式吸收资金；②通过媒体、推介会、传单、手机短信等途径向社会公开宣传；③承诺在一定期限内以货币、实物、股权等方式还本付息或者给付回报；④向社会公众即社会不特定对象吸收资金。由于 P2P 网络借贷还款实行"一对多"的模式和会员的社区化管理，要求网络借贷平台对出借人采取"账户式"操作，出借人在网络借贷平台上注册后，需要将想出借的资金转账到平台的账户上，而这些账户大都是 P2P 网贷公司在第三方支付平台上开立的企业账户，因此这些企业账户积累了社会大众的资金，而且国内大多数 P2P 平台都有保障本金的承诺。在我国金融管理法律体制下，只有银行等金融机构可以吸收公众资金。如果这些资金进入 P2P 公司或公司个人账户，则属于非法集资或变相吸收公众存款的相关罪责。

（三）众筹法律风险

众筹平台是一种创新性的以互联网为依托的经营模式，其崭新的运营模式为其带来广阔的前景，但也正由于是一种崭新的经营模式，立法速度无法与之企及，导致诸多法律问题与之相伴而生。目前这些问题主要集中在众筹平台是否涉嫌非法集资犯罪、代持股的风险、项目发起人知识产权权益易受到侵犯、是否突破《证券法》关于禁止公开发行证券的规定、监管制度缺失所引发的问题等。

1. 非法集资风险

众所周知，在目前金融管制的大背景下，民间融资渠道不畅，非法集资以各种形态频繁发生，引发了较为严重的社会问题。关于"非法集资"犯罪的认定标准上，最高人民法院给出司法解释，根据《最高人民法院关于审理非法集资刑事案件具体应用法律若干问题的解释》第一条非法集资应当同时满足四个条件，即：①未经有关部门批准或者借用合法经营的形式吸收资金；②通过媒体、推介会、传单、手机短信等途径向社会公开宣传；③承诺在一定期限内以货币、实物、股权等方式还本付息或者给付回报；④向社会公众即社会不特定对象吸收资金。从形式上看，众筹平台这种运营模式未获得法律上的认可，通过互联网向社会公开推介，并确实承诺在一定期限内给予回报（募捐制众筹除外）——其中股权制众筹平台以股权方式进行回报给予出资者，奖励制众筹平台主要以物质回报的方式，借贷制众筹平台以资金回馈方式回报给出资者，且均公开面对社会公众。所以，单从这一条文来讲，众筹平台的运营模式与非法集资的构成要件相吻合。

但是，我们对任何行为进行法律定性时，都不能只注意其形式要件，更要看这一行为的实质要件是否与法律规定、立法精神相违背。因此，我们除了要考虑众筹平台是否符合"非法集资"的形式要件，还要深入考察众筹平台是否符合对"非法集资"犯罪定性的实质要件。《最高人民法院关于审理非法集资刑事案件具体应用法律若干问题的解释》的立法目的中写道"为依法惩治非法吸收公众存款，集资诈骗等非法集资犯罪活动，根据刑法有关规定，现就审理此类刑事案件具体应用法律的若干问题解释如下"，可见，该司法解释的出台是为惩治非法吸收公众存款，集资诈骗等犯罪活动，是为了维护我国社会主义市场经济的健康发展，反观众筹平台，其运营目的包括鼓励支持创新、发展公益事业及盈利。笔者认为，良性发展的众筹平台并不会对我国市场经济产生负面影响，不符合非法集资犯罪的实质要件，所以不应被定性为非法集资犯罪。但与此同时，我们也要严加防范不法分子以成立众筹平台或者发布众筹项目为外衣，实际骗取项目支持者和出资人资金的行为。

2．代持股的风险

凭证式和会籍式众筹的出资者一般都是在数百人乃至数千人。部分股权式融资平台的众筹项目以融资为目的吸收公众投资者为有限责任公司的股东，但根据《公司法》第二十四条规定"有限责任公司由五十个以下股东出资设立。"那么，众筹项目所吸收的公众股东人数不得超过五十人。如果超出，未注册成立的不能被注册为有限责任公司，已经注册成立的，超出部分的对股权式众筹项目有兴趣的出资者只愿意提供少量的闲置资金来进行投资，故将股东人数限制在五十人以内将导致无法筹集足够数额的款项来进行公司运作的后果。因此，在现实情况中，许多众筹项目发起者为了能够筹集足够的资金成立有限责任公司，普遍采取对出资者建议采取代持股的方式来规避《公司法》关于股东人数的限制。采用代持股的方式虽然在形式上不违反法律规定，但在立法精神上并不鼓励这种方式。当显名股东与隐名股东直接发生股东利益认定相关的争端时，由于显名股东是记录在股东名册的股东，因此除非有充分的证据证明隐名股东的主张，一般会倾向对于显名股东的权益保护。所以这种代持股的方式可能会导致广大众筹项目出资者的权益受到侵害。

3．知识产权权益受到侵犯的风险

这一问题主要针对奖励制众筹平台成立的主要目的之一在于挖掘创意、鼓励创新；

其线上众筹项目发起者的主要目的在于实现其创意，贩卖其创意，而出资者的投资出发点在于支持创意，购买新颖的产品。但是发布在奖励制众筹平台的众筹项目大多数都是还未申请专利的半成品创意，故不能依知识产权相关法律保护其产权。与此同时，几个月的众筹项目预热期给了盗版商"充分的"剽窃时间。依国内的盗版"实力"，几个月的时间盗版商完全可以仿造发布在众筹平台的创新项目并达到量产再流通到市场，这就使众筹项目失去其最重要的创新性而流失掉诸多客户。所以从保护知识产权利益的角度出发，许多众筹项目的发起者只向公众展示其创意的部分细节。连带下来，具有出资意愿的创新爱好者由于无法看到项目全貌而无法对产品形成整体、全面的印象，也就大大降低了其投资兴趣和投资热情。所以我国知识产权相关法律法规在创新性众筹项目方面的缺失，降低了创意发布者的创新积极性，也使众筹项目出资人对创新项目的支持度大打折扣，严重束缚了众筹行业的发展。

4. 存在"公开发行证券"的风险

《证券法》第十条第一款"公开发行证券，必须符合法律、行政法规规定的条件，并依法报经国务院证券监督管理机构或者国务院授权的部门核准；未经依法核准，任何单位和个人不得公开发行证券。有下列情节之一的，为公开发行：①向不特定对象发行证券的；②向特定对象发行证券累计超过两百人的；③法律、行政法规规定的其他发行行为。"众筹平台在筹集资金的过程中毫无疑问是面对不特定对象，且人数常常超过两百人，很容易触犯《证券法》关于公开发行证券的规定。奖励制众筹平台为了避免这一风险不以现金回馈的方式回报出资者，将投资行为演变为团购、预购行为，从而使整个众筹法律关系与《证券法》撇清。股权制众筹平台对这一问题则是采取成立有限合伙的方式，即由众筹出资者成立有限合伙，再由合伙企业对众筹项目发起者进行投资。然而根据《证券法》第十条第二款"非法公开发行证券，不得采用广告、公开劝诱和变相公开的方式。"股权式众筹平台的这种方式即属于变相公开的一种形式。因此，我们认为，股权式众筹平台的发展目前在中国的法律环境下受到诸多限制。

5. 监管制度缺失引发的风险

目前成立一个众筹平台只需进行工商登记和网站备案。对于众筹项目的审核由众筹平台全权负责。也就是说，目前并没有专门针对众筹平台的监管部门。没有专门针对众筹平台的监管规定。或者我们还可以说，目前众筹平台基本是在一片监管真空的地带上大行其道。众筹平台涉及大量的公众资金和社会群众，一旦失控，会发生大量诉讼，容易引发社会经济问题和社会问题。所以，监管制度的缺失使众筹平台的出资者面临投资风险，亦不利于众筹平台整体行业的发展和规划。

（四）信息化金融机构的法律风险

法律风险是由于金融机构违反法律法规或者由于法律的滞后性，相关法律法规不健全面导致的风险，由于法律的滞后性，加之金融信息化的迅猛发展，使得金融创新的速度远远超过了金融法制建设的速度，而监管又必须依法进行，所以金融机构面临的法律风险十分严重。在很多新的业务领域，法律法规基本上还是一片空白，导致金融机构在新兴业务经营中不确定因素不断增多。我国缺乏关于客户信息披露和隐私保护的有关法律法规，在金融机构逐渐信息化的过程中，金融消费者合法权益被侵害的可能性加大；通过互联网提供金融业务，黑客可能利用虚假网站欺骗客户，金融机构可能承担相关责任，为增强客户服务，金融机构网页通常会链接到其他网站，可能会使金融机构面临连带法律风险；银行在提供电子认证服务时如果没有在合同中明确双方的权利义务，那么一旦出现损失，银行须对使用其证书的客户负责；当客户出现操作失误，所造成的损失应如何划分，这些问题都需要明确的法律规定，通常情况是客户不对非己方疏忽而导致的问题负责。

信息化业务中无疑会涉及电子货币，由于电子货币的匿名性，使交易方式难以追踪，为洗钱、逃税等活动提供了便利，电子货币具有潜在的私人发行的可能性，目前我国还没有这方面的相关监管法律；电子化虚拟化的金融业务模糊了国家之间的自然疆界，其业务和客户随着互联网的延伸可触及世界的任何角落，这对于传统的基于自然疆界的法律法规是莫大挑战，关于跨境网上金融服务的交易管辖权以及法律适用性的问题尚不明确。

第三节　互联网金融法律与监管发展趋势

一、完善互联网金融监管的法律建议

目前针对互联网金融行业是否需要监管、由谁监管、怎样监管存在很大分歧。部分人担忧任凭互联网金融野蛮生长的话将极有可能引发系统性风险，因金融产业涉及人群广泛，极可能带来巨大的社会危害，对百姓民生造成损害。但是也有些人顾虑法律过早、过严格地对行业进行监管极有可能会严重压制行业创新，阻碍行业发展，甚至"将互联网金融这个尚在襁褓中的婴孩扼杀在摇篮中"。

我国金融监管应该建立多层次的监管体系，对易引发系统性风险的机构、产品、市场及服务方式逐步进行严格监管，其他的可采取备案制及充分发挥市场作用进行约束。

（一）尽快确定监管主体，加强流程监控

互联网金融法律环境完善的首要任务就是要明确各个模式的法律定位以及监管主体。目前除第三方支付模式已有明确定位与监管主体外，其他模式的定位依然模糊，监管主体悬而未决。此种状态持续下去将很可能导致谁都想管，但是谁都不能管，最后谁都不

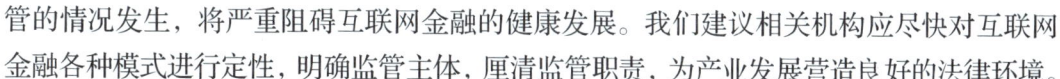

管的情况发生,将严重阻碍互联网金融的健康发展。我们建议相关机构应尽快对互联网金融各种模式进行定性,明确监管主体,厘清监管职责,为产业发展营造良好的法律环境。

为防止过早过度监管对产业发展带来消极影响,建议产业监管主体可以先从产业运营流程监控着手,一方面可以动态掌握产业发展情况,以便对产业发展运行情况进行分析,为日后具体监管规则的制定提供依据;另一方面可以有效监测互联网金融企业的运营情况,及时发现企业风险,提早进行风险预警,防止大规模风险爆发。

(二)探索实施行业准入制度,完善退出机制

互联网金融通过互联网的传播方式开展创新金融业务,其覆盖范围较广、社会影响较大,若发生恶性事件,社会危害性也比较大。建议根据互联网金融不同模式的特性以及运营方式,对部分模式探索实施审批或者备案制,设立资本金、风险控制能力、从业人员资格等准入条件,并对同一模式中不同业务种类实行不同标准的差异化准入要求,排除不合格企业。

优胜劣汰是市场机制配置资源的有力法则,只有引入退出机制,及时清除不合格企业才能促进互联网金融产业的良好发展。由于互联网金融涉及金融相关服务,牵连到公众利益,所以其市场退出机制也应有其特殊规则,如注重对公众投资人的保护等,尽量化解互联网金融企业退出市场对市场的冲击,降低民众的投资损失。

(三)逐步填补法律空白,改革落后规则

随着互联网金融产业的不断发展,监管主体应加强对产业的研究,逐步完善立法,填补法律空白。笔者建议可在立法初期采用位阶较低的法律,便于及时对产业运行中产生的法律问题进行规制,对已不适应产业发展需求的规则进行调整,待经过实践证实对其中符合产业发展方向的法律规定,可考虑用位阶较高的法律进行肯定。

法律制度应做到与时俱进,对部分严重落后于社会经济发展程度,阻碍新兴业态创新发展的制度应该勇于改革。比如在六大模式的分析中经常会出现的运营模式涉及非法集资、投资人人数以及发行证券方式的问题,本质上都属于人数、资本、股权之间的配比问题。法律之所以如此规制,一方面为保护投资者权益,一方面为防止投机性投资。但是对于上述问题的现有法律规定与互联网金融的创新发展需求经常发生摩擦,针对此种情况立法者及监管主体应考虑现行法律中的某些规定是否已变成阻碍社会经济发展的因素,并着手对其进行改革。如美国最近通过的JOBS法案就在防范投机及保护消费者的利益与鼓励众筹模式的发展中找到了新的平衡方式,不通过人数来控制资本和股权,而是通过单一资本量来控制资本总量和股权。

二、互联网金融监管的发展方向

互联网金融的发展迅猛,各种业务模式呈现动态变化,整体而言,互联网金融监管

的前瞻性研究、应急反应机制和完善的监管体系建设等都存在诸多的不足。互联网金融的发展和监管需要关注要不要监管、由谁监管、监管什么以及监管协调等诸多问题。我们认为，互联网金融的发展取决于两个条件：一是能否寻找出适合中国国情的互联网金融业务模式及发展路径；二是与金融监管体系的完善和监管边界紧密相关。为了协调互联网金融的发展和有效监管，其监管应该具有明确的监管思路。

（一）注重金融属性

根据互联网金融业务是否具有金融属性而判定是否要进行监管，有所为有所不为。对于金融监管当局，判定是否属于其监管职能的核心标准是：相关业务是否具有金融属性以及是否与金融属性相关。假定网络贷款平台仅是一个信息中介，而没有相关的主体性和实质性金融业务，那么金融监管当局可采用一般性监管原则进行监管，甚至可以不纳入监管范畴，以防止监管过度的问题。但是，一旦网络贷款平台涉及信用、期限及相关的风险转换问题甚至资金池业务，那么就应适用规范性监管原则，应该出台相关具有针对性的政策进行监管。

（二）注重分类监管

基于分类监管原则，对不同的互联网金融业务模式适用不同的监管政策，以有效进行监管。分类监管原则分为两个层面：

第一个层面是对于不同的业务模式，需要采用不同的监管体系，明确互联网金融的监管主体、监管对象和监管范围，针对不同的业务模式采取具有差异性的监管规范，以匹配原则性监管、限制性监管或功能性监管等。按照现有分业监管的格局，明确界定各种业务模式、监管主体及其监管边界，以进行有效的针对性监管。由于短期内国内监管体系难以发生实质性改变，在目前分业监管体系没有变革之前，比较现实的做法是根据现有互联网金融的不同模式基于分业监管体系进行分类监管，"谁的孩子谁抱走"。

第二个层面是对于同一个业务模式下，不同的子业务亦应采取有区别的监管政策，比如，捐助类众筹与股权类众筹应有差异性政策。例如网络借贷，要区分哪些属于信息平台类，哪些是借助网络以线上、线下相结合的方式进行变相吸收存款和发放贷款。对于前者，监管的重点是规范信息披露、强化信息安全和防止欺诈；对于后者，监管的重点是将此类金融活动纳入现行监管体系之内，针对监管真空和监管漏洞出台并完善相应的监管规则。

（三）注重监管协调

互联网金融风险具有明显的外溢效应，由于互联网金融存在跨界性，使得风险具有独特的空间传染性，其风险外溢效应在混业经营趋势强化和分业监管模式的错配中将更加凸显。在现有的分业监管体系下，又进行分类监管，使得跨界风险难以有效应对，为此，应该建立互联网金融监管协调机制，注重功能监管和综合监管，特别是积极做好"一行三会"和工信部等部门的监管协调。

（四）注重系统性风险防范

互联网金融特有的操作风险、技术风险、法律风险以及监管失效等问题需重点关注和防范。更为重要的是，互联网金融相关的信用和流动性风险更值得警惕。作为金融的本质，互联网金融通过各种渠道和机制，实现了利率、期限和风险的重构，但是这本质上并没有消除风险，更多的是转移风险，同时还创造新的风险，甚至是系统性风险。互联网金融等综合化经营模式强化了跨界的内在关联性，从而使得系统性风险的空间传染性更为凸显。要严防互联网金融的风险引燃时间维度的系统性风险和（或）空间维度的传染性，从而引发更大的风险传导蔓延。

（五）注重消费者保护

互联网金融具有普惠性，在国内已经成为金融抑制下微观主体作为市场化主体参与金融市场及其相关业务的重要渠道，比如，作为资金拥有方的居民通过互联网货币基金实现了更加市场化的所有权定价从而获得更高的收益，但是，互联网金融存在信息不透明、虚拟账号、委托代理等信息不对称问题，将存在严重的道德风险问题。同时，互联网金融具有典型的零售性，涉及众多消费者或投资者，容易引发群体性事件。比如，网络贷款中存在的非法吸储、转贷、高利贷等问题如果有强制性的信息披露机制，那么网络贷款平台破产、人员逃跑等问题的严重性可能会大大降低，消费者利益受损亦将大大减少。强制性信息披露机制和消费者保护机制是监管当局强化互联网金融监管最为急迫的任务之一，我们必须坚决贯彻 2015 年 11 月 4 日国务院办公厅专门印发《关于加强金融消费者权益保护工作的指导意见》文件精神，以切实关心金融消费者的财产安全权、知情权、公平交易权、依法补偿等八大权益出发，尽快完善互联网金融监督管理机制。

本章小结

国际上最好的金融监管体系应该是在微观上能够给予各方平等的保护，严禁欺诈行为；在宏观上，有足够的灵活性和弹性来容纳市场的创新和发展，同时防止出现系统性的金融风险。通过国际上对网络银行风险监管（包括对技术风险的管理）的成功经验来看，目前比较成功的监管模式主要有美国和欧洲两种模式。

我国现行互联网金融法律环境下，一方面，应尽快确定监管主体，加强流程监控；探索实施行业准入制度，完善退出机制；逐步填补法律空白，改革落后规则。另一方面，在制定互联网金融监管规则方面，应该注重金融属性、分类监管、监管协调，注重系统性风险防范和对消费者的保护，建立多层次的监管，对易引发系统性风险的机构、产品、市场及服务方式逐步进行严格监管，其他的可采取备案制及充分发挥市场作用进行约束。

复习思考题

1. 国外互联网金融相关法律及监管经验对中国完善相关法律和监管制度有哪些启示？
2. 我国互联网金融六大模式各自面临哪些法律风险，应如何有效回避这些风险？
3. 你认为中国互联网金融法律与监管发展的趋势如何？
4. 国务院办公厅2015年11月4日专门印发《关于加强金融消费者权益保护工作指导意见》的主要文件精神是什么？
5. 上述文件提出金融消费者的八大权益具体包括哪些？

第十一章　互联网金融安全

【学习目标】

通过本章的学习，了解互联网金融用户在安全方面需要解决的问题，针对这些问题可以采取的安全手段和技术方法。通过使用用户身份验证、防窃听技术、数据保护技术，提高网络金融系统的可靠性、灵活性和安全访问能力。

第一节　互联网金融用户及其安全状况

一、互联网金融用户的分类及其活动

互联网金融用户可以分为两类：个人用户和企业用户。个人用户和企业用户是两类不同的客户主体，由于其在互联网金融活动中参与的程度不尽相同，其参与的业务活动也有所区别。

（一）个人用户主要活动

个人用户可以通过因特网访问网络银行以查询账户状态、账户余额、账户近期交易明细等，并获取网络银行提供的其他相关金融服务信息；个人用户可以申请和挂失主要包括存款账户、信用卡账户、电子现金、空白支票申领等业务内容，客户可以通过网络直接了解到相关业务章程条款，并在线填写、提交相关表格；可以通过电子支付，实现网上资金的实时结算，比如转账和购物；个人用户在网络银行上参与的业务活动还有业务查询、代收代缴业务、财务状态管理业务等。

个人用户可以通过网上完成股票交易、债券交易、基金交易和期货交易等网络债券业务。

个人客户可以在网络上完成网络保险业务。通过需求评估工具客观了解、评估自己的保险需求，针对自己的保险需求，通过网络寻找合适的保险产品，并直接在网络上进行购买，还可以方便地了解与自己所买保险相关的章程，并可以直接与网上客服对话，了解相关信息。

（二）企业用户主要活动

与个人用户类似，企业用户主要活动包括网络银行业务和网络保险业务。

企业用户也可以通过因特网访问网络银行以查询其账户状态、账户余额、账户近期交易明细等，并获取网络银行提供的其他金融服务信息。但对企业用户，网络银行提供更多的合乎需求的服务，例如企业客户可以查询所属单位跨地区多账户的账务信息；企业还可以申请和挂失包括企业财务报表、信用证开证申请、国际收支申报的报送等；企业用户在网络银行上参与的业务活动还有电子支付、工资发放、信用管理、公司账务查询和信用查询等。

企业用户可以使用企业风险评估系统客观地了解其保险需求，有针对性地购买保险；由于企业用户的要求一般比较复杂，保险公司所提供的保险种类未必可以满足其需求，那么企业用户就可以向保险公司定制符合自身需求的保险方案，并通过网络进行购买。

二、互联网金融用户面临的安全问题

互联网金融的发展为用户提供了大量快捷、有效且低成本的服务，给用户带来了极大的便利，但互联网金融用户在享受便捷服务的同时，对参与互联网金融活动也有一定的担忧。

资金安全性。不管是个人用户还是企业用户在参与互联网金融活动的过程中都会涉及资金的支付或划归问题，一旦资金被窃取，那么不仅仅是交易无法达成，同时也会给个人或企业带来巨大的经济损失。

信息保密性。参与互联网金融活动的各方，在进行网上交易的全过程中，都必然会有相关信息的传送，例如支付信息、合同条款等，这些信息与参与者的自身网络安全以及交易的安全性都密切相关，所以，有关信息的保密性问题也备受关注。

协议有效性。互联网金融活动不同于现实的金融活动。现实中，交易双方可以面对面地签订协议，协议是受法律保护的，有效性能够得到切实的保证。而在网络环境下，交易双方不能直接见到对方，那么也就有可能存在虚假信息甚至恶意欺诈，如何保证网上协议的有效性也就成为互联网金融用户不得不面对的另一个问题。

三、互联网金融密码安全措施

在互联网金融活动的实际操作过程中，为了保护用户的密码安全、资金安全等，要用到软键盘技术、动态口令技术、USB Key 等多种安全技术。下面这些是常见的密码安全技术，具体的数据加密技术将在本章第四节具体讨论。

（一）软键盘技术

所谓软键盘（soft keyboard）并不是指所使用电脑的物理键盘，而是存在于"屏幕"上。软键盘是通过软件模拟键盘，通过鼠标单击来输入字符，目的是为了防止本地电脑可能存在的木马程序恶意记录键盘输入的密码，一般在一些银行的网站上要求输入账号和密

码的地方容易看到，如图 11.1 所示为中国农业银行网银的软键盘输入界面。

图 11.1　中国农业银行网银软键盘

1．动态口令技术

动态口令是根据特定算法生成的不可预测的随机数字组合，每个口令只能在限定时间内使用一次。目前被广泛运用在网银、网游、电信运营商、电子政务等领域。动态口令的生成终端可以分为短信密码、动态令牌、动态口令卡等不同种类，其中动态令牌包括硬件令牌和手机令牌两种形式。

（1）短信密码

短信密码是用户以手机短信的形式请求包含 6 位或 8 位随机的数字，身份认证系统以短信形式将随机的验证码或密码发送到客户手机上，客户在登录或者交易认证时输入此动态码，从而保证系统身份认证的安全性，其形式如图 11.2 所示。

（2）动态令牌

动态令牌每 60 秒变换一次动态口令，动态口令一次有效，它产生 6 位或 8 位动态数字。动态口令可以是硬件形式，也可以是手机令牌形式。其中硬件令牌如图 11.3 所示。

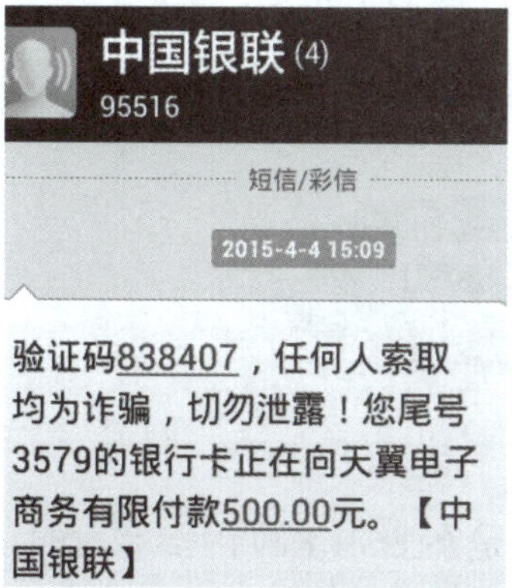

图 11.2　短信密码

图 11.3　硬件令牌

手机令牌是用来生成动态口令的手机客户端软件,手机作为动态口令生成的载体,欠费和无信号对其不产生任何影响。如图11.4所示为手机令牌的操作界面。

(3)动态口令卡

动态口令卡是银行卡大小的矩阵卡片,如图11.5所示,其背面以矩阵形式印有多个数字串。当客户使用相关系统进行互联网金融活动时,系统会随机给出一组口令卡坐标。客户从卡片上找到对应密码组合并输入到系统信息框进行验证。

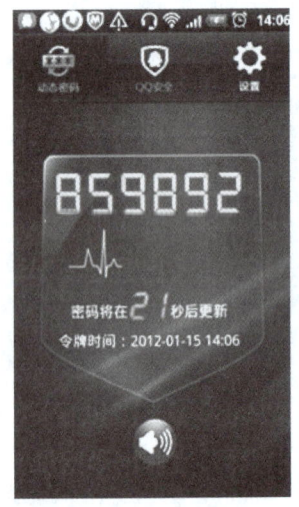

图11.4 手机令牌　　　　　　　　　图11.5 工商银行动态口令卡

2．USB Key

USB Key 是一种 USB 接口的硬件设备,也叫 U 盾,如图11.6所示,它内置单片机或智能卡芯片,可以存储用户的私钥以及数字证书,利用 USB Key 内置的公钥算法实现对用户身份的认证。这是大多数国内银行采用的客户端解决方案,使用 USB Key 存放代表用户唯一身份的数字证书和用户私钥。在这个客户端的整体解决方案中,用户私钥是在高安全度的 USB Key 内产生,并且终身不可导出到 USB Key 外部。

图11.6 华夏银行的 USB Key

在网络银行中,对交易数据的数字签名都是在 USB Key 内部完成的,并受到 USB Key 的 PIN 码保护。

第二节 互联网金融风险

一、互联网金融风险的主要种类

由于互联网金融发展尚不成熟,其运行也就存在着一系列的风险。互联网金融有与传统金融业相同的风险,也有互联网金融特有的新的风险。互联网金融的一般风险与传统金融所面临的风险相同,这些风险包括信用风险、利率风险、流动性风险、市场风险等。下面着重讨论互联网金融的新风险。

(一)互联网金融的新风险

互联网金融的发展使我们面临着不同于传统金融业务的新风险,互联网金融涉及通信、设备和管理等诸多方面,互联网金融新风险从原因上来说,可分为系统和业务因素导致的两个方面的风险。

1. 互联网金融的系统性风险

互联网金融是基于电子信息系统基础上运行的金融服务形式,电子信息系统的技术和管理方面的风险就构成了互联网金融的系统风险。

基于互联网的金融机构和业务面临着与传统金融完全不同的安全性的挑战,这是互联网金融最为重要的系统风险。互联网金融机构直接对外部的各类各级网络连接,提供大量的查询和金融交易服务,其本身无论是数据还是系统都存在高度的风险。互联网金融系统与业务主机应用系统之间存在着大量的数据通信,加大了内联网和外联网的系统风险。同时,网络技术的快速进步、黑客入侵、软件被非法修改,从而存在客户信息泄露的可能性,互联网金融机构和客户都将承受这种不确定性带来的系统风险。此外,互联网金融机构的计算机停机、磁盘被破坏、病毒侵入等不确定性因素,也会形成互联网金融的技术风险。

在系统技术选择上,互联网金融机构必须选择一种技术解决方案来支撑互联网金融业务的开展,因而存在所选择的技术解决方案在设计上可能出现的缺陷或被错误操作的风险。互联网金融机构往往使用其他公司提供的安全解决方案来解决金融机构内部的技术或管理难题,这种做法使互联网金融机构暴露在可能出现的操作风险中。

2. 互联网金融的业务风险

互联网金融的业务风险主要包括操作风险、管理风险、市场选择风险、信誉风险和法律风险。

操作风险指来源于系统可靠性、稳定性和安全性的重大缺陷而导致潜在损失的可能性。主要涉及互联网金融服务的授权使用、互联网金融的风险管理系统、互联网金融和其他金融机构与客户之间的信息交流、真假电子货币的识别等。操作风险可以涵盖一些管理风险。

管理风险主要是指银行的高级管理人员利用职权谋取私利、来自内部或外部的盗窃。这些风险都是因管理不善造成的，通过加强管理是有可能避免的。

市场选择风险指由于信息不对称导致的互联网金融机构面临的不利于市场选择而引发的业务风险。

一旦互联网金融提供的虚拟金融服务产品不能满足公众所预期的水平，且在社会上产生广泛的不良反响时，就形成了互联网金融的信誉风险。

当前，电子商务和互联网金融在许多国家还只处于起步阶段，缺乏相应的网络消费者权益保护管理规则及运行条例，利用网络及其他电子媒体签订的经济合同中存在着相当大的法律风险。

（二）互联网金融风险的具体表现

1．诚信体系缺失

网民经常遇到网上购物信息虚假、个人私密信息被窃用的问题。不法分子假冒其他名义通过各种渠道（如 QQ 聊天信息、邮件、假冒的系统信息、假冒的活动网站等）散布虚假中奖信息，大意为用户被系统自动抽取为某活动中奖幸运用户，想要领奖需要先填写个人详细资料及支付相关费用（如押金、运费、手续费、税收等），并要求用户按所提示联系方式进行汇款。

2．网络信用卡欺诈

随着信用卡的发行量不断增加，信用卡的使用也越来越广泛，同时，网络信用卡欺诈事件也在不断增加。不法分子故意使用伪造、作废的信用卡，或冒用他人的信用卡进行购物，或用本人信用卡进行恶意透支；通过办理高透支额信用卡作为诱惑，欺骗消费者汇手续费、开卡费等。

3．网上交易诈骗

（1）多次汇款：骗子以未收到货款或提出要汇款到一定数目方能将以前款项退还等各种理由迫使事主多次汇款。

（2）拒绝安全支付：骗子以种种理由拒绝使用网站提供的第三方安全支付工具，比如谎称"账户最近出现故障"或"不使用支付宝，因为要收手续费，可以再给你算便宜一些"等理由，诱骗事主使用先汇款后交货的不安全交易方式。

（3）以次充好：骗子用假冒、伪劣、低廉的山寨产品冒充名牌商品。

二、互联网金融风险的基本特征

（一）互联网金融风险的扩散速度快

高科技的网络技术所具有的快速远程处理功能，为便捷快速的金融服务提供了强大的技术支持，但也加快了支付清算风险的扩散速度。网络内流动的并不是现实货币资金，而是数字化的符号信息，当风险在非常短的时间内爆发时进行预防和化解极为困难。在"纸质"结算过程中，对于出现的偶然性差错或失误有一定的纠正时间，但在"虚拟"网络中这种回旋余地大大缩小，加大了风险的扩散面和补救成本。

（二）互联网金融风险的监管难度提高

互联网金融的交易过程在网上完成，交易的虚拟化使金融业务失去了时间和地域的限制，交易对象变得模糊，交易过程更加不透明，金融风险产生的形式更加多样化。金融监管机构难以准确了解金融机构资产负债的实际情况，难以针对可能的互联网金融风险采取切实有效的金融监管手段。

1. 互联网金融风险"交叉传染"的可能性增加

传统金融的经营与监管可以通过分业经营、设置市场屏障或特许等方式，将风险隔离在相对独立的领域。互联网金融中物理隔离的有效性正大大减弱，金融业与客户的相互渗入和交叉日趋复杂化。金融机构之间、国家之间的风险相关性日益加强，互联网金融风险"交叉传染"的可能性大大增加。

2. 金融危机的突发性和破坏性加大

一些超级国际金融集团利用国际金融交易网络平台进行大范围的国际投资与投机活动。这些集团了解金融监管法律法规，能利用相关的法律、法规差异逃避金融监管，加之拥有先进的通信设施和大量的资金，有一定能力操纵市场，转嫁危机，这些都加大了金融危机爆发的可能性和突然性。

3. 影响互联网金融风险的因素扩大

互联网金融机构提供的金融服务都是通过网络进行的，所以面临的攻击者人数、攻击方法和攻击范围上都较传统金融机构更大。

第三节　互联网金融安全管理

一、互联网金融安全问题

互联网金融安全是与计算机及其网络的安全性密切相关的。计算机网络安全是指网络系统的硬件、软件及其系统中的数据受到保护，不被破坏、更改和泄露。学术上通过各种计算机、网络、密码技术和信息安全技术，保护在公用通信网络中传输、交换和存储的信息的机密性、完整性和真实性，并对信息的传播及内容有控制能力。

（一）网络金融面临的安全威胁

1. 内部人员的威胁

据调查统计，网络安全事件的70%都来自于内部网的攻击。而内部员工对公司网络结构、应用比较熟悉，攻击或者泄露重要信息将导致系统致命的安全威胁。

2. 因特网的威胁

随着金融业的扩展，银行、证券、税务以及保险等单位互联，网上交易、网上行情发布等都是通过金融内部网与因特网直接或间接互联实现的。由于因特网的广泛性、开放性等特点，极有可能给金融行业的应用系统造成威胁。

3. 黑客攻击

黑客技术变得越来越容易被掌握，金融系统和网站遭受攻击的可能性变得越来越大。一旦发生利用网络窃取资金、窃取机密、删改他人重要信息等行为，将给金融行业造成巨大的经济损失。

4. 网络病毒

通过网络得以广泛传播的计算机病毒将严重影响金融行业开展正常的网上业务，给互联网金融的发展带来严重威胁。

（二）互联网金融的安全控制需求

1. 有效性

数据的有效性是指不能被否认。需要对网络故障、计算机病毒及黑客攻击所产生的潜在威胁加以控制和预防，以保证交易数据是有效的；同时需要对互联网金融活动参与各方的真实身份进行核实，以确保其提供的信息是真实有效的。

2. 机密性

互联网金融活动中的金融信息直接代表着个人、企业或国家的商业机密，不能被他人或机构获取。

3. 完整性

互联网金融交易过程中，数据在传输过程中的丢失、重复或传送的次序差异也会导致各方信息的不同。要预防对信息的随意生成、修改和删除。同时要防止数据传送过程中信息的丢失和重复，并保证信息传送次序的一致。

4. 不可否认性

互联网金融活动直接关系到交易对象的资金安全，必须确保双方不能抵赖。

（三）互联网金融安全问题的具体表现

1. 互联网金融犯罪活动猖獗

2015年2月3日，中国互联网络信息中心（CNNIC）正式对外发布《第35次中国互联网络发展状况统计报告》。报告数据显示：2014年，总体网民中有46.3%的网民遭遇过网络安全问题，我国个人互联网使用的安全状况不容乐观。在安全事件中，电脑或手机中病毒或木马、账号或密码被盗情况最为严重，分别达到26.7%和25.9%，在网上遭遇过消费欺诈的比例为12.6%。由此可见，打击网络经济犯罪刻不容缓。

2. 非法入侵网络银行信息系统

据统计，网络攻击对象为金融信息系统的占重点领域信息系统攻击案件总数的30%以上。一些犯罪分子利用黑客软件、病毒、木马程序等技术手段，攻击网络银行、证券信息系统和个人主机，改变数据，盗取银行资金，操纵股票价格，危害极大。

3. 网络钓鱼

利用欺骗性的电子邮件和伪造的互联网站进行诈骗活动，发送虚假链接或网页，欺骗客户信以为真，骗取钱财。其作案手法有以下两种：

（1）发送电子邮件，以虚假信息引诱用户中圈套。不法分子大量发送欺诈性电子邮件，邮件多以中奖、咨询、对账等内容引诱用户在邮件中填入金融账号和密码。

（2）不法分子通过设立假冒银行网站，当用户输入错误网址后，就会被引入这个假冒网站。一旦用户输入账号、密码，这些信息就可能被犯罪分子窃取，账户里的存款可能被冒领。此外，犯罪分子通过发送含木马病毒的邮件等方式，把病毒程序置入计算机内，一旦客户用这种"中毒"的计算机登录网络银行，其账号和密码也可能被不法分子所窃取，造成资金损失。

4. 网络洗钱活动

一些不法分子利用网络电子商务平台，从事洗钱等违法犯罪活动。犯罪分子获取被害人的银行账号和密码后，通过网络电子商务购物等方式洗钱，已达到牟取不法利益的目的。借助全球庞大的金融电子网络，洗钱行为往往很难被发现。洗钱有以下几种途径。

通过虚拟交易洗钱。以A交易平台为例，甲为洗钱方，乙为进行洗钱活动的操作方。甲方可以在A平台注册一家网上店铺，在网上出售某商品。众多的乙方从各地将钱款汇入甲方账户，这样就完成了一次洗钱活动，甲方"黑钱"漂白变成正当的利润。

（1）通过虚拟货币洗钱。不法分子将手中"黑钱"购买电话卡等类型的能为虚拟货币充值的媒介充值后再转换成其他形式的虚拟货币，经过数次后，再转换成现实中的货币，这样难以分清楚资金的真正来源，完成"漂白"过程。如犯罪分子甲先将手中的"黑钱"购买电话卡，充值Q币，完成洗钱活动。

（2）通过网上赌博进行洗钱。用非法所得的资金在合法的赌博网站上匿名开立账户进行赌博，达到将"黑钱"与"白钱"混淆的目的。以赌球为例，一个洗钱者欲将100万美元"黑钱"合法化，他们将分别在两个网络赌场中押同一场比赛的两个球赛，各押100万美元。那么，无论结果如何，洗钱者都会在一方输掉100万美元。而在另一方收回200万美元，这样，100万美元的"黑钱"最终就披上了合法的外衣。

（3）网络银行洗钱。首先对犯罪收入进行初步处理，与其他合法的款项混合起来，或者存入金融机构。然后进行分离析取，掩盖犯罪资金的来龙去脉和真实的所有权关系，模糊犯罪资金的非法特征。最后进行归并，也就是将清洗过的资金转移到与有组织犯罪无明显联系的其他组织的账户上。

二、互联网金融安全技术

（一）网络安全防范技术

计算机网络安全是电子金融与电子商务活动安全的基础，一个完整的商务系统应建立在安全的网络基础设施之上。网络安全技术所涉及的方面比较广，比如防火墙技术、入侵检测技术等。

1. 防火墙技术

防火墙是指在两个网络之间强制实施访问控制策略的一个系统或一组系统。从狭义上讲，防火墙是指安装了防火墙软件的主机或路由器系统。防火墙技术是保护信息资源的一种较好的措施，它将内部私有网络和外部网络进行隔离，能防止部分外部攻击者对内部网络的入侵。

（1）防火墙具有如下特性：

- 从内部到外部或从外部到内部的所有通信都必须通过它。
- 只有被内部访问策略授权的通信才可通过。
- 系统本身有很高的安全性。

（2）防火墙具有如下功能：

过滤不安全的服务和非法用户。防火墙作为一个检查点，对所有进出内部网络的信息予以检查，禁止未授权的客户访问受保护的网络。

- 控制对特殊站点的访问。防火墙可以允许受保护网络中一部分主机被外部网访问，而另一部分则被保护起来。
- 网络安全的集中监视点。防火墙可以记录所有通过它的访问，并提供统计数据，提供预警和审计功能。

（3）防火墙安全策略设置原则，主要包括：

- 过滤不安全服务原则。"没有明确允许的就是禁止的"，即只有明确的和记录在册的服务允许通过，其他都在禁止之列。防火墙应封锁所有信息流，然后对希望提供的安全服务逐项开放，对不安全的服务或可能有安全隐患的服务一律扼杀在萌芽之中。

- 屏蔽非法用户的原则。"没有明确禁止的就是允许的"，防火墙应先允许所有的用户和站点对内部网络的访问，然后由网络管理员对未授权的用户或不信任的站点进行逐项屏蔽。

2．入侵检测系统

入侵检测系统（Intrusion Detection Systems，IDS）是一种网络安全系统，当有敌人或者恶意用户试图进入网络甚至计算机系统时，IDS能够检测出来，并进行报警，通知网络采取措施进行响应。

入侵检测系统是一种典型的"窥探设备"。它不跨接多个物理网段，无须转发任何流量，而只需要在网络被动地、无声无息地收集它所关心的报文即可。其运行方式有两种：一种是在目标主机上运行以检测其本身的通信信息，另一种是在一台单独的机器上运行以检测所有网络设备的通信信息。

以 IDS 为代表的检测技术和以防火墙为代表的访问控制技术，从根本上说是两种截然不同的技术行为。防火墙是网关形式，要求高性能和高可靠性。因此防火墙注重吞吐率、延时、高可用性等方面的要求。防火墙最主要的特征应当是传输和阻隔两个功能，所以其传输要求非常高。IDS 是一个以检测和发现为特征的技术行为，其追求的是漏报率和误报率的降低。其对性能的追求主要在于：抓报不能漏、分析不能错，而不是像防火墙那样的微秒级的速度。

（二）网络信息防范技术

实现信息安全是保证互联网金融与商务信息安全的重要手段，许多密码算法已经成为网络安全与商务信息安全的基础。信息的保密性是信息安全性的一个重要方面。保密的目的是防止他人破译机密信息。加密是实现信息保密性的一个重要手段。使用数学方法来重新组织数据，使得除了合法的接收者外，其他任何人都不能恢复原来的"消息"或读懂变化后的"消息"。有关信息加密和解密的相关内容本章第 4 节有详细讲述，此处不再赘述。

三、互联网金融安全协议

目前，安全套接层（SSL）协议和安全电子交易（SET）协议应用广泛，是电子金融活动的两种主要安全标准。

（一）安全套接层协议

安全套接层协议处于应用程序和网络层之间，为网络上应用程序之间的数据传输提供安全保护。

1. SSL 协议主要提供的服务

用户和服务器的合法认证性。认证用户和服务器的合法性，使得它们能够确信数据将被发送到正确的客户机和服务器上。

加密被传输的数据。在客户机与服务器开始数据交换之前，要先交换握手信息。在 SSL 握手信息中采用各种加密技术，并用数字证书进行鉴别，在保证握手信息安全性的同时防止非法用户对信息的窃取、篡改等行为。

保护数据完整性。安全套接层协议采用一定方法建立客户机和服务器之间的安全通道，使所有经过安全套接层协议处理的业务在传输过程中能完整、准确无误地到达目的地。

2. SSL 协议的安全保护步骤

SSL 协议作为保证计算机通信安全的协议，通过以下六个步骤对整个通信过程进行安全保护。

（1）接通阶段：客户通过网络向服务商握手，服务商予以应答。

（2）密码交换阶段：客户和服务商之间交换双方认可的密钥。

（3）会话密钥阶段：客服和服务商之间产生彼此交互的会话密钥。

（4）检验阶段：检验服务商的密钥。

（5）客户认证阶段：验证客户的可信度。

（6）结束阶段：客户和服务商之间相互交换结束信息。

图 11.7 所示为一个典型的基于 SSL 的电子交易过程。

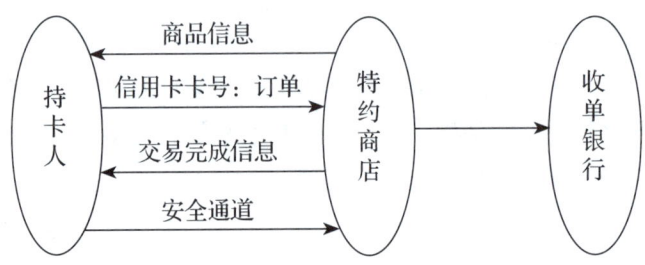

图 11.7　基于 SSL 的电子交易过程

SSL 协议存在的主要问题是此协议有利于商家，但很难保证客户资源的安全性。客户的信息首先传输到商家，商家再传至银行，对客户的认证是必要的，整个过程中缺少了对商家的认证。

（二）安全电子交易协议

1. SET 协议概述

安全电子交易（Security Electronic Transaction，SET）是一种电子支付过程标准，是专为电子支付业务安全所制定的标准，用以保护电子支付卡交易的每一个环节。

SET 协议是一种应用于因特网环境下，以信用卡为基础的安全电子商务支付协议，它给出了一套电子交易的过程规范。通过 SET 这一套完备的安全电子交易协议，可以实现电子商务交易中的加密、认证机制、密钥管理机制等，保证在开放网络上使用信用卡进行在线购物的安全。

SET 协议的重点是保护商户和消费者的身份及行为的认证和不可抵赖性，其理论基础是不可否认机制，采用的核心技术包括 X.509 数字证书标准与报文摘要、数字签名等。

SET 协议使用数字证书对交易各方的合法性进行验证，使用数字签名技术确保数据的完整性和不可否认性。SET 协议还用双重签名技术对 SET 交易过程中消费者的支付信息和订单信息分别签名，使得商户看不到支付信息，只能对用户的订单信息解密，而金融机构看不到交易内容，只能对支付和账户信息解密，从而充分地保证了消费者的账户和订购信息的安全性。

2．基于 SET 协议的交易流程

SET 协议是一个开放式的工业标准。它支持多个对象在因特网上安全可靠地传送商贸和金融信息。SET 最主要的使用对象在消费者和商店、商店与收单银行之间。典型的应用 SET 协议的过程，如图 11.8 所示。

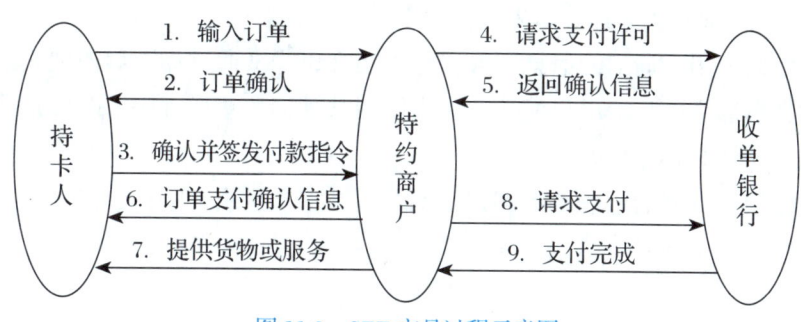

图 11.8　SET 交易过程示意图

（1）消费者（持卡人）通过网络选择要购买的物品，并在计算机上输入订单。

（2）通过电子商务服务器与有关在线商店（特约商户）联系，对订单的相关信息进行确认。

（3）消费者选择付款方式，确认订单签发付款指令。此时 SET 开始介入，在 SET 中，消费者对订单和付款指令进行数字签名，同时利用双重签名技术保证商家看不到消费者的账号信息。

（4）在线商店接受订单后，向消费者所在银行请求支付许可。

（5）电子货币公司批准交易后，返回确认信息给在线商店。

（6）在线商店发送订单支付确认信息给消费者。消费者端软件可以记录交易日志，以备查询。

（7）商家发送货物给消费者或向消费者提供相应服务。

（8）在线商店通知收单银行将钱划归商家账户，或通知发单银行请求支付。

从第（3）步开始，SET 协议开始起作用，在处理过程中通信协议、请求信息格式等 SET 都有明确的规定。操作的每一步，消费者、在线商店、支付网关都通过 CA（认证授权机构）来验证通信主体的身份，以确保通信的对方不是冒名顶替者，所以也可以简单地认为 SET 协议充分发挥了认证中心的作用，以维护网上交易活动参与者所提供信息的真实性和保密性。

第四节 密码安全技术

一、密码学基本概念

计算机网络安全是指利用网络管理控制和技术措施，保证在一个网络环境里，数据的保密性、完整性及可使用性受到保护，这是一切网络得以安全实施的基础。通常采用数据加密技术、防火墙技术等多重技术手段以保证互联网金融活动的安全性、可靠性，其中数据加密技术是最为普遍、基础的技术手段。

网络通信双方用于通信的信息和数据称为明文；明文通过加密后得到的信息和数据称为密文；数据加密的基本思想就是发送方使用某种信息变换规则（即加密算法）将明文伪装成外人难以识别的密文。

由明文转换为密文的过程称为加密，反之，将密文运用解密算法恢复成明文的过程称为解密，如图 11.9 所示。

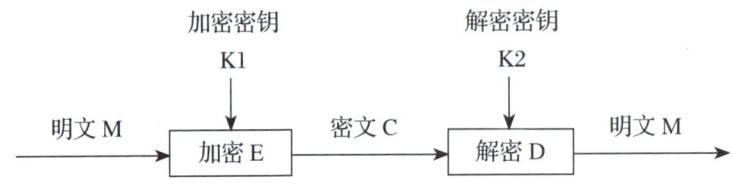

图 11.9 加密解密过程

资料来源：《电子商务数据加密技术研究》，万方数据库，2014-6-3

密钥是一组由数字、字母或特殊符号组成的字符串，是加密、解密过程中重要的参数。密钥分为加密密钥和解密密钥，因加密体系的不同，加密密钥和解密密钥可能相同。对于相同的加密算法，密钥位数越多，破译难度越大，安全性也就越好。

现代加密技术中，根据加密解密过程中密钥的特点，可将密码系统分为对称加密密码体系和非对称加密密码体系。

二、对称加密密码体系

对称加密采用了对称密码编码技术，也称为私有密钥加密，它的特点是数据的加密和解密使用相同的密钥，数据的发送与接收双方必须共同保护、管理共用私有密钥，这种方法在密码学中叫做对称加密算法。对称加密算法使用起来简单快捷，密钥较短，且破译困难，能够胜任对大文件、较大数据的加密。常用对称加密算法有数据加密标准（DES）、3DES、国际数据加密算法（IDEA）等。图 11.10 所示为对称加密解密过程。

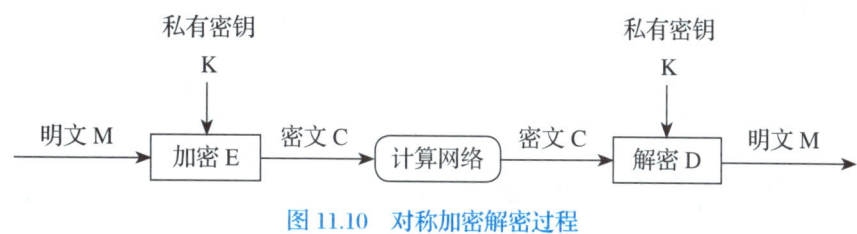

图 11.10　对称加密解密过程

对称加密算法在电子商务交易过程中存在以下几个问题：

（1）交易双方必须事先传递密钥，但密钥传递过程中极易被窃。常规手段无法解决这种高风险。

（2）密钥管理困难：假设有 n 方两两通信，如采用一把密钥，密钥一旦被盗，则整个加密系统崩溃；如采用不同密钥，则密钥数等于 n*(n−1)/2，意味着 100 个人两两通信，则每人要保管 4950 把密钥，密钥管理成为不可能。

（3）由于密钥共享，无法实现不可否认。对称加密算法无法验证发送者和接收者的身份认证，第三方（黑客或伺机破坏者）只要获得密钥便能冒充交易双方的任何一方。

三、非对称加密密码体系

对称加密也称为公开密钥加密，与对称加密算法不同，非对称加密算法需要两个密钥：公开密钥（public key）和私有密钥（private key）。公开密钥与私有密钥由算法成对生成，用公开密钥对数据进行加密，只有用对应的私有密钥才能解密；如果用私有密钥对数据进行加密，那么只有用对应的公开密钥才能解密。因为加密和解密使用的是两个不同的密钥，所以这种算法叫作非对称加密算法。常用的非对称加密算法有 RSA、ElGamal 等。

非对称加密算法实现机密信息交换的基本过程是：甲方生成一对密钥并将其中的一把作为公用密钥向其他方公开；得到该公用密钥的乙方使用该密钥对机密信息进行加密后再发送给甲方；甲方再用自己保存的另一把专用密钥对加密后的信息进行解密。甲方能用其专用密钥解密由其公用密钥加密后的任何信息。

非对称加密算法的保密性比较好，它消除了最终用户需要互换密钥的麻烦，但加密和解密花费时间长、速度慢，在某些极端情况下，甚至能比对称加密慢上 1000 倍，因而不适合文件加密，而只适用于对少量数据（如用户名、密码、交易敏感数据）的加密。

非对称加密算法典型的应用模式有两种：加密模式和认证模式。

（一）加密模式

加密模式下（如图 11.11 所示），公开密钥加密体系的加解密过程如下：

（1）数据发送方使用接收方公布的公钥对要发送的明文进行加密。

（2）数据发送方通过计算机网络将密文发送给接收方。

（3）接收方使用自己的私钥对其接收到的密文进行解密，得到明文。

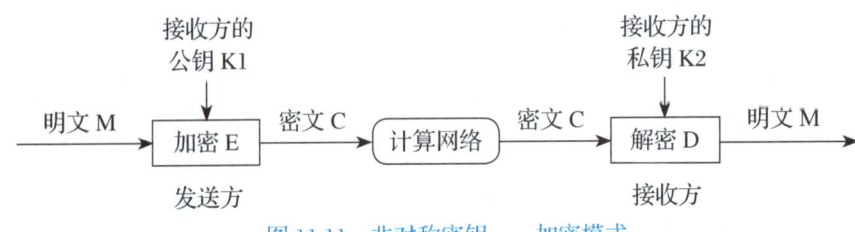

图 11.11　非对称密钥——加密模式

加密模式是将数据资料加密，使得非法用户即使取得加密过的资料，也无法获取正确的资料内容，以保护数据，防止监听攻击，其重点在于数据的安全性。

（二）认证模式

认证模式下（如图 11.12 所示），公开密钥加密体系的加解密过程如下：

（1）数据发送方使用自己的私钥对要发送的明文进行加密。

（2）数据发送方通过计算机网络将密文发送给接收方。

（3）接收方使用发送方公布的公钥对其接收到的密文进行解密，得到明文。

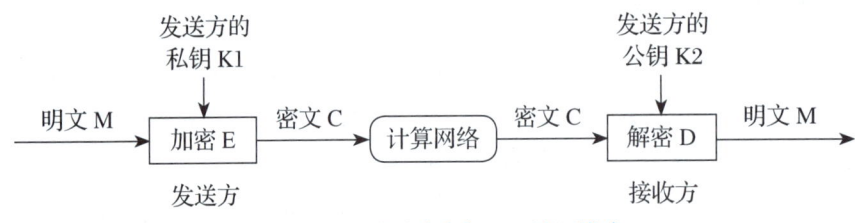

图 11.12　非对称密钥——认证模式

在此过程中，因接收方使用的是发送方的公钥实施对密文的解密，如果成功解密，接收方则确认信息确实是来自发送方，从而验证发送者身份的真实性。

身份认证模式是用来判断发送方身份的真实性，确认身份后，系统才可以依不同的身份给予不同的权限，其重点在于用户的真实性。

如果企业中有 n 个用户，企业需要生成 n 对密钥（包含公钥、私钥），并将每一对对应一个用户，将公钥公开并将私钥分发给用户，用户只要保管好自己的私钥即可，使加密密钥的分发将变得十分简单。同时，由于每个用户的私钥是唯一的，其他用户除了可以通过信息发送者的公钥来验证信息的来源是否真实，还可以确保发送者无法否认曾发送过该信息（即抗否认性）。

（三）加密和认证模式的结合应用

对于非对称密钥加密体系，其加密模式与认证模式如果单独使用，势必会顾此失彼，必然无法兼顾信息的机密性与发送方的身份确认。在实际应用中，通常将两种模式结合起来使用，如图 11.13 所示。

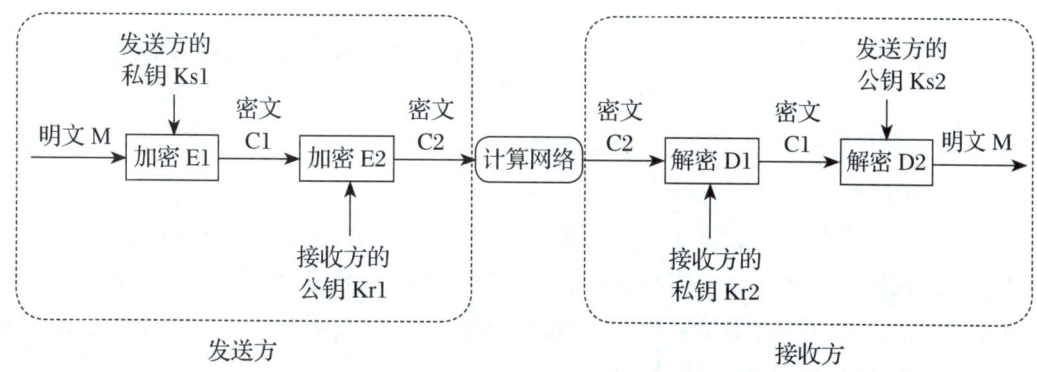

图 11.13　数字签名的生成及发送过程

两种模式结合的使用过程如下：

（1）发送方用自己的私钥对明文 M 进行加密，得到一次加密信息 C1。

（2）发送方再使用接收方的公钥对已加密的信息进行二次加密 C2。

（3）发送方将二次加密后的密文 C2 通过计算机网络发送给接收方。

（4）接收方使用自己的私钥对接收到的密文 C2 进行一次解密，得到 C1。

（5）接收方再使用发送方的公钥对 C1 进行解密，进而得到明文 M。

采用两种模式结合的方式，即可保证数据的来源是可靠的（即身份认证）且不可抵赖，又可保证数据的安全（即传送过程未被篡改）。

然而由于传输的文件可能很大，为了证明文件的不可抵赖性和不可篡改性，需要对整个文件进行加密，由于非对称算法效率较低，这样做的代价太大。因此常规的做法是使用信息摘要方式，以鉴别文件是否在传送中被篡改。

四、信息摘要、数字签名技术

所谓信息摘要，其实就是某种 Hash 算法。将信息明文转化为固定长度的字符，它具有如下特点：

（1）无论输入的信息有多长，计算出来的信息摘要的长度总是固定的。

（2）用相同的摘要算法对相同的信息求两次摘要，其结果必然相同。

（3）一般地，只要输入的信息不同，对其进行摘要以后产生的摘要消息也几乎不可能相同。

（4）消息摘要函数是单向函数，即只能进行正向的信息摘要，而无法从摘要中恢复出任何的消息。

（5）好的摘要算法，没有人能从中找到"碰撞"，虽然"碰撞"是肯定存在的。即对于给定的一个摘要，不可能找到一条信息使其摘要正好是给定的。或者说，无法找到两条信息，使它们的摘要相同。

一般的，将信息的摘要也称作信息的指纹。如同指纹的含义，相同的信息一定会得到相同的指纹，而仅通过指纹又无法还原出原始信息。目前主要的摘要算法有 MD5 和 SHA1。有了信息的摘要，再基于公钥加密体系来实现数字签名，大文件安全传送问题便有了较好的解决方案。

数字签名（又称公钥数字签名、电子签章）是一种类似写在纸上的普通物理签名，是使用了公钥加密体系的技术实现。在电子商务安全保密系统中，数字签名技术有着特别重要的地位，完善的数字签名具备签字方不能抵赖、他人不能伪造、传输过程中不可篡改、在公证人面前能够验证真伪的能力。

数字签名过程如图 11.14 所示。

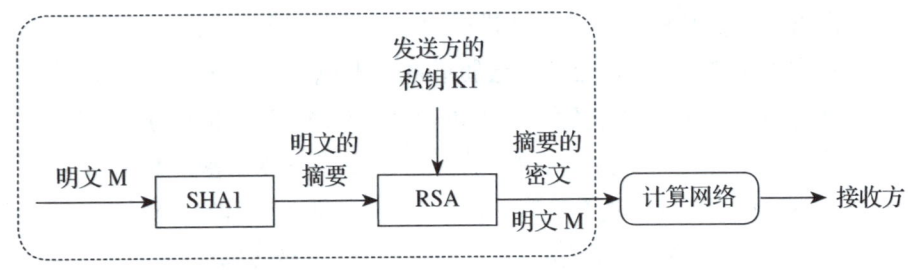

图 11.14　数字签名的生成及发送过程

上图中摘要的密文实际上就是针对明文 M 的一份数字签名，连同明文 M 一起发送给接收方。

接收方使用发送方的公钥对数字签名进行解密，得到明文的摘要 D1，并采用相同的 Hash 算法对明文 M 进行处理得到另一份摘要 D2，如果 D1 与 D2 相同，则证明明文 M 在发送过程中未被篡改，如图 11.15 所示。

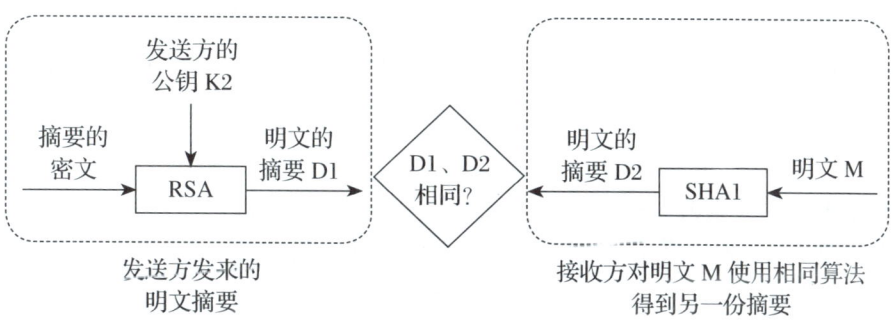

图 11.15　数字签名的鉴别

有了数字签名技术，能够保障信息传输过程的安全性、抗否认性，但接收方所拥有的所谓的"发送方的公钥 K2"是否确实就是发送方的。假如，有人自己生成一对密钥，并偷偷将接收方手中原有的发送方的公钥换成自己的公钥，便可冒充发送方。

五、数字证书系统

（一）PKI 技术

公钥基础设施（Public Key Infrastructure，PKI）即提供公钥加密和数字签名服务的系统或平台，是目前网络安全建设的基础与核心，是电子商务安全实施的基本保障。

PKI 技术采用证书管理公钥，通过第三方的可信任机构——认证中心 CA（Certificate Authority），把用户的公钥和用户的其他标识信息（如名称、姓名、E-mail、身份证号等）捆绑在一起，在互联网上验证用户的身份。

一个典型、完整、有效的 PKI 应用系统至少应具有以下五个部分：

（1）认证中心 CA，是 PKI 的核心，CA 负责管理 PKI 结构下所有用户（包括各种应用程序）的证书，把用户的公钥和用户的其他信息捆绑在一起，在网上验证用户的身份，CA 还要负责用户证书的黑名单登记和黑名单发布。

（2）X.500 目录服务器，用于发布用户的证书和黑名单信息，用户可通过标准的 LDAP 协议查询自己或其他人的证书和下载黑名单信息。

（3）具有高强度密码算法（SSL）的安全 WWW 服务器，SSL（Secure Socket Layer）协议最初由 Netscape 企业发展，现已成为网络用来鉴别网站和网页浏览者身份，以及在浏览器使用者及网页服务器之间进行加密通信的全球化标准。

（4）Web（安全通信平台），分为 Web Client 端和 Web Server 端两部分，分别安装在客户端和服务器端，通过具有高强度密码算法的 SSL 协议保证客户端和服务器端数据的机密性、完整性、身份验证。

（5）自开发安全应用系统。自开发安全应用系统是指各行业自开发的各种具体应用系统，例如银行、证券的应用系统等。完整的PKI包括认证政策的制定（包括遵循的技术标准、各CA之间的上下级或同级关系、安全策略、安全程度、服务对象、管理原则和框架等）、认证规则、运作制度的制定、所涉及的各方法律关系内容以及技术的实现等。

CA能准确无误地提供我们需要的人、组织机构、公司的公钥，并接收用户的数字证书申请，提供数字证书的发放和管理，就像公安局发放的身份证一样，认证中心为通过审核的用户发放一个叫"数字证书"的身份证明，以使其能够安全地在网上进行交易活动。

CA自己也拥有一个证书（内含公钥）和自己的私钥，CA私钥受到最严格的保护，如图11.16所示。网上的公众用户通过CA发布的公钥来验证CA的签名从而信任CA。

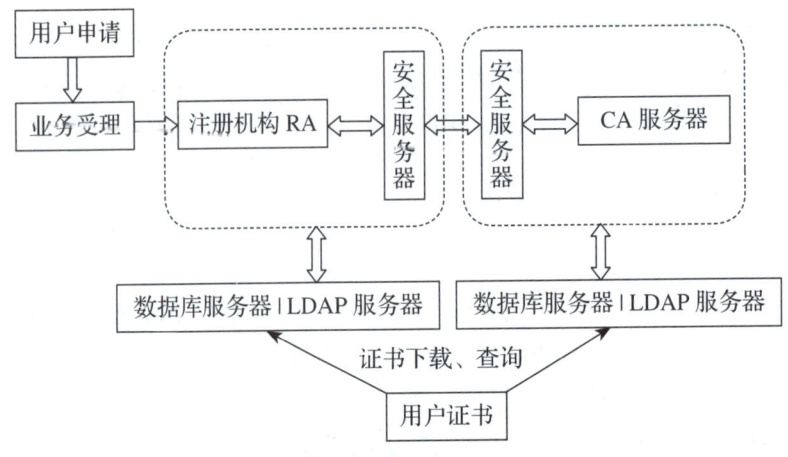

图11.16　典型CA框架模型

前面章节中已讲过，公钥加密体系下，公钥是要对外公布的。但应在哪里公布，如此多的公钥要公布，到底每个公钥是谁的，如何区分、如何管理等。为了解开以上谜团，下面介绍数字证书系统。

（二）数字证书

数字证书是一种数字标识，是Internet上的安全护照或身份证明，由CA审核、颁发并进行数字签名，如同为网上参与交易活动的人（机构、组织、企业）颁发了一份盖有权威审核机构盖章的网上身份证书一样。一般情况下，证书中还包括密钥的有效时间、发证机关（证书授权中心）的名称、该证书的序列号等信息，证书的格式遵循ITU-T X.509国际标准。例如，在http://www.12306.cn网上购买火车票时，都必须安装SRCA（Sinorail Certification Authority，中铁数字证书认证中心）根证书，图11.17所示为该证书的基本信息。

遵循ITU-T X.509国际标准的证书包含如下内容：
- 证书的版本信息
- 证书的序列号

- 证书所用的签名算法
- 证书的发行机构
- 证书的有效期
- 证书所有人的名称
- 证书所有人的公开密钥
- 证书发行者对证书的签名

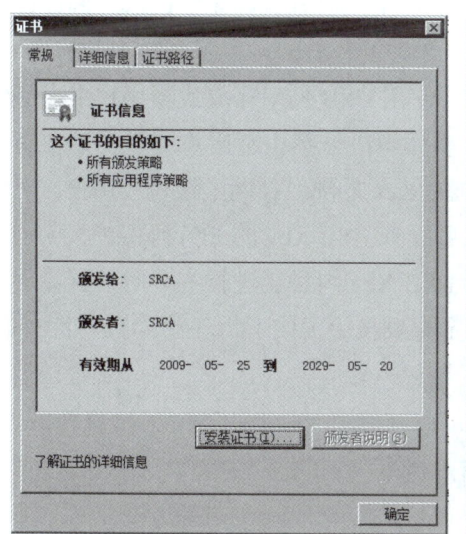 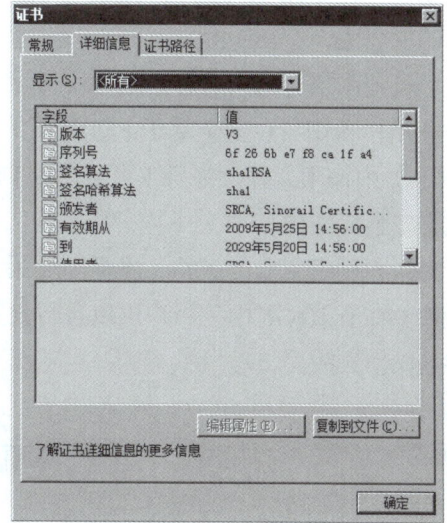

图 11.17　SRCA 根证书

数字证书的生成过程如图 11.18 所示。

图 11.18　数字证书的生成过程

有了数字证书，在 PKI 体系下，发送方向接收方发送的信息如下：
（1）明文 M。
（2）发送方对明文 M 的数字签名。
（3）发送方的数字证书。
接收方在接到发送方发送的三类信息后，使用 CA 对外发布的公钥对发送方的数字证书进行鉴别，如果证书没有问题，便从证书中取出发送方的公钥，完成之后的一系列后续工作。

（三）USB Key

为了安全存储用户数字证书及私钥，目前流行的做法是使用 USB Key。USB Key 是一种 USB 接口的硬件设备。它内置单片机或智能卡芯片，有一定的存储空间，可以存储用户的私钥以及数字证书，利用 USB Key 内置的公钥算法实现对用户身份的认证。由于用户私钥保存在 USB Key 的密码锁中，理论上使用任何方式都无法读取，因此保证了用户认证的安全性。

大多数国内银行采用的客户端解决方案，使用 USB Key 存放代表用户唯一身份的数字证书和用户私钥。在这个基于 PKI 体系的整体解决方案中，用户的私钥是在高安全度的 USB Key 内产生，并且终身不可导出到 USB Key 外部。在网上银行应用中，对交易数据的数字签名都是在 USB Key 内部完成的，并受到 USB Key 的 PIN 码保护。为了防止木马病毒对用户网银交易的威胁，当需要使用 USB Key 内私钥进行签名时，就会启动按键等待操作。在有效时限内（用户可以自行设定时限长短）按下物理按键后签名才能成功，否则签名操作失败。

本章小结

互联网安全是用户正常使用网络环境的基本要求，对于金融用户更是至关重要。无论是个人用户还是企业用户，对互联网的依赖日渐增加，互联网金融活动已经融入人们日常生活中。

第一节概括论述了互联网金融用户及其安全状况，包括互联网金融的企业和个人用户的特点、面临的安全问题、常用的密码安全措施。举例说明了常用的软键盘技术、动态口令技术和 USB Key 技术。

第二节主要论述互联网金融系统风险和业务风险。诚信体系缺失、信用卡诈骗、网上交易诈骗是他们的具体表现；对比传统金融活动风险，互联网金融风险扩散速度快、监管难度大、交叉感染可能性高、突发性和破坏性强、影响因素众多。

第三节从互联网安全管理角度讨论处理安全问题的技术和相关协议。针对互联网金融有效性、机密性、完整性、不可否认性的要求，分析了网络安全防范技术和信息安全防范技术，说明了安全套接层（SSL）协议和安全电子交易（SET）协议的基本原理。

第四节重点论述了互联网金融安全技术中的密码技术，包括对称和非对称加密密码体系、信息摘要技术、数字签名技术和数字证书技术。说明了它们的工作原理和工作流程，它们在互联网金融安全中的应用。

复习思考题

1. 结合自己通过互联网购物的经历，思考如何利用互联网出售自己不用的物品，要经过哪些步骤和阶段，如何保证交易过程的安全可靠。
2. 对比淘宝、京东两大网络购物平台的交易流程和安全措施。
3. 调查了解身边其他人遇到的网络金融诈骗案例。
4. 通过网络转账汇款有哪些注意事项？
5. 什么是非对称加密？
6. 对称加密与非对称加密有什么异同？
7. 谈谈信息摘要算法在数字签名中的作用。
8. 在数字签名或数字证书进行信息发送时，明文 M 没有任何加密措施，而直接进行网络传输风险太大，请查阅相关资料，对信息发送过程进行优化并画出过程图。
9. 在线购买火车票为什么要安装根证书？
10. 设想如果 CA 的私有密钥被盗，将可能发生什么事件？

第十二章　大数据时代下互联网金融的发展环境及趋势

【学习目标】

通过本章的学习，掌握大数据金融对传统金融行业发展的影响，了解大数据与互联网金融的结合、大数据如何运用在金融行业、大数据金融运营模式的分析以及大数据金融风险分析等，并分析大数据金融发展的趋势及前景。

第一节　大数据金融对金融业发展态势的影响

所谓的大数据是指"大大超过常规的数据库工具获取、存储、管理和分析能力的数据集。"2011年麦肯锡公司在《大数据：创新、生产力和竞争的下一个前沿》中认为，大数据的特点是：规模大（Volume）、速度快（Velocity）、类型多（Variety）和价值大（Value），我们将其称为"4V"特征。大数据是随着信息化时代的发展诞生的新技术，也是一种基于经营数据资产的全新思维理念。大数据对金融业发展产生的影响主要表现在以下几个方面。

一、数据成为衡量金融机构核心竞争力的重要指标

大数据的价值在于数据挖掘和预测，大数据的实时分析，以恰当的方式随时随地为人们提供信息和个性化洞察力、感知和响应。高级计划与预测，能够把大数据变成宝贵的信息，呈现出前所未知的洞察力。

大数据技术能够增加企业和价格的透明度，降低社会管理的成本和交易摩擦成本。其次，大数据技术能够提高企业数据的准确性和及时性，使得企业可以更好地控制其设备与制造流程。另外，庞大的消费者数据将有利于企业进一步挖掘细分市场机会，提高产品的消费者满意程度。同时，大数据的智能分析还能提高企业研发过程中的应用水平，能够缩短产品研发周期，提高企业在商业模式、产品和服务上的创新能力。

二、冲击金融业思维方式和商业模式

"大数据"能够更加有效地对供应链、产品开发、线上引流进行引导，进而提升平台

的运作效率。也可以说，它是对传统商业模式的"逆袭"，也是行业"洗牌"的机会。

阿里集团坐拥数家交易平台如支付宝、淘宝、天猫、阿里金融等，其积累的数据达十几年之久，利用这些大数据，阿里金融基于海量的客户信用数据和行为数据，建立了网络数据模型和一套信用体系。阿里金融打破了传统的金融模式，使贷款不再需要抵押品和担保，而仅需依赖于数据挖掘，使企业或个人能够迅速获得所需要的资金。阿里金融的大数据应用和业务创新，传统金融服务业改变了游戏规则，对传统银行业带来了挑战，颠覆了传统的金融业务模式。近几年网络借贷公司的兴起，正是基于类似于数据挖掘的商业模式创新，导致发展非常迅猛。

三、创新产品和模式，辅助金融决策

大数据能较好地解决传统信贷风险管理中的信息不对称难题，提升贷前风险判断和贷后风险预警能力，实现风险管理的精确化和前瞻性。大数据时代，金融机构互联网化可以打破信息孤岛，全面整合客户的多渠道交易数据，针对经营者个人金融、消费、行为等信息进行授信，降低信贷风险，辅助金融决策。[①]

四、大数据金融同传统金融业态的融合

大数据是信息技术与互联网产业发展到特定阶段的产物，从互联网到物联网，从云计算到大数据，信息技术正在从产业基础走向产业核心。而银行业作为与信息技术深度结合的行业，也是大数据金融与传统金融融合十分成功的一个业态。

在传统的数据分析模式下，银行业产生并记录了巨量的文本式结构化数据，涉及客户账户资金往来、财务信息等，以及网银浏览记录、电话、视频等非结构化数据。但其仅能掌握客户与银行业务相关的金融行为，无法获得客户在社会生活中体现兴趣爱好、生活习惯、消费倾向的情感或行为数据，无法与业务数据形成联动。随着电子商务的快速发展和移动金融的深化，银行业逐步加强与外部数据源对接，甄别有效信息，整合多渠道数据，丰富客户图谱。其中主要包括：

（1）银行与电商平台形成战略合作。银行业共享小微企业在电商平台上的经营数据和经营者的个人信息，由电商平台向银行推荐有贷款意向的优质企业，银行通过交易流水、买卖双方评价等信息，确定企业资信水平，给予授信额度。

（2）银行自主搭建电商平台。银行自建电商平台，获得数据资源的独立话语权。在为客户提供增值服务的同时，获得客户的动态商业信息，为发展小微信贷奠定基础，是银行搭建电商平台的驱动力。

---

① 企业培训网．大数据时代银行业应对策略[EB/OL]. http://www.gctmba.com/2014/rdrw_1011/12691.html.

专栏 12-1　建设银行的尝试

2012年，建设银行率先上线"善融商务"，提供B2B和B2C客户操作模式，涵盖商品批发、商品零售、房屋交易等领域，为客户提供信息发布、交易撮合、社区服务、在线财务管理、在线客服等配套服务，提供的金融服务已从支付结算、托管、担保扩展到对商户和消费者线上融资服务的全过程。

建设银行依托"善融商务"开发出大数据信贷产品"善融贷"后，银行可实时监控社交网站、搜索引擎、物联网和电子商务等平台，跟踪分析客户的人际关系、情绪、兴趣爱好、购物习惯等多方面信息，对其信用等级和还款意愿变化进行预判，在第一次发生信贷业务、缺乏信贷强变量的情况下，及时用教育背景、过往经历等变量进行组合分析，以建立起信贷风险预警机制。由历史数据分析转向行为分析，将在目前的风险管理模式方面产生巨大突破。

资料来源：经济观察网，2012-8

（3）银行建立第三方数据分析中介，专门挖掘金融数据。例如，国内有的银行将其与电商平台一对一的合作扩展为"三方合作"，在银行与电商之间，加入第三方公司来负责数据的对接，为银行及其子公司提供数据分析挖掘的增值服务。其核心是对客户的交易数据进行分析，准确预测客户短时间内的消费和交易需求，从而精准掌握客户的信贷需求和其他金融服务需求。

第二节　大数据与互联网金融的融合

一、互联网在金融行业大数据的应用

从投资结构上来看，银行将会成为金融类企业中的重要部分，证券和保险分列第二和第三位。银行、保险和证券行业的大数据应用情况，如图12.1所示。

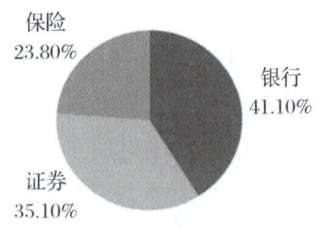

图12.1　中国金融行业大数据应用投资结构

资料来源：赛迪顾问，2012

(一)银行大数据应用

国内不少银行已经开始尝试通过大数据来驱动业务运营,如中信银行信用卡中心使用大数据技术实现了实时营销,光大银行建立了社交网络信息数据库,招商银行则利用大数据发展小微贷款。总的来看银行大数据应用可以分为四个方面。

1. 第一方面:客户画像应用

客户画像应用主要分为个人客户画像和企业客户画像。个人客户画像包括人口统计学特征、消费能力数据、兴趣数据、风险偏好等;企业客户画像包括企业的生产、流通、运营、财务、销售和客户数据、相关产业链上下游等数据。值得注意的是,银行拥有的客户信息并不全面,基于银行自身拥有的数据有时候难以得出理想的结果,甚至可能得出错误的结论。银行不仅仅要考虑银行自身业务所采集到的数据,更应考虑整合外部更多的数据,以扩展对客户的了解。包括:客户在社交媒体上的行为数据(如光大银行建立了社交网络信息数据库)。

通过打通银行内部数据和外部社会化的数据可以获得更为完整的客户拼图,从而进行更为精准的营销和管理;客户在电商网站的交易数据,如建设银行将自己的电子商务平台和信贷业务结合起来,阿里金融为阿里巴巴用户提供无抵押贷款,用户只需要凭借过去的信用即可办理,如图12.2所示。

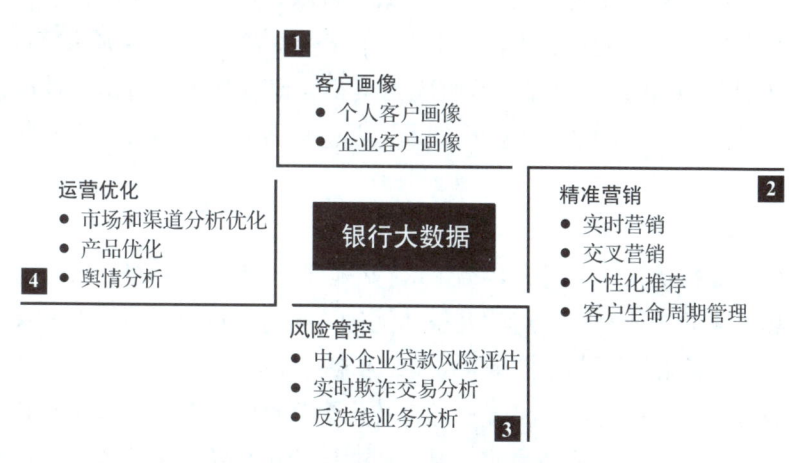

图12.2 银行大数据的应用

资料来源:商业评论网,《大数据在金融行业的应用》,2014-11-5

企业客户的产业链上下游数据。如果银行掌握了企业所在产业链上下游的数据,则可以更好地掌握企业的外部环境发展情况,从而可以预测企业未来的状况。

其他有利于扩展银行对客户兴趣爱好的数据,如网络广告界目前正在兴起的DMP数据平台的互联网用户行为数据。

2．第二方面：精准营销

在客户画像的基础上银行可以有效地开展精准营销，包括：

实时营销。实时营销是根据客户的实时状态来进行营销，比如客户当时的所在地、客户最近一次消费等信息进行有针对性地营销；或者将改变生活状态的事件视为营销机会。

交叉营销。即不同业务或产品的交叉推荐，如招商银行可以根据客户交易记录分析，有效地识别小微企业客户，然后用远程银行来实施交叉销售。

个性化推荐。银行可以根据客户的喜好进行服务或者银行产品的个性化推荐，如根据客户的年龄、资产规模、理财偏好等，对客户群进行精准定位，分析出其潜在金融服务需求，进而开展有针对性的营销推广。

客户生命周期管理。客户生命周期管理包括新客户获取、客户防流失和客户赢回等。如招商银行通过构建客户流失预警模型，对流失率等级前 20% 的客户发售高收益理财产品予以挽留，使得金卡和金葵花卡客户流失率分别降低了 15 个和 7 个百分点。

3．第三方面：风险管控

风险管控包括中小企业贷款风险评估、实时欺诈交易分析和反洗钱业务分析等手段。

中小企业贷款风险评估。银行可通过企业的生产、流通、销售、财务等相关信息结合大数据挖掘方法进行贷款风险分析，量化企业的信用额度，更有效地开展中小企业贷款。

实时欺诈交易分析和反洗钱业务分析。银行可以利用持卡人基本信息、卡基本信息、交易历史、客户历史行为模式、正在发生行为模式等，结合智能规则引擎进行实时的交易反欺诈分析。如 IBM 金融犯罪管理解决方案帮助银行利用大数据有效地预防与管理金融犯罪，摩根大通银行则利用大数据技术追踪盗取客户账号或侵入自动柜员机系统的罪犯。

4．第四方面：运营优化

市场和渠道分析优化。通过大数据，银行可以监控不同市场推广渠道尤其是网络渠道推广的质量，从而进行合作渠道的调整和优化。同时，也可以分析哪些渠道更适合推广哪类银行产品或者服务，从而进行渠道推广策略的优化。

产品和服务优化。银行可以将客户行为转化为信息流，并从中分析客户的个性特征和风险偏好，更深层次地理解客户的习惯，智能化分析和预测客户需求，从而进行产品创新和服务优化。如兴业银行目前对大数据进行初步分析，通过对还款数据挖掘、比较来区分优质客户，根据客户还款数额的差别，提供差异化的金融产品和服务方式。

舆情分析。银行可以通过爬虫技术，抓取社区、论坛和微博上关于银行以及银行产品和服务的相关信息，并通过自然语言处理技术进行正负面判断，尤其是及时掌握银行以及银行产品和服务的负面信息，及时发现和处理问题；对于正面信息，可以加以总结并继续强化。同时，银行也可以抓取同行业的银行正负面信息，作为自身业务优化的借鉴。

（二）保险行业大数据应用

过去，由于保险行业代理人的特点，在传统的个人代理渠道中，代理人的素质及人际关系网是业务开拓最为关键的因素，而大数据在新客户开发和维系中的作用就没那么突出。但随着互联网、移动互联网以及大数据的发展，网络营销、移动营销和个性化的电话销售的作用将会日趋显现，越来越多的保险公司注意到大数据在保险行业中的作用。总的来说，保险行业的大数据应用可以分为三个方面：客户细分及精细化营销、欺诈行为分析和精细化运营。

1. 第一方面：客户细分和精细化营销

客户细分和差异化服务。风险偏好是确定保险需求的关键。风险喜好者、风险中立者和风险厌恶者对于保险需求有不同的态度。一般来讲，风险厌恶者有更大的保险需求。在客户细分的时候，除了风险偏好数据外，要结合客户职业、爱好、习惯、家庭结构、消费方式偏好等数据，利用机器学习算法来对客户进行分类，并针对分类后的客户提供不同的产品和服务策略。

潜在客户挖掘及用户流失预测。如图12.3所示，保险公司可通过大数据整合客户线上和线下的相关行为，通过数据挖掘手段对潜在客户进行分类，细化销售重点。通过大数据进行挖掘，综合考虑客户的个人信息、险种信息、既往出险情况、销售人员信息等，筛选出影响客户退保或续期的关键因素，并通过这些因素和建立的模型，对客户的退保概率或续期概率进行估计，找出高风险流失客户，及时预警，制定挽留策略，提高保单续保率。

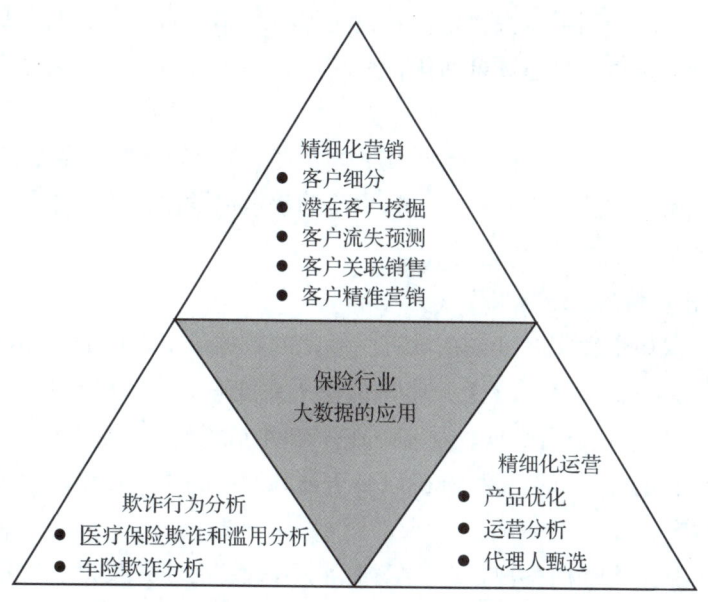

图12.3 保险行业大数据的应用

资料来源：商业评论网，《大数据在金融行业的应用》，2014-11-5

客户关联销售。保险公司可以关联规则找出最佳险种销售组合，利用时序规则找出顾客生命周期中购买保险的时间顺序，从而把握保户提高保额的时机，建立既有保户再销售清单与规则，从而促进保单的销售。除了这些做法以外，借助大数据，保险业可以直接锁定客户需求。以淘宝退货运费险为例，据统计，淘宝用户运费险索赔率在50%以上，该产品给保险公司带来的利润只有5%左右，但是有很多公司都有意愿去提供这种保险。因为客户购买运费险后保险公司就可以获得该客户的个人基本信息，包括手机号和银行账户信息等，并能够了解该客户购买的产品信息，从而实现精准推送。假设该客户购买并退货的是婴儿奶粉，我们就可以估计该客户家里有小孩，可以向其推荐关于儿童疾病险、教育险等利润率更高的产品。

客户精准营销。在网络营销领域，保险公司可以通过收集互联网用户的各类数据，如地域分布等属性数据，搜索关键词等即时数据，购物行为、浏览行为等行为数据，以及兴趣爱好、人脉关系等社交数据，可以在广告推送中实现地域定向、需求定向、偏好定向、关系定向等定向方式，实现精准营销。

2．第二方面：欺诈行为分析

基于企业内外部交易和历史数据，实时或准实时预测和分析欺诈等非法行为，包括医疗保险欺诈与滥用分析以及车险欺诈分析等。

医疗保险欺诈与滥用分析。医疗保险欺诈与滥用通常可分为两种，一种是非法骗取保险金，即保险欺诈；另一种则是在保额限度内重复就医、浮报理赔金额等，即医疗保险滥用。保险公司能够利用过去数据，寻找对保险欺诈影响最大的因素及这些因素的取值区间，建立预测模型，并通过自动化计分功能，快速将理赔案件依照滥用欺诈可能性进行分类处理。

车险欺诈分析。保险公司利用过去的欺诈事件建立预测模型，将理赔申请分级处理，可以很大程度上解决车险欺诈问题，包括车险理赔申请欺诈侦测、业务员及修车厂勾结欺诈侦测等。

3．第三方面：精细化运营

产品优化，保单个性化。过去在没有精细化的数据分析和挖掘的情况下，保险公司把很多人都放在同一风险水平之上，客户的保单并没有完全解决客户的各种风险问题。但是，保险公司可以通过自有数据以及客户在社交网络的数据，解决现有的风险控制问题，为客户制定个性化的保单，获得更准确以及更高利润率的保单模型，给每一位顾客提供个性化的解决方案。

运营分析。基于企业内外部运营、管理和交互数据分析，借助大数据平台，全方位统计和预测企业经营和管理绩效。基于保险保单和客户交互数据进行建模，借助大数据平台快速分析和预测再次发生风险概率或者新的市场风险、操作风险等。

代理人（保险销售人员）甄选。根据代理人员业绩数据、性别、年龄、工作年限、其他保险公司经验和代理人的思维倾向测试等，找出销售业绩相对较好的销售人员的特征，优选高潜力销售人员。

（三）证券行业大数据应用

大数据时代，券商们已意识到大数据的重要性，券商对于大数据的研究与应用正处于起步阶段，相对于银行和保险业，证券行业的大数据应用起步相对较晚。目前国内外证券行业的大数据应用大致有以下三个方向。

1. 第一方面：股价预测

2011年5月英国对冲基金Derwent Capital Markets建立了规模为4000万美金的对冲基金，该基金是首家基于社交网络的对冲基金，该基金通过分析Twitter的数据内容来感知市场情绪，从而进行投资指导。利用Twitter的对冲基金，Derwent Capital Markets在首月的交易中确实盈利了，其以1.85%的收益率，让平均只有0.76%的其他对冲基金相形见绌。

麻省理工学院的学者，根据情绪词将Twitter内容标定为正面或负面情绪。结果发现，无论是如"希望"这样的正面情绪，或是"害怕""担心"这样的负面情绪，其占总Twitter内容数的比例，都预示着道琼斯指数、标准普尔500指数、纳斯达克指数的下跌。

但是，Twitter情绪指标仍然不可能预测出会冲击金融市场的突发事件。例如，在2008年10月13号，美国联邦储备委员会突然启动一项银行纾困计划，令道琼斯指数反弹，而3天前的Twitter相关情绪指数毫无征兆。研究者自己也意识到，Twitter用户与股市投资者并不完全重合，这样的样本代表性有待商榷，但仍无法阻止投资者对于新兴的社交网络倾注更多的热情。

2. 第二方面：客户关系管理

客户细分。通过分析客户的账户状态、账户价值、交易习惯、投资偏好以及投资收益，来进行客户聚类和细分，从而发现客户交易模式类型，找出最有价值和盈利潜力的客户群以及他们最需要的服务，更好地配置资源和制定政策，改进服务，抓住最有价值的客户。

流失客户预测。券商可根据客户历史交易行为和流失情况来建模，从而预测客户流失的概率。如2012年海通证券自主开发的"基于数据挖掘算法的证券客户行为特征分析技术"主要应用在客户深度画像以及基于画像的用户流失概率预测。该项技术最大的初衷是希望通过客户行为的量化分析，来测算客户将来可能流失的概率。

3. 第三方面：投资景气指数

2012年，国泰君安推出了"个人投资者投资景气指数"（简称3I指数），通过一个独特的视角传递个人投资者对市场的预期、当期的风险偏好等信息。国泰君安研究所对海量个人投资者样本进行持续性跟踪监测，对账本投资收益率、持仓率、资金流动情况等一系列指标进行统计、加权汇总后得到了综合性投资景气指数。

3I 指数通过对海量个人投资者真实投资交易信息的深入挖掘分析,了解交易中个人投资者交易行为的变化、投资信心的状态与发展趋势、对市场的预期以及当前的风险偏好等信息。3I 指数每月发布一次,以 100 为中间值,100~120 属于正常区间,120 以上表示趋热,100 以下则是趋冷。从实验数据看,从 2011 年以来,3I 指数的涨跌波动与上证指数走势拟合度相当高,如图 12.4 所示。

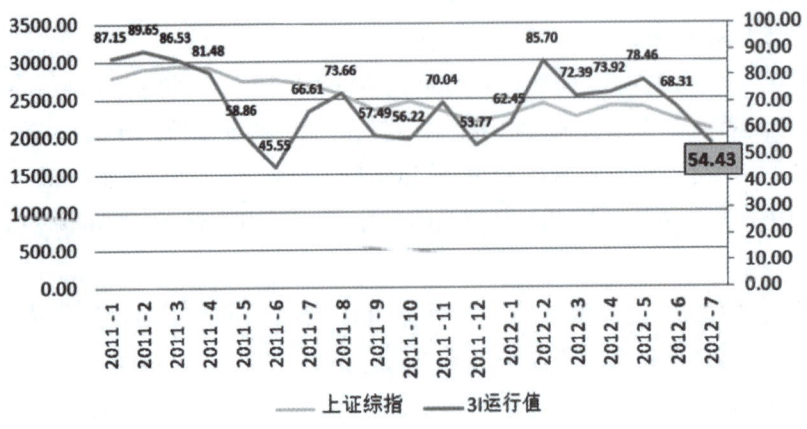

图 12.4 2011 年 1 月以来 3I 指数运行走势图

资料来源:国泰君安网,2012-7

总的来看,大数据在金融行业的应用起步比互联网行业稍晚,其应用深度和广度还有很大的扩展空间。金融行业的大数据应用依然有很多的障碍需要克服,比如银行企业内各业务的数据孤岛效应严重、大数据人才相对缺乏以及银行之外的数据缺少整合等问题。可喜的是,金融行业尤其是银行的中高层对大数据的渴望和重视度非常高,相信在未来的两三年内,在互联网和移动互联网的驱动下,金融行业的大数据应用将迎来突破性的发展。[①]

二、大数据金融运营模式分析

(一)平台模式

平台金融模式中,是平台企业对其长期以来积累的大数据通过互联网、云计算等信息化方式进行专业化的挖掘和分析,通过研究并与传统金融服务相结合,创新性地为平台服务企业开展相关资金融通工作。采用平台模式的企业平台上聚集了大小不一的众多商户,企业凭借平台多年的交易数据积累,利用互联网技术,借助平台向企业或个人提

---

① 傅志华. 大数据在金融行业的应用 [EB\OL]. http://club.ebusinessreview.cn/blogArticle–250160.html.

供快速便捷的金融服务。平台模式的优势在于其建立在庞大的数据流量系统的基础之上，对申请金融服务的企业或个人情况十分熟悉，相当于拥有一个详尽的征信系统数据库，能够很大程度地解决风险控制问题，降低企业的坏账率；依托于企业的交易系统，具有稳定、持续的客户源；平台模式有效解决了信息不对称的问题，在高效的 IT 系统之上，将贷款流程流水线化。信用贷款以小微企业贷款为主体，在评定申请人的资信状况、授信因素后，系统自动核定授信额度。平台模式的特点在于企业以交易数据为基础对客户的资金状况进行分析，贷款客户多为个人以及难以从银行得到贷款支持的小微企业，贷款无需抵押和担保，发放速度快，且多为短期贷款。同时，这也使平台模式具有了寡头经济的特点，平台模式中的企业必须在前期进行长时间交易数据的积累，并在此过程中完善交易设备和电子设备，以及进行数据分析所需的基础设施积累和人才积累。

说到大数据，首当其冲的应该是已经在数据海洋中耕耘已久并衍生出金融借贷业务的阿里系。首先从宏观上对阿里系进行分析。阿里系的基础是"三流"：信息流、资金流以及目前正在布局的物流。信息流、资金流在这三者中是一个夯实基础的作用，物流则是未来阿里系壮大的必要保证和壁垒。随着移动互联网、社交网络的兴起，阿里谋求的是打通客户流量集中的场所，掌握通向商场的路径，占据入口优势，因此，阿里对新浪微博的入股以及高德地图的收购便不足为奇。除此之外，阿里在做综合业态，主要目的在于保持产品种类的丰富，吸引人气，增加阿里平台的价值。资金流，一方面是大家最为熟悉的小额信贷公司，小微贷款能在商家资金、资源运转上助一臂之力，帮助他们扩大规模，促进买家增加消费，而这种金融创新将带动商业的蓬勃发展，商业的运转旺盛也会刺激金融的发展；另外一方面则是引领"屌丝"理财风潮的余额宝，余额宝的诞生可以说是阿里力求将客户的资金留在阿里生态圈内部，是支付宝功能之外的拓展。从物流层面来说，马云自退休后专注于菜鸟物流，同京东的一日几送、节假日照送的强大的物流体系相比，阿里在物流上的弱势限制了阿里交易量的增长空间，也直接影响了阿里在信息流、资金流上的积累，同时菜鸟物流的建立将大幅提高阿里的竞争壁垒，实现阿里生态圈的闭环，在未来将有望对大企业进行融资。目前，阿里集团仍在积极探索"三流合一"：以信息流、资金流、物流三流来整合一个完整的阿里生态圈，以信息流支撑资金流、物流，以物流、资金流反哺信息流。

目前，阿里系中比较重要的金融产品有支付宝、余额宝、阿里小贷。余额宝看成是支付宝的拓展，是支付宝在大数据基础上的一次金融创新，体现了阿里希望将用户资金留在体系内的一种初心，也是增加用户流量的重要方式，用户对支付宝的认知将上升到"理财账户"的概念，而非一个简单的支付工具和资金通道。[①]

---

① 中国电子政务网. 大数据金融运营模式分析 [EB\OL]. http://www.e-gov.org.cn/xinxihua/news004/201407/150991.html.

从商户提出申请，到商户收到贷款，整个过程全流程系统化、无纸化，最快只需要3分钟。阿里金融以阿里云为整个贷款的技术基础，淘宝网、天猫、一淘等平台信息流源源不断地流入阿里云，阿里云对其进行专业化的分析和处理，通过网络数据模型，辅以交叉检验技术及在线视频检验技术，加上通过各个渠道获得的信用记录、交易状况等情况出具信用评估报告，确定授信额度，通过阿里金融发放贷款，如图12.5所示。

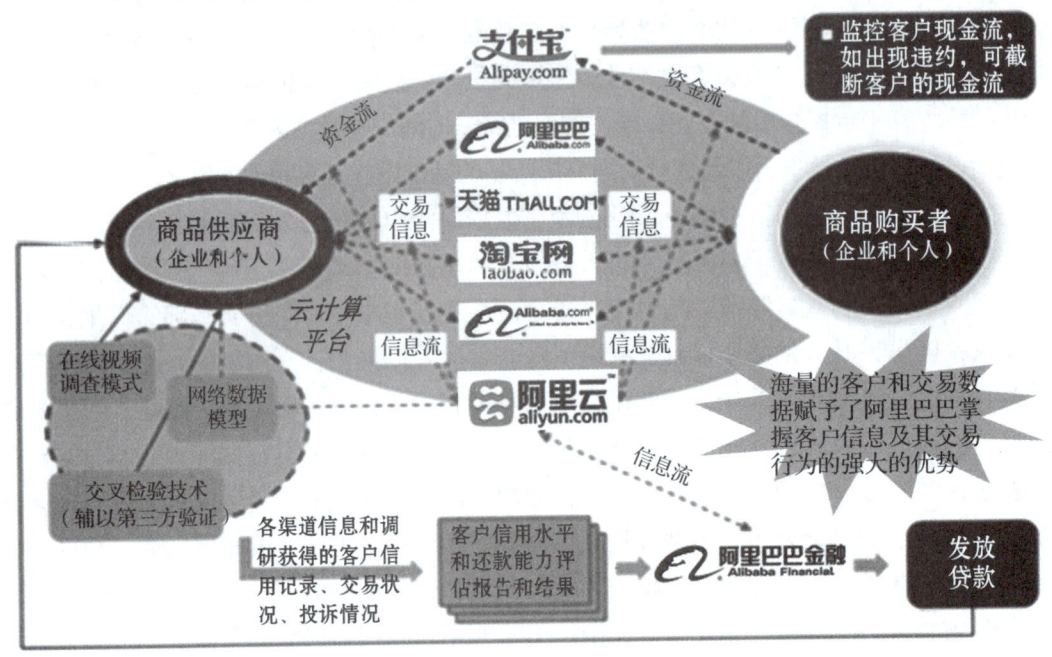

图12.5　阿里小贷贷款流程图

资料来源：罗明雄，《互联网金融》，中国财经出版社，2014-1

（二）供应链金融模式

供应链金融模式是指在海量的交易数据基础上，作为核心企业，或以信息提供方的身份或以担保方的方式，通过和银行等机构合作，对产业链条中的上下游进行融资的模式。以京东为代表的供应链金融模式是以电商或行业龙头企业为主导的模式。在海量的交易数据基础上，作为核心企业，或以信息提供方的身份或以担保方的方式，通过和银行等机构合作，对产业链条中的上下游进行融资的模式。在此合作模式中，京东等龙头企业起到的对信息进行确认审核、担保或提供信息的作用，并没有实质上对用户提供资金的融通，这一职责仍旧由银行或别的资金供给方担任。我们之所以将这一模式确定为电商或行业龙头企业为主导的模式，在于其能够为银行提供流量、数据或信息，而由于银行竞争的同质性，在这一模式中银行成为"附庸"。

供应链金融是供应链管理的参与者（核心企业）作为组织者，对供应链金融资源进行整合，为供应链其他参与方的资金提供渠道的一种融资方式，能够通过整合资金、资源、物流等活动提高整个供应链的资金运用效率。供应链金融的具体产品，包括第三方金融机构对供应商的信贷产品和购买商的信贷产品。它最早出现在19世纪初，由荷兰某家银行以仓储质押融资业务形式推出。到20世纪末，随着物流运输业和通信信息技术的发展，出现融资节点。由于供应链各个节点参差不齐，节点出现的资金瓶颈会引发"木桶"效应，供应链金融兴起。供应链金融作为一种创新产品，有极大的社会和经济价值，一方面可以满足企业的短期资金需求，促进整条产业链的协调发展，另一方面，通过引入核心企业，能够对资金需求企业以及产业链进行风险评估，扩大市场服务范围。以电商企业为代表的互联网巨头利用供应链金融模式，可以有效解决传统供应链金融发展过程中的一系列问题，增加对中小企业的关注度及实际服务效果。

京东的供应链金融是京东对供应商、银行的双向深度绑定，从供应商的角度来看，这主要是由于金融借贷需要信用凭证，其往往和支付、物流等供应链环节紧密对接，通过供应商在支付、物流上的数据和凭证进行抵押担保。这也意味着，供应商一旦要申请金融贷款服务，则需要在物流、支付上与京东进行深度对接，因此很难脱离京东生态。从银行的角度来看，互联网手段驱动银行做出改变。银行希望放款更便捷，同时缩短放款时间，这也是银行积极搭建供应链金融网络的原因，涉及融资，就一定要用到信用评价体系，银行需要借助京东来了解上游供应商的情况。

三、大数据金融风险分析

大数据对于很多企业来说，不仅仅意味着机遇或者商业上的无限潜力，在他们能够很好地了解大数据、管理大数据之前，也意味着巨大的风险。对于阿里这样已经在大数据服务平台操作上有了成功实践的企业，也必须关注大数据的风险，否则极有可能将到手的市场份额拱手让人。

（一）技术风险

通常情况下，按照数据被访问频率的高低，可以将这些大数据分为热数据和冷数据，热点数据放在昂贵的介质上没有任何异议，但是冷数据则相反。所以如何将冷、热数据进行分层存储，既能优化存储系统的性能，又可以有效地降低存储系统的整体拥有成本，实现一举两得，是企业的突破方向。在数据备份方面，数据备份可谓"老生常谈"，备份是企业最后的保障、最后的一个利器，可以保护企业系统在崩溃或受到损害之后依然有数据可用。

一个企业的数据信息决定企业的生死存亡。但是今天，数据量的持续增长增加了备份和恢复的时间，企业面临着严重的合规和宕机风险，数据备份越来越困难。用户数据越来越大,备份时间窗口小,设备有限,快速抽取核心数据、保障企业数据信息能够适时进行恢复,是企业管理大数据中面临的主要问题。近几年企业在采购存储时,会发现存储硬件的成本在逐渐走低。然而部分企业整体的存储成本却不降反升,这主要是由于企业数据量猛增需要大量的人力、物力维护,使数据存储的管理成本逐年上升。

(二)操作性风险

1. 信息安全风险

随着虚拟网络的迅速发展,在线交易、在线对话、在线互动越来越多,社交网络、智能终端已经是人们生活中不可或缺的一部分。数据量的激增以及社会各个领域对大数据重要性的认识提升,数据安全问题成为我们不得不关注的重要议题。

如今的黑客组织性更强,更加专业,作案工具更加强大,作案手段更是层出不穷。相比于以往一次性数据泄露或者黑客攻击事件的小打小闹,现在数据一旦泄露,对整个企业可以说是"一着不慎,满盘皆输",不仅会导致声誉受损、造成巨大的经济损失,严重的还要承担法律责任。从数据的存储设备来说,数据的搜集、存储、访问、传输必不可少地需要借助移动设备,所以大数据时代的来临也带动了移动设备的猛增。随之而来的是 BYOD(bring your own device)风潮的兴起,越来越多的员工用自己的移动设备进行办公。BYOD 在为人们的工作和生活带来便利,降低企业办公成本的同时,也给企业带来了更大的安全隐患。曾几何时,手持设备被当成黑客入侵内网的绝佳跳板,所以企业管理和确保员工个人设备的安全性也相应增加了难度。大数据使企业处于相互联系的供应链之下,信息将供应链紧密地联系在一起,从简单的数据到商业机密再到知识产权,而信息的泄露可能导致企业名誉受损甚至造成经济损失。从个人的角度来说,每个人都实实在在地处于大数据的范围之下,我们既是数据的提供者也是数据的应用者。利用大数据获取商机显然十分重要,但如何防止这些数据被过度滥用、被公开和被不法分子利用,则是大数据分析者们必须思考的新课题。在移动互联大数据分析愈演愈烈的今天,手机、平板电脑等每个电子设备都有可能成为数据的记录端口,大数据的获取、存储、保持、利用和展示,无一不涉及隐私权问题,隐私保护则成了最大的难题。这包括法律上、技术上及观念上的问题,与隐私权相对的则是信息的利用和共享。我们既不希望大数据的发展损害用户的隐私权,也不希望以保护隐私权为名而妨碍信息的利用和共享,这两者应当兼顾,取得合理的平衡。

大数据的信息安全问题也是数据的拥有者、使用者和所有权、使用权之间的平衡关系。大数据时代强调全社会信息资源的开放分享和开发利用,而个人信息涉及个人隐私,但又具有社会经济价值,其信息保护的边界面临调整。所以当前的核心问题是:大数据时代的个人数据信息应当属于谁?谁有权利用这些数据进行分析?个人是否可以对信息开发利用的程度予以选择?这些问题的答案都将对个人信息安全保护的主体、范围及手段等产生重大影响。很多专家认为，在大数据时代，我们应当建立一个不同于以往的信息保护模式。这种模式应当着重于数据的使用者为其行为承担相应的责任，而不是将重点放在数据最初的获得以及征求个人同意上。未来的隐私保护应当区别用途，在保证不损害个人正当权益的前提下正当、合理地使用相关信息。

2. 数据分析风险

大数据平台的模式是依托于从前在交易中积累的海量数据进行的对用户行为习惯、思维方式的总结，进而对其可能发生的行为产生的判断。也就是说大数据分析方法依赖于大数据"过去决定未来"的特点。这一前提在大部分情况下都是成立的，但如果遇到需要突破性创新的情况就会暴露出弱点。因此，即使是在大数据时代，也不得不承认大数据仍将面临一些局限，特别是："卓越的才华并不依赖于数据"。史蒂夫·乔布斯多年来持续不断地改善Mac笔记本，依赖的可能是行业分析，但是他发明的iPod、iPhone和iPad靠的就不是数据，而是依赖于他的直觉。当记者问及乔布斯苹果推出iPad之前做了多少市场调研时，他是这样说的：没做！消费者没有义务去了解自己想要什么。

而造成这种情况的原因不仅仅是数据依托于过去的分析基础，还在于数据封闭的问题。大数据分析是希望通过网络中虚拟的信息个人实体化，对每个人从职业、喜好、人脉等方面进行全方位的解读。例如在电商平台上，对用户进行信用审核后贷款，这种数据审核的背后是希望通过数据了解企业的真实情况，通过了解雇佣职工数目估算企业真实营业收入，了解企业的还款能力。在数据封闭的情况下，电商企业无法接触到平台用户以外的客户群，也难以了解在平台之外用户的数据；经营社交网络的企业，如新浪等占有用户的大量非机构性数据，对于用户的交易数据了解甚少。二者的融合既是解决预测风险的方法，也是大数据服务平台的发展趋势。

（三）法律风险

大数据金融服务平台，涉及数据的采集、处理以及应用，也涉及拥有大数据的企业跨界金融从而涉及金融监管的问题。从数据的采集、处理以及应用中，互联网相关企业，尤其是电商企业在为客户提供金融服务的过程中，积累了大量的客户个人信息，而其中所隐含的商业价值逐渐被人们发现和利用。在利益驱使下，越来越多的机构或个人采取种种手段获取他人信息，加之部分企业保护意识和能力不强，导致近年来对个人信息的侵权行为时有发生，已引起社会广泛关注。造成此种侵权行为发生的一个重要原因是，目前我国尚无一部专门的法律法规。近年来我国加快了个人信息安全保护的立法和修法进程，如《中华人民共和国刑法修正案（七）》《中华人民共和国侵权责任法》《中华人民共和国居民身份证法（修订）》等法律都相继出台，民事、行政和刑事责任三位一体的个人信息保护法律框架基本构筑。还有前面所提到的2012年12月28日通过的《全国人民代表大会常务委员会关于加强网络信息保护的决定》进一步强化了以法律形式保护公民个人信息安全，但这些法律法规仍然过于原则化、抽象化，缺乏实际操作性，并存在规制范围狭窄、公民举证困难等不足。此外，现行"谁主张、谁举证"的司法规则在大数据时代下存在着很大的局限性，由于现代信息技术环境下收集和滥用个人用户信息的主体众多、渠道隐蔽、方式多元，导致被侵害合法权益的个人用户举证难度极大，即使最后举证成功，在请求损害赔偿时也很难证明和评估个人的实际损失。

另一方面，大数据企业跨界金融，随着政府本着金融创新、加快金融改革的理念对此在态度上表示支持，但是金融监管机构尚未出台明确的法律法规以及规范与规章制度给予规范。而且大数据企业和金融机构由于基因上的不同，使得二者的商业规范、运营模式都存在差异，这就要求大数据企业必须在认真学习传统金融机构监管政策的同时，也积极关注政府出台的新的监管措施，对业务进行调整，不踩法律红线，不打法律擦边球。[①]

四、大数据金融风险防范建议

（一）加快立法进程，加强行业自律

在大数据时代，我们最需要调整的是隐私保护的理念。对隐私的保护，需要将大数据监管的重心，从数据收集环节转移到数据使用环节。

从加快立法进程来说，以法律规范形式保护消费者个人信息在电子商务中不受侵犯，已成为我国大数据金融立法工作中亟待解决的问题。从目前我国关于个人信息安全和电子商务的立法来看，多数是类似于"不得在网络上散发恶意信息，侵犯他人隐私；不得危害计算机信息系统的安全"等原则化的内容，可操作性不强，加之一些法规之间还存在交叉和冲突，这与电子商务迅速发展的形势不相适应。我国需要借鉴其他发达国家的经验，尽快完善个人信息安全保护法。

目前我国对个人信息安全保护的监管由公安部、工业与信息化部等部门管理，多头监管难免会导致监管不严或监管漏洞。对此，我们应明确监管机构与各部门之间的职责，只有权力分界清晰才能保证监管没有漏洞。从加强行业自律来看，要认识到行业自律机制是个人信息安全保护制度中不可缺少的一个环节。

（二）实现数据隐私保护和数据隐私应用之间的平衡

任何企业或机构从人群中提取私人数据，用户都有知情权，将用户的隐私数据用于商业行为时，都需要得到用户的认可。目前，中国乃至全世界对于用户隐私应当如何保护、商业规则及法律规范应当如何制定、触犯用户的隐私权应当如何处罚等一系列管理问题都大大滞后于大数据的发展速度。未来很多大数据业务在最初发展阶段都将会游走在灰色地带，当商业运作初具规模并开始对大批消费者和公司都产生影响之后，相关的法律

---

① 搜狐证券. 大数据金融风险分析 [EB\OL]. http://stock.sohu.com/20141030/n405600783.

规范以及市场规范才会被迫加速制定出来。

因此，实现用户隐私和商业应用之间的平衡，从监管主体来说，必须制定专门应用于大数据用户隐私方面的法律，体现监管主体对其的重视性和操作的规范性。从监管客体来说，大数据企业在应用数据时，必须以保护用户隐私为基础对数据进行商业应用。

可以预计的是，尽管大数据技术层面的应用可以无限广阔，但是由于受到数据采集的限制，能够用于商业应用、服务于民众的数据要远远小于理论上大数据能够采集和处理的数据。数据源头的采集受限将大大限制大数据的商业应用。

（三）数据资源的整合和分工专业化

数据对基于生态圈中的企业提出了更多的合作要求。如果没有对整体产业链的宏观把握，单个企业仅仅基于自己掌握的独立数据还无法了解产业链各个环节数据之间的关系，对消费者做出的判断和影响也十分有限。在一些信息不对称比较明显的行业，共享数据的需求更为迫切。然而，在很多情况下，这些需要共享信息的企业之间竞争和合作的关系并存，企业在共享数据之前，需要权衡利弊，避免在共享数据的同时丧失了其竞争优势。此外，众多商家合作很容易形成卖家联盟从而导致消费者利益受到损失，影响到竞争的公平性。

将不同行业的数据整合起来，提供全方位立体的数据绘图，力图从系统的角度了解并重塑用户需求。但是，由于交叉行业数据共享需要平衡太多企业的利益关系，如果没有中立的第三方机构出面，协调所有参与企业之间的关系、制定数据共性及应用的规则，将大大限制大数据的用武之地。权威第三方中立机构的缺乏将制约大数据发挥其最大的潜力。

（四）强化数据挖掘

数据挖掘是一种新的商业信息处理技术，主要特点是对大量数据进行抽取、转换、分析和模型化处理，从中提取出有助于商业决策的关键性数据。数据挖掘在风险管理和客户管理方面都有重要应用。

通过数据挖掘，可从银行数据库存储的客户信息中，根据事先设定的标准找到符合条件的客户群；也可以把客户进行聚类分析让其自然分群，通过对客户的服务收入、风险等相关因素的分析、预测和优化，找到新的可赢利目标客户；还可以对大量的客户资料进行分析，建立数据模型，确定客户的交易习惯、交易额度和交易频率，分析客户对某个产品的忠诚程度、持久性等，从而为他们提供个性化定制服务，以提高客户忠诚度。

目前，银行业已经逐步走向个性化服务和科学决策阶段，数据挖掘具有强大的信息处理和分析能力，可以为银行提供科学的决策依据和技术支持。①

---

① 金睛理财. 京贷网针对大数据金融的风险提几条建议 [EB\OL]. http://www.dianpifa.com/news/7834.

第三节　大数据金融的发展趋势

目前，大数据金融处于群雄逐鹿的阶段，阿里集团等规模较大的电商率先占据市场有利地位，以积累的交易数据对中小微企业进行信贷服务；其他产业的企业依托其自身的产业数据链条，对产业内部进行整合，进行闭环的数据金融服务；银行依托其强大的资金实力，建立银行电子商务平台，以多种优惠条件吸引商家入驻，升级供应链金融系统，发展中间业务。

大数据金融是一个综合性的概念，在未来的发展中，企业坐拥数据将不再局限于单一业务，第三方支付、信息化金融机构以及互联网金融门户都将融入到大数据金融服务平台中，大数据金融服务将在各家机构各显神通的基础上，实现多元业务的融合。

专家通过对现状的归纳，对大数据金融的未来发展有如下观点。

一、电商金融化，实现信息流和金融流的融合

电商金融化是电商企业在电子商务平台的长期发展中数据积累和信用记录的必然趋势，是商业信用对接银行信用的表现。电商以网购起家，通过数据、流量获得销售，再通过销售获得数据、流量，聚集黏性，数据的结构化、层次化明显，对信息流反应敏锐。

电商金融化的发展目前可以分为两个阶段，第一阶段为电商完成第三方支付，对传统银行才具有的支付和信用功能的创新和替代，第二阶段为电商羽翼渐丰，开始寻求同银行的信贷合作，代表案例为京东商城的供应链金融模式。如今电商金融化可以说并未发展完善便进入下一阶段，但是发展方向出现分歧。一方是以阿里巴巴为代表的金融平台，在获取银行牌照之前，以资产证券化、信托计划等方式筹集资金；另一方是以苏宁云商为代表的金融平台，直指民营银行牌照，希望在成立银行后，将信息流和资金流收归己用。从本质上来说，二者殊途同归，都是在掌握商品流、信息流的情况下，高效、低成本地获得资金流，从而建立自身完整的生态圈，生态圈内商户提供一条龙服务，提高商户黏性，提升竞争对手进入壁垒，期待在激烈的互联网金融竞争时代拥有一席之地。

二、金融机构积极搭建数据平台，强化用户体验

在电商跨界金融的冲击之下，以银行为代表的金融机构并没有坐以待毙，银行借道电商，打响反击战。银行步入电商领域的成绩以及基因融合是否良好且不论，单从数据拥有量来说，大型商业银行的数据均在大数据级别，尤其在金融数据方面有着电商无法比拟的优势。

自 2012 年开始，多家银行（如建行、交行、工行等）都积极部署自己的电商平台，

期待在留住老客户及扩展客户数据的同时，使客户数据立体化，并利用立体数据进行差异化服务，了解客户消费习惯，预测客户行为，进行交易管理、信贷风险和合规方面的风险控制。表 12.1 所示为银行在电商领域的布局情况。

表 12.1　银行在电商平台的布局

分类	银行名称	事件
推出网上商城	建设银行	2012 年，推出名为"善融商务"的网上商城，提供可大额分期付款的综合网上购物及租、买房中介信息
	交通银行	2012 年，推出名为"交博汇"的网上商城，提供可大额分期付款的综合网上购物及传统银行金融服务
	中国银行	2012 年，推出名为"银通商城"的网上商城，提供可大额分期付款的综合网上购物
在已有的电商平台推出银行旗舰店	交通银行	2012 年，与阿里巴巴共同推出"交通银行淘宝旗舰店"定位于一个没有实体店面的大型综合性银行网点，有专业银行客户经理为客户提供一揽子的金融服务
推出基于电商的银行卡	中国银行	2013 年，与京东商城合作推出中银京东商城信用卡，除人民币结算、存款有息、存贷一体等一般银行业务外，用户申请即可成为京东金牌会员

资料来源：宏源证券，《大数据下金融争夺战》，2013-6

另一方面，数据管理和运用成为银行业面临的比数据收集更迫切的问题。各商业银行已经在此项上有所动作。中国民生银行开始在 2013 年建设数据标准和大数据基础平台，2014 年建设实时的数据集成平台，2015 年建立完备的企业数据服务，支持智能化的服务；交通银行则采用智能语音云产品对信用卡中心每天收集的海量语音数据进行分析处理，收集关于客户的身份、偏好、服务质量以及市场动态等方面的信息。

三、大数据金融实现大数据产业链分工

毋庸置疑，大数据对我们时代的改变将会越来越深刻，而大数据按照信息处理环节可以分为数据采集、数据清理、数据存储及管理、数据分析、数据显化以及产业应用等六个环节。无论是 IBM、Cisco 这样的老牌 IT 公司，还是在 Hadoop 生态圈中的专注于大数据的 IT 新秀，都在短短的几年之内抢占了大数据产业链的各大环节。

在数据采集中，Cisco 这些传统的 IT 公司早已经开始部署数据收集的工作。在中国，淘宝、腾讯、百度等公司已经收集并存储大量的用户习惯及用户消费行为数据。在未来，会有更为专业的数据收集公司针对各行业的特定需求，专门设计行业数据收集系统。

在数据清理中，从大量庞杂无序的数据中筛选出有用的数据，完成的清理数据传递到下一环节。除了 Intel 等老牌 IT 企业外，Informatica、Teradata 等专业的数据处理公司

呈现了更大的活力。在中国，华傲数据等类似厂商也不断开始涌现。

在数据存储和管理中，数据的存储、管理是数据处理的两个细分环节。这两个细分环节之间的关系极为紧密。数据管理的方式决定了数据的存储格式，而数据如何存储又限制了数据分析的深度和广度。由于相关性极高，通常由一个厂商统筹设计这两个细分环节将更为有效。从厂商占位角度来分析，IBM、Oracle等老牌的数据存储提供商有明显的既有优势，而Apache Software Foundation等新生公司，以开源的战略汇集了行业专精的智慧，成为大数据发展的领军企业。

在数据分析中，传统的数据处理公司SAS及SPSS在数据分析方面有明显优势。然而，基于开源软件基础构架Hadoop的数据分析公司最近几年呈现爆发性增长。例如，成立于2008年的Cloudera公司，由于能够帮助客户完成定制化的数据分析需求，拥有了如Expedia、摩根大通等知名公司用户，仅仅5年，其市值估计达到7亿元。

在数据的解读中，将大数据分析的数据层面的结果还原为具体的行业问题，SAP、SAS等数据分析公司在其已有的业务之上加入行业知识成为此环节竞争的佼佼者。同时，随着大数据的发展应运而生的WibiData等专业的数据还原公司也开始蓬勃发展。

在数据的显化这一环节中，大数据真正开始帮助管理实践。通过对数据的分析和具象化，将大数据能够推导出的结论量化计算，同时应用到行业中去。这一环节需要行业专精人员，通过大数据给出的推论，结合行业的具体实践制定出真正能够改变行业现状的计划。大数据服务平台，顾名思义，将以大数据为依托。无法挤入数据的六个环节，将难以形成适合自己企业路径的大数据服务平台。以银行为例，银行之所以积极进入电商的圈子，本质来说是挤入数据采集环节的路径。在大数据服务平台的继续发展中，可以预见，会有数据处理六个环节的企业不断加入，竞争会愈演愈烈。

数据是企业最重要的资产，而且随着数据产业的发展，将会变得更有价值。但封闭的数据环境会阻碍数据价值的实现，对企业应用和挖掘来讲都是如此，因此我们需要合理的机制在保护数据安全的情况下开放数据，使数据得到充分利用。笔者认为，在大数据的未来发展中，建立数据交易平台，在相关法律法规允许的情况下，数据能够在统一的平台上进行搜索比价和交易，这不仅是企业在主营业务外的数据增值行为，也为解决封闭数据、数据割裂提供了有效的解决方法，实现了有关机构之间的协同合作，符合"数据即是资产"的精神。

四、大数据金融发展的前景

（一）互联网金融和传统金融的竞争与合作

随着第三方支付平台的愈发成熟，P2P、众筹等新兴金融模式逐渐发展起来，互联网金融让传统金融的边界日渐模糊；小微贷款、理财App、网销保险等业务也在不同程度与传统金融展开激烈的竞争。

商业银行的支付业务被第三方支付业务所代替。支付功能是商业银行作为金融中介最基本的功能，很多客户将资金存入银行的目的不是为了获得利息，而是为了支付、转账结算的方便。而随着电子商务的发展，支付宝、余额宝、财付通等第三方支付平台迅速发展起来，消费者在移动设备上就可以完成比在商业银行上更快捷、方便的服务。根据艾瑞咨询集团的数据，2013年第三季度中国第三方互联网支付市场交易规模达到14205.8亿元人民币，环比增长26.7%，同比增速回升至50.8%。毋庸置疑，第三方支付系统所创造的交易额是从商业银行领域"抢"来的。

P2P网贷抢占了商业银行的贷款份额。在我国，中小微企业融资难的问题亟待解决。而互联网的用户聚合和与高速传播的特点大大降低了企业融资的成本，可以直接跳过商业银行这一环节，通过平台完成用户对用户的融资，融资双方都是个人，实现了信息透明化与对等化，彻底改变了以往的金融结构。

专栏 12-2 P2P 网贷的发展现状

在美国，最大的P2P网贷为LendingClub，该公司自成立以来完成了10万次交易，涉及金额超过20亿美元。美国第一家P2P网贷公司Prosper同样完成了8万次交易，涉及金额达到8亿美元并且连续保持了每年一倍的增速，利息的浮动空间在6.3%～37.2%，违约率在1.9%～10%。

在中国，P2P网贷公司的诞生与发展几乎与世界同步。中国的第一家P2P网贷公司"拍拍贷"成立于2007年。截至2013年年底，我国P2P网贷公司超过600家，交易总量高达500亿元人民币，其中排名前十的P2P网贷公司网站总交易占据行业总交易额的半壁江山，目前正在蓬勃发展。

资料来源：中国金融网，《P2P信贷经营模式》，2013-5

众筹融资替代传统证券业务。众筹，就是集众人的力量（资金、能力、渠道），为某个个体或者某企业进行的某项活动等提供必要的援助。众筹是目前在国内外都很流行的一个创业方向。2012年4月中旬，美国政府通过了Jumpstart Our Business Startups Act，允许美国的中小企业通过众筹融资的方式获得股权资本，而使众筹融资代替传统证券业务成为了可能。根据《福布斯》杂志所公布的数据，截至2013年年底，全球共有近2000家众筹网站，其中中国占了10%，处于高速发展的阶段。以"51资金项目网"为例，虽然其并非是我国最早的众筹概念网站，但是截至目前为止，已经为1200家中小企业成功融资，融资总金额达到30亿元人民币。我们可以把"51资金"看成国内众筹行业的一个缩影，众筹的发展虽然目前还未影响到证券行业，但是在未来，一切都还是未知数。

互联网金融的迅猛发展，在冲击了商业银行模式的同时，也给商业银行带来了创新的动力，促进了金融机构的互联网化。商业银行利用原有的客户资源，从方便客户、降低成本的角度，将原有的业务延伸至互联网，使得商业银行获得了大量新的客户，也开发出新的金融运作模式。

互联网金融带来了普惠金融，使得商业银行意识到中小微企业客户以及个人客户的重要性，促使银行开始转变观念，改变其客户定位。目前我国贷款利率已经完全市场化，商业银行为了市场，已经越来越重视中小微企业和个人客户。互联网金融P2P模式的运作方式，成为银行新的借鉴模式。许多银行纷纷建立起自己的网络贷款平台。如广发银行、招商银行、平安银行等都建立起自己的网络贷款平台。

互联网金融的发展给商业银行带来了可以应用于金融领域的互联网技术。包括新支付方式、云计算、社交网络、大数据、移动技术等。利用这些技术，商业银行可以进行多方面的模式创新和价值创新。

（二）互联网金融更好地服务于实体经济

互联网金融是现代信息技术（特别是电子商务、移动支付、大数据、云计算、搜索引擎等技术的出现和发展）进步，与金融发展到一定阶段而相互融合的产物，是一种全新的金融模式。这种全新的金融模式有效地补充了传统金融机构服务的空白，增强金融市场的竞争，全面深化了金融市场的改革，完善了金融市场体系以及完善了社会主义市场经济带来的契机。

当前，我国经济增长仍存在下行压力，稳增长、调结构、促改革、惠民生和防风险的任务还十分艰巨，全球金融市场近期也出现了较大波动，需要更加灵活地运用货币政策工具。为此，央行决定，自2015年8月26日起，实施降息及"普降+定向"降准的"双降"组合措施。至此，2014年以来，央行已累计进行4次降息、降准。此时降息、降准，主要是为了进一步降低社会融资成本，支持实体经济持续健康发展。同时，根据银行体系流动性变化，适当提供长期流动性，以保持流动性合理充裕。下面将从三个方面阐述互联网金融如何更好地服务于实体经济。

降低融资成本。互联网金融，有效缓解了金融市场中信息不对称的现象，降低了资金需求双方的交易成本，为中小微企业解决"融资难、融资贵"的问题带来了福音。同时互联网金融还克服了时空的限制，增加了融资的便利性和快捷性，也扩大了金融服务的边界，体现了金融的普惠性。更为重要的是，互联网金融的出现不仅弥补了传统金融市场的服务空白，还分流了很大一部分传统金融机构的资金来源，形成了与传统金融机构的竞争关系，迫使传统金融机构转变经营理念。因此互联网金融一方面将社会上的闲散小额资金转化为生产资金，为产业发展和经济增长提供重要的资金，另一方面优化了金融机构的配置效率，提高了整个社会的资本生产率，为我国经济增长提供了动力。

增加创新活力。创新，尤其是企业的创新可以给社会提供更高质量的服务和产品，增加企业的竞争力，进而推动经济的持续发展。其中，中小微企业的创新对中国的创新活动具有不可忽视的贡献，是中国经济保持较快增长的重要动力。然而中小微企业的创新往往因缺乏资金支持而无力承担创新带来的风险或浅尝辄止或以失败告终。基于大数据和云计算等信息技术的互联网金融的出现和发展，一方面以创新的金融模式（如P2P网络借贷模式、大众筹资模式等）和基于评价体系和信用数据的较为先进的风险评估机制为中小微企业的创新融资提供量身定做的金融产品，满足企业的创新融资需求，推动了企业创新的发展；另一方面推动了传统金融行业的市场化改革和发展，促进了金融服务产品的创新，为企业的创新提供了更好的服务，大幅改善了企业创新的融资环境，为经济持续高质量发展带来不竭动力。

增加消费需求。首先，互联网金融提供便捷性、多样性的金融产品和服务，并降低了金融产品和服务的门槛，将传统金融机构忽略和遗漏的长尾客户纳入金融服务的范围之内，迅速壮大了互联网金融服务的消费者的队伍。其次，互联网金融缓解了流动性约束，增加了消费需求。流动性约束是指当人们因货币或资金量不足且难以通过变现自己的金融资产或从外界获得借款时所面临的境况。互联网金融通过便利化的支付方式和消费信贷（如阿里巴巴小额贷款和京东白条等）创新金融产品，增加消费者的便利性和即时性，放松消费者面临的流动性约束，改善消费环境，这必将增加整个经济中的消费，增强经济增长内在动力。最后，互联网金融增加了消费者的财产收益，并通过财富效应增加消费需求，同时也扩大了人们获得风险管理工具的便捷性和渠道，减少消费者面临的不确定性，为消费需求的持续扩大获得保障。

本章小结

大数据金融对金融行业发展业态的影响较为深远。首先大数据是衡量金融机构竞争力的重要指标。大数据的价值在于挖掘、预测、实时分析，从而将大数据转化为宝贵的信息。其次，大数据能够创新产品和模式，辅助金融决策。大数据能够很好地解决信息不对称的问题，提升贷前风险判断和贷后风险预警，实现风险管理的精确化和前瞻性。最后，大数据金融通过与传统金融业态的融合，实现优势互补，促进金融业态的创新。

大数据金融运营模式以平台模式和供应链模式为主。平台模式是建立在一个庞大的数据流量系统之上，拥有详尽的征信系统数据库，控制风险，降低坏账率、稳定客户群体以及解决信息不对称的问题。而供应链金融是供应链管理的参与者作为组织者，对供应链金融资源进行整合,为供应链其他参与者的资金提供渠道的一种融资方式,能够整合资金、资源、物流等活动,提高整个供应链的资金运用效率。

未来大数据金融的发展趋势将形成电商的金融化,实现信息流与金融流的融合;同时金融机构也将积极搭建数据平台,强化用户体验;最终通过大数据金融实现大数据产业链分工,更好地服务于实体经济。

复习思考题

1. 大数据的含义以及大数据金融的含义。
2. 大数据金融是如何影响传统金融业发展态势的?传统的金融行业在大数据运用方面有哪些优势?
3. 结合实际,分析大数据时代下互联网金融发展的环境。
4. 大数据金融的发展受到哪些因素的限制?大数据金融发展的前景如何?
5. 在大数据时代下,企业如何与时俱进?大数据金融又如何服务于实体经济?

附录一　2012 — 2016 互联网金融大事件

2012 年，互联网金融元年

自 2012 年互联网金融元年兴起之时，互联网金融就以星火燎原之势，继续在广度和深度上影响和改变着中国金融体系。

实际上，追溯到 2011 年 5 月 18 日，中国人民银行就开始发放第三方支付牌照，这就标志着互联网与金融的结合开始了。同年 8 月 23 日银监会下发《关于人人贷有关风险提示的通知》，P2P 首次受到广泛的关注。自此，互联网金融的推动发展与风险控制就始终交织在一起轰轰烈烈向前走过了 5 年。

下面对 2012 年以来已经发生的互联网金融大事件进行回顾，可以看出互联网金融产业从加快发展的速度，到爆发式增长的全过程，从而，让大家更深刻体会互联网金融发展的逻辑和未来趋势。

2012 年 3 月，平安陆金所推出 P2P 业务。

2012 年 6 月，建设银行推出"善融商务"，金融机构进驻电商领域。

2012 年 8 月，中投谢平在 CF40 论坛上发表《互联网金融模式研究》报告，首次提出互联网金融的概念、理念和理论。

2012 年 9 月，马蔚华在"第七届中国银行家高峰论坛"上总结了互联网金融模式对商业银行五种业务及模式的挑战。

2013 年，互联网金融创新发展年

进入 2013 年，随着政府的政策宣示、扶持、推广，大小传统金融企业、最具代表性的电子商务和互联网企业纷纷启动互联网金融业务，尝试不同的互联网金融模式，风生水起。

2013 年 3 月，证监会发布《证券投资基金销售机构通过第三方电子商务平台开展业务管理暂行规定》。

2013 年 3 月，阿里巴巴集团宣布，将筹备成立阿里小微金融服务集团，负责集团旗下所有面向小微企业以及消费者个人的金融创新业务。同年 6 月，阿里金融所属的"余额宝"正式上线（支付宝联手天弘基金），其资金规模突破百亿元，客户数超过 400 万户，上线 3 个月规模达 556.53 亿。

2013 年 4 月，国务院部署了金融领域的 19 个重点研究课题，"互联网金融发展与监管"

是其中之一。

2013年5月，央视《新闻联播》对P2P行业进行了报道与肯定。

2013年6月1日，北京软件和信息服务交易所成立国内首家由企业运营的"软交所互联网金融实验室"。软交所将努力建立"政、产、学、研、金、媒"六位一体的互联网金融研究平台体系，力争在中国互联网金融服务领域打造全新的"服务航母"。

2013年6月，学界"互联网金融教育"重磅出击。由中国人民大学商学院联合国培机构在全国率先推出具有行业特色的EMBA创新项目——中国小微与互联网金融实践管理领袖教育项目，项目通过引进管理学家亨利·明茨伯格的"国际实践管理硕士项目"管理理念和教学模式，基于反思、分析、练达、合作、行动的五大教学模块和全球三大洲、五所一流商学院互动访学的深度修炼，全面提高中国小微与互联网金融领域管理者的各项能力。

2013年6月下旬，中国农业银行成立"互联网金融技术创新实验室"。这表明，在互联网金融的强烈冲击之下，传统银行业界的"大腕们"，开始审视、反思，并大幅度调整。

2013年6月17日，余额宝正式上线。

2013年7月4日，互联网金融千人会在北京正式宣告筹备成立。

2013年7月6日，新浪、百度等获得第三方支付牌照。新浪立刻开始在新浪微博平台上"跑马圈地"。在新浪规划的梦想中，拥有500万用户只是一个开始。未来，新浪支付意欲将用户数达到亿级，7月18日新浪发布"微银行"。

2013年7月29日，京东商城CEO刘强东在京东平台合作伙伴大会上宣布，京东已经成立金融集团，正式进军互联网金融。

2013年8月1日，董文标、刘永好、郭广昌、史玉柱、卢志强、张宏伟等七位大佬，联合投资30亿元人民币资本金，在深圳前海成立民生电子商务有限责任公司，致力于成为新型电子商务金融业务的代表性公司和龙头企业。

2013年8月5日，微信5.0上线，增加了"微信支付"功能。

2013年8月8日，网盛生意宝获得首块互联网金融牌照"担保许可证"。

2013年8月，北京市海淀区政府提出中关村西区建设"中关村互联网金融中心"，并已将京东商城、当当网、拉卡拉、易宝支付、91金融超市、天使汇、用友软件等行业巨头连在了一起。日前，包括它们在内的33家单位发起成立了中关村互联网金融行业协会，这是全国范围内第一家互联网金融的行业组织。这标志着中关村正以进军互联网金融产业为契机，正式迈出构建中国互联网金融创新中心的步伐。

2013年8月12日，国务院发布《关于金融支持小微企业发展的实施意见》，提出"充分利用互联网等新技术、新工具，不断创新网络金融服务模式"。

2013年8月13日，中国人民银行副行长刘士余出席2013年中国互联网大会时，对互联网金融予以公开认可。

2013年8月14日，国务院发布《关于促进信息消费扩大内需的若干意见》，提出"推动互联网金融创新，规范互联网金融服务"。

2013年8月，中国人民银行组团赴上海、杭州等地调研互联网金融。

2013年9月1日，央视新闻联播重点报道了互联网金融公司"91金融超市"，这家公司拥有应有尽有的金融产品、解决同类金融服务机构的比较问题、汇聚最多的金融机构和优惠渠道，相当于互联网金融界的"沃尔玛"。

2013年10月9日，阿里11.8亿控股天弘基金。

2013年10月21日，百度金融宣布理财计划"百发"将上线，百度正式进军金融互联网金融。

2013年10月23日，招商银行公布金融P2P，大小银行加快互联网金融领域探索的步伐。

2013年11月1日，淘宝开卖基金，多家基金公司的淘宝店铺齐上线。

2013年11月1日，《新闻联播》头条报道专注于早期创投服务的天使合投平台——天使汇。

2013年11月6日，首家互联网保险公司——众安在线财产保险股份有限公司开业，由阿里巴巴董事局主席马云、中国平安保险董事长马明哲、腾讯CEO马化腾联手打造。

2013年11月12日，十八届三中全会通过了《中共中央关于全面深化改革若干重大问题的决定》正式提出了"发展普惠金融"释放支持互联网金融的信号。

也就在这期间，P2P平台"跑路"频频，已经有64家网贷平台出现提现困难或倒闭、"跑路"的情况。

2013年12月3日，中国支付清算协会成立互联网金融专业委员会，启动行业自律。

2013年12月5日，中国人民银行等五部委联合发布《关于防范比特币风险的通知》。

2013年12月10日，京东"京保贝"融资业务上线。

2013年12月18日，网易宣布正式推出在线理财平台——网易理财。

2013年12月31日，杭州数米基金因销售基金违规，互联网金融收到首张罚单。

2014年，互联网金融飞速发展年

2014年，移动支付突飞猛进，是支付的元年；众筹规模高速增长，股权众筹草案出台，也是众筹的元年；传统银行业大举涉足小微贷款，上市公司做起P2P，是"正规军"的小贷元年。不仅如此，互联网金融更在2014年被写入政府工作报告。

2014年，理财不找银行、投资不去券商、贷款不求别人、基金网上买、银行做直销、信托尝试O2O，金融行业涉足互联网新领域。转型、竞争、颠覆、跨界、合作等关键词

记录下互联网金融给 2014 带来的深刻痕迹。

2014 年 1 月 16 日，微信理财通公开测试。

2014 年 1 月 17 日，央视曝光支付宝找回密码漏洞，互联网安全引起恐慌。

2014 年 1 月 21 日，微信 5.2 上线，"抢红包"使腾讯、阿里移动支付争夺战正式打响。

2014 年 2 月 21 日，央视评论员钮文新发表《取缔余额宝》的文章，引起激烈讨论。

2014 年 3 月 5 日，李克强总理在第十二届全国人大二次会议上所作的《政府工作报告》中提到，"促进互联网金融健康发展，完善金融监管协调机制。"这是"互联网金融"一词首次被写入政府工作报告。

政府鼓励、支持、包容互联网金融的态度非常明显，决策层的重视与肯定为互联网金融在 2014 年高速发展奠定了基础，大资产管理机构以此为基础发力互联网金融，这是互联网金融领域的头等大事件。

2014 年 3 月，央行叫停虚拟信用卡、二维码支付业务。

2014 年 3 月，央行下发《关于进一步加强比特币风险防范工作的通知》，要求各银行和第三方支付机构关闭 15 家境内比特币平台的所有交易账户，其规定的最后截止日期被称为"415 大限"。从疯狂炒作到被封杀，比特币的价格从近 8000 元跌至不到 2000 元。不过，比特币并未消亡，作为互联网上土生土长的虚拟货币，仍有其生存空间。

如果说移动互联 O2O 是电子商业模式去中介化的表现，那么，货币的去中介化对于"大资管"领域又意味着什么？这个问题值得思考。

2014 年 4 月，银监会与央行联合下发《关于加强商业银行与第三方支付机构合作业务管理的通知》（下称"10 号文"），第三方支付机构的快捷支付功能受到进一步限制。同时，三大国有银行宣布不接受"余额宝"协议存款。10 号文是商业银行和第三方支付机构将风险责任进一步明确和清晰的界定。二维码支付被叫停的原因主要是技术安全标准的缺失。虚拟信用卡跳过了"面签"的风控环节，被称为"带缺陷的创新"。

对第三方转账、消费金额进行限制也是出于对行业风险控制的考虑。监管部门对互联网金融的创新与风险控制较为"严苛"，表明了监管层鼓励创新与风险防控并重的态度。

2014 年全年，互联网巨头之间的"钱包"大战是 2014 年互联网金融与基金行业交叉最多的事件，"钱包"成为互联网公司抢夺用户入口的必争之地。微信钱包、百度钱包、支付宝钱包、京东小金库等产品陆续问世，兴业、平安等传统银行以及互联网理财平台也都推出了各自的"钱包"。基金业趁机发力互联网金融，货币基金成为"钱包"们的标准配置。培养用户的使用习惯是互联网金融发展的根基，互联网公司不惜以补贴式营销获取客户，只为争得互联网金融入口的一席之地。

2014 年全年，O2O 电子商务模式加速了互联网的去中介化。据不完全统计，2014 年至少有 14 个领域涉足 O2O 电子商务，吃喝玩乐、居住用行、生老病死都包括在内，"饿了么""滴滴打车""房多多"等为大众广泛使用。O2O模式为互联网钱包增加了消费场景，进一步培养了用户的使用习惯。

2014年10月，"91金融"开设线下体验门店，实践O2O业务模式；中国平安打造"平安财神节"尝试O2O模式。

金融领域的O2O模式更加广泛，只要把传统的金融业务模式与移动互联网相结合，都可以称之为O2O模式。

2014年10月1日起，淘宝对基金公司征收千分之三的销售服务费。此公告直接打击了"双11"期间基金的销售，货币基金的吸引力已不如年初。货币基金是公募基金进军互联网金融的一把利器，同时也是获取客户的有效通道。但基金公司淘宝网店模式还未取得效益，便随着一纸公告黯然下架了。如何为互联网金融用户设计开发产品，如何让用户体验权益类产品，是资管行业讨论最多的话题之一。

2014年，众筹募资规模高速增长，股权众筹征求意见稿发布，2014年被视为众筹元年。

2014年一季度，国内众筹募资总金额约0.52亿元，二季度就增长到1.35亿元，三季度众筹募资总金额达到2.76亿元，预计四季度众筹募资总金额将达到4.45亿元。数据明确透露出众筹募资的强大力量。

2014年底，中国证券业协会发布《私募股权众筹融资管理办法（征求意见稿）》，明确"单位或个人投资单个融资项目的最低金额不得低于100万人民币""金融资产不低于300万元人民币或最近三年年均收入不低于50万元人民币的个人"等要求，有业内人士质疑此举是否违背了互联网普惠金融的精神。

众筹模式早已存在，而加入了互联网因素，就直接影响到资产管理行业。融资不再依靠各类产业基金，投资不再需要金融中介。

2014年10月16日，蚂蚁金融服务集团正式宣告成立，包括支付宝、支付宝钱包、余额宝、招财宝、蚂蚁小贷及筹备中的浙江网商银行等品牌，其业务体系包括支付、理财、融资、保险四大板块。

阿里蚂蚁金服集团成立，京东发布消费金融战略，小米投资积木盒子，互联网巨头公司布局金融行业，且推进迅速。互联网公司几乎涉足了全部的金融领域，

互联网公司在涉足资产管理领域的同时，也向互联网消费发起攻势，布局金融控股集团的意图明确。

截至2014年年底，我国网贷运营平台达1575家，中国网货行业有史以来累计成交量超过3829亿元。2014年网货行业成交量以月均10.99%的速度增加，全年累计成交量高达2528亿元，是2013年的2.39倍。

2014年，银行、上市公司开始涉足小额借贷，"正规军"的加入提高了P2P行业的准入门槛，民生银行推出"民生易贷"、国开金融的"开鑫贷"、包商银行的"小马Bank"、

招商银行的"e+稳健融资项目",广发证券子公司注资投哪网1亿元,熊猫烟花投资1亿成立银湖网,还有近20家上市公司成立或联合成立P2P平台。

网贷行业正在经历一个从蓝海到红海的过程。

2014年四季度A股市场的飙升,P2P行业的资金撤离情况显得非常严重。以往35分钟就能满标的产品如今需要3～5天。多家P2P公司开展的股票配资业务异常火爆。深圳某公司两个月的配资规模达到10亿。

P2P配资业务是游离于证券金融业务以外的民间配资,规则有所不同,因此也不在监管部门的统计之列。另外,券商配资杠杆比例最多不超过3倍,而P2P股票配资最高可达9倍。券商融资业务的门槛一般为50万元,而P2P股票配资门槛至千元即可。

对于资产管理行业来说,P2P配资业务有可能改变股市资金的结构,对行业的影响更直接。

2014年12月12日,全球最大的P2P平台LendingClub在美国上市,这一事件对我国互联网金融的发展影响深远。对于国内的P2P们来说,LendingClub是一个效仿的榜样,被看作带头大哥,为我国互联网金融发展探明了道路,也为股东们找到了最佳的推出方式。P2P或许无法登录A股市场,但存在海外上市的可能。

2015年,互联网金融的理性回归年

进入2015年,互联网金融行业继续呈爆发式增长,从P2P、股权众筹,到互联网保险、第三方支付,互联网金融正在深刻地影响着经济社会生活。这一年,行业内也发生了诸多影响行业发展的事件,通过这些事件,可看出互联网金融正在从"野蛮生长",向有监管、有规则的方向发展。

一边是监管逐步落地,行业"基本法"框架初定,另一边是行业"跑路"潮依然不断,其中不乏一些大体量的平台应声倒塌,再加上监管部门对行业的调查全面铺开。

2015年1月,央行印发《关于做好个人征信业务准备工作的通知》,商业化个人征信机构正式进入监管视野。芝麻信用、腾讯征信等八家征信机构的准备工作已基本完成,并已开展相关业务进行探索,只待央行颁发"准生证"。

美国信用评分公司FICO中国区总裁陈建表示,中国的"信用经济"值得期待。

2015年7月18日,互联网金融监管指导意见出台,央行联合十部委正式发布了《关于促进互联网金融健康发展的指导意见》(以下简称《意见》),出台P2P行业"基本法"。《意见》肯定了P2P的合法地位,也明确了P2P的信息中介性质,被称之为我国P2P网贷行业第一部全面的"基本法"。该"基本法"在为P2P网贷行业发展指明方向的同时也明确了监管取向,为后续的监管细则落地铺平了道路。

业内认为,"基本法"对于行业有指导性意义,标志着国内P2P网贷行业开始告别"野

蛮生长"时代，明确互联网金融的主要业态包括互联网支付、网络借贷、股权众筹融资、互联网基金销售、互联网保险、互联网信托和互联网消费金融等。

《意见》也明确规定，要求个体网络借贷（P2P）要坚持平台功能，为投资方和融资方提供信息交互、撮合、资信评估等中介服务。个体网络借贷机构要明确信息中介性质，主要为借贷双方的直接借贷提供信息服务。

2015年7月27日，正式出台了《互联网保险业务监管暂行办法》，这是互联网金融指导意见发布后面世的首份行业配套文件。2015年上半年，互联网保险市场实现保费收入816亿元，是上年同期的2.6倍，逼近2014年互联网保险全年总保费规模。

易观国际分析认为，随着监管细则落地，互联网保险行业结构不均衡、渗透率不高、同质化、夸大宣传等问题将逐步好转。

2015年7月31日，央行发布了《非银行支付机构网络支付业务管理办法（征求意见稿）》（以下简称《意见稿》）。《意见稿》规定支付机构不得为金融机构，以及从事信贷、融资、理财、担保、货币兑换等金融业务的其他机构开立支付账户。此外，《意见稿》还对第三方支付账户做出了一系列的限制措施。如用支付账户转账，无论转入还是转出，都只能在支付账户与自己的同名银行借记账户之间操作；拥有综合类支付账户的个人，支付账户的余额付款交易年累计不得超过20万元等。

此次意见稿的出台，对P2P影响最大的即是"意见稿"规定非银支付机构不得为金融机构开立支付账户，这意味着此前第三方支付争抢的P2P网贷资金托管业务或被禁止。虽然，央行亦在随后的解释中称支付机构仍可以为P2P平台提供支付通道服务，但仍然不能打消P2P从业者的担忧。通过第三方支付对接银行，或是直接对接银行存管业务，在监管细节尚未落地的前提下，成了平台面临的选择难题。

2015年之前，股权众筹处于"无法可依"的状态。虽然政策频下，但无定论，行业的实践依然无所适从。2014年发布了《私募股权资产管理办法征求意见稿》，大有运用私募办法来管理股权众筹的风势，行业从"徜徉风口"的喜悦中惊醒，进入政策敏感期。

2015年7月，股权众筹迎来了政策转折点。央行与十部委的《关于促进互联网金融健康发展的指导意见》的发布，将股权众筹定义为通过互联网形式进行公开小额股权融资的活动，必须通过股权众筹融资中介机构平台进行。从此，股权众筹从业者从"无法可依"进入"有政可循"的阶段。

而广东省7月份出台的《广东省互联网股权众筹试点工作方案》，直接针对股权众筹提出发展要求，导向更清晰。中央、省级政府关注的重点是对股权众筹、P2P（债权众筹）的监管，防范风险；而市级地方政府关注的重点是推动互联网金融发展，将其作为当地产业转型与发展的重要补充来促进。2015年底全省互联网股权众筹平台达50家，挂网创业创新项目5000个，成功筹资的创业创新项目400个，完成众筹融资额5亿元。从行业年底数据来看，该目标可顺利实现。

2015年8月6日，最高法出台了《最高人民法院关于审理民间借贷案件适用法律若干问题的规定》（以下简称《规定》），自9月1日起执行。据悉，该《规定》设定了民间借贷利率的三个区间。第一个是司法保护区，年利率24%以下的民间借贷，法院予以司法保护。第二个是自然债务区，即年利率为24%～36%，这个区间作为一个自然债务，如果要提起诉讼，法院不会保护，但是当事人若愿意自动履行，法院也不反对。第三个是无效区，年利率超过36%的民间借贷，超过部分法院将认定无效。

业内认为，对于P2P行业而言，该项《规定》的积极意义在于消除了平台的高利风险，抵制了P2P行业中年利率畸高的交易，保护借款人的同时也规范了P2P行业的交易标准。部分平台那种从网上吸纳资金放高利贷的行为将无法继续下去。此外，"规定"还进一步明确了P2P中介平台的"身份"。

2015年，我国首批5家民营银行全部开业。2015年11月，5家银行首次披露成绩单，资产总规模超500亿元。这是首批民营银行开业，小微金融是其特色。

对于运用"互联网＋大数据"的民营银行而言，在与大银行进行差异化竞争中，小微金融是特色，在纾解民间借贷需求、创新银行业务模式方面将发挥举足轻重的作用。

2015年12月18日，宜信旗下P2P平台宜人贷在美国纽交所上市，成为中国P2P在美上市第一股。但值得注意的是，宜人贷上市首日即破发，当天以10美元股价开盘后，即暴跌超过10%，最低跌至8.35美元，收盘价为9.1美元，跌幅达9%，按收盘价计算市值为5.32亿美元。

此外，陆金所"掌门人"计葵生也对外表示，最快将在2016年下半年赴港上市，目前平台估值180亿美元。当时，陆金所正在进行第二轮融资，将募集约9～10亿美元的资金。而截至2015年9月末，陆金所总交易量为9264亿元，接近万亿，个人零售端交易量3174亿元，同比上涨逾6倍，其中P2P交易量299亿元，同比上涨逾2倍。

2015年底，多方媒体报道称，由银监会牵头制定的P2P管理办法已成型并开始内审，最快在年底前向社会公开征求意见，有望在2016年年中实施，同时设有18个月左右的过渡期。

由银监会牵头制定的P2P管理办法其内容更为框架性，将不对P2P公司设置注册资金门槛，亦无杠杆倍数限制，负面清单制成为监管核心。负面清单包括P2P不得自融自保，不得保本保息，不得虚假宣传，不得将融资项目期限进行拆分等业内默认的监管原则。P2P也将不得销售理财、资管、基金、保险或信托产品，不得从事股权众筹等业务，更不得进行股票配资业务。

业内人士认为，这意味着那些混业经营公司将面临挑战。此外，关于银行存管的要求并没那么容易，当下与银行签约存管的仍以业内大平台为主。有业内人士坦言，其实一些银行虽然与一些 P2P 平台签署了相关协议，但随后调研中发现平台问题较多，临时终止协议的情况也存在。

该事件大大提振了互联网金融从业者的信心。同时也促进更多传统金融人才流向互联网金融。

2015 年 10 月底，根据互联网金融研究机构"网贷之家"的监测数据，全国 P2P 平台历史累计成交量突破万亿元大关，达到 10983.49 亿元。

业内专家表示，跻身"万亿俱乐部"，说明 P2P 正成为主流理财方式之一，但行业健康发展仍征途漫漫。

2015 年，在具体监管细则尚未明确的情况下，互联网金融行业"第一案"相继开庭。2015 年 8 月，股权众筹领域首个民事案件开庭，原告"人人投"状告诺米多餐饮公司，法院判决"人人投"胜诉；12 月，P2P 机构诉评级机构第一案开庭，短融网诉融 360 "不具备信用评级资格"。

互联网金融研究机构零壹财经 CEO 柏亮认为，在这一行业，相关法律法规仍存模糊地带，评级机构也缺乏公信力。因此，互联网金融要走上健康发展轨道，市场环境和法律环境亟须完善。

2015 年是线下电子支付大规模应用"元年"，快餐店、超市、商场几乎都可以使用支付宝、微信等移动支付工具。央行的数据显示，二季度全国银行机构共处理电子支付业务 249.76 亿笔，金额 594.15 万亿元。其中，移动支付业务 22.86 亿笔，金额 26.81 万亿元，同比分别增长 141.34% 和 445.14%。

专家认为，未来移动支付将使线上、线下的商业活动充分融合，而如何保护客户隐私和资金安全是行业面临的挑战。

2015 年 7 月，国产电影《西游记之大圣归来》让股权众筹这一投资方式被许多普通投资者所了解。影片出品人路伟在微信朋友圈发起众筹，获得来自 89 个投资人的 780 万元。据透露，返还投资人的回报将是本金的 5 倍。此片众筹金额只覆盖影片 10% 的成本。做好众筹，前提是有好产品。

2015 年，P2P 行业保持高速发展，但问题平台数量也居高不下。截至 2015 年 11 月底，全国问题平台数累计为 1248 家，问题平台占全部平台的比例高达 34.5%。

网贷之家 CEO 石鹏峰表示，P2P 行业风险仍不可低估，风控、征信等模式的创新任重道远。

2016 年，互联网金融的规范发展年

进入 2016 年，互联网金融监管细则落地，设定政策红线，引导行业健康发展，让更多的传统产业受益互联网金融创新。

2016年3月25日，中国互联网金融协会在上海召开成立大会，中国人民银行前副行长李东荣任协会会长，科技司副司长陆书春任秘书长。会议资料显示，中国互联网金融协会第一届理事会理事候选人名单有142家，首批单位会员400多家。

2016年3月31日，央行、银监会联合印发《关于加大对新消费领域金融支持的指导意见》，从积极培育发展消费金融组织体系、加快推进消费信贷管理模式和产品创新、加大对新消费重点领域的金融支持、改善优化消费金融发展环境等方面提出一系列细化政策措施。同时，银监会推动民营银行发展进入常态化阶段，目前已经有7家民营银行获批，12家银行进入论证阶段。

2016年4月14日，央行牵头多部委出台《互联网金融风险专项整治工作实施方案》，要求全国各省市暂停登记注册在名称、经营范围中含有金融相关字样的企业。上述方案强调了采取"穿透式"监管方法，根据业务实质明确责任；并提到重点整治方向包括P2P网络借贷、股权众筹、通过互联网开展资产管理，以及跨界从事金融业务、第三方支付和互联网金融领域广告等行为。

2016年4月27日，教育部办公厅和中国银监会办公厅联手发布《关于加强校园不良网络借贷风险防范和教育引导工作的通知》，指出要加强校园不良网络借贷平台的监管和整治，教育和引导学生树立正确的消费观念。6月23日，教育部再次发布通告，提醒年轻学生警惕校园贷款陷阱。

2016年5月11日，证监会已经叫停上市公司跨界定增，涉及互联网金融、游戏、影视、VR四个行业。比如水泥企业不准通过定增收购或者募集资金投向上述四个行业，同时，这四个行业的并购重组和再融资也被叫停。西藏旅游、永大集团、华塑控股的跨界重组项目亦被终止，拉卡拉、海科融通、和创未来三家互联网金融公司借壳上市失败。

2016年6月8日，央行征信管理局向各大征信机构下发了《征信业务管理办法（草稿）》，对征信机构的信息采集、整理、保存、加工、对外提供、征信产品、异议和投诉以及信息安全等征信业务的各个环节做出了规范。《草稿》强调，征信机构采集和使用个人信息应当经信息主体本人同意；个人财产性信息应与其他个人信息相区分；鼓励征信产品应用场景的开发等。

区块链概念在2016年上半年越发火爆，中国互联网金融协会则于2016年6月15日成立了区块链工作组，决定深入研究区块链在金融领域的应用问题。本次区块链概念的兴起也带动了比特币价格回暖，比特币价格在6月中旬一度突破5100元人民币，较年初涨幅超200%。

2016年8月24日，银监会、工信部、公安部、国家互联网信息办公室联合发布《网络借贷信息中介机构业务活动管理暂行办法》，至此，国内P2P行业将步入有法可依时代，P2P野蛮生长的时代一去不复还。

附录二　与互联网金融相关的法律法规汇总

重要法律法规形成的机理和对互联网金融发展的重要作用：

根据中国人民银行、工业和信息化部、公安部、财政部、国家工商总局、国务院法制办、中国银行业监督管理委员会、中国证券监督管理委员会、中国保险监督管理委员会、国家互联网信息办公室于 2015 年 7 月 28 日联合印发的《关于促进互联网金融健康发展的指导意见》（银发〔2015〕221 号）规定，目前我国合法的互联网金融业态包括：互联网支付、网络借贷、股权众筹融资、互联网基金销售、互联网保险及互联网信托和互联网消费金融。

除传统各项法律法规及监管制度和政策外，专门针对新型业态的监管规定主要是从 2010 年的中国人民银行 2 号文（《非金融机构支付服务管理办法》）对第三方支付机构的监管开始的（一般认为，支付业务的发展及监管也是我国互联网金融行业发展的标志性事件）。2015 年十部委发布的 221 号文（《关于促进互联网金融健康发展的指导意见》）既是对近几年互联网金融业态的全面总结、梳理和确认，同时也是未来监管政策落地的纲领性、"指导性"文件。其中，最值得关注的当属第三方支付、P2P 和股权众筹。

2015 年 12 月 28 日，国务院法制办公布了"银监会关于《网络借贷信息中介机构业务活动管理暂行办法（征求意见稿）》公开征求意见的通知"。正式发布该项办法是 2016 年 8 月 24 日。

网贷监管办法正式版和备案登记、评估分类、自律组织、地方政府实施细则等相关监管细则都陆续出台。这样，网贷监管体系形成。

2015 年 12 月 28 日当天，中国人民银行在历经 2012 年、2014 年和 2015 年先后多次征求意见后，终于发布了《非银行支付机构网络支付业务管理办法》（中国人民银行公告〔2015〕第 43 号），官方亦进行了逐条说明。

2016 年 10 月 13 日，国务院办公厅正式公布了《互联网金融风险专项整治工作实施方案》，从各个维度在全国范围内对互联网金融风险专项整治工作进行了全面部署安排。

下面从两个角度提供历年来的法律法规名录，读者可以根据相关的法律法规、通知、意见、办法的名称在互联网上搜索得到全文。

第一种展示方式是按照时间顺序，让读者了解各种法律法规形成的时间、背景和发展过程。

第二种展示方式是按照类别列举，同时在各个类别中增加了相关的金融法律法规。

2.1 与互联网金融相关法律法规汇总（按时间顺序）

表 2.1.1 国家层面互联网金融相关政策

序号	时间	文件信息
1	2006年12月12日	国务院办公厅关于严厉打击非法发行股票和非法经营证券业务有关问题的通知（国办发〔2006〕99号）[061212]（2013年9月16日，中国证监会通报了淘宝网上部分公司涉嫌擅自发行股票的行为并予以叫停，依据即是本通知）
2	2009年6月4日	文化部、商务部关于加强网络游戏虚拟货币管理工作的通知（文市发〔2009〕20号）[090604]（本通知为虚拟货币的监管依据之一）
3	2010年9月1日	中国人民银行：《非金融机构支付服务管理办法》（〔2010〕第2号）[100901]（附：中国人民银行有关部门负责人就《非金融机构支付服务管理办法》有关问题答记者问）
4	2010年12月1日	中国人民银行：《非金融机构支付服务管理办法实施细则》（中国人民银行公告〔2010〕第17号）
5	2011年1月4日	最高人民法院关于审理非法集资刑事案件具体应用法律若干问题的解释（法释〔2010〕18号）
6	2011年3月21日	国家认证认可监督管理委员会关于对《非金融机构支付服务业务系统检测认证管理规定》修改意见的函
7	2011年6月16日	中国人民银行：《非金融机构支付服务业务系统检测认证管理规定》
8	2011年8月23日	银监会办公厅：《关于人人贷有关风险提示的通知》（银监办发〔2011〕254号）
9	2012年1月5日	中国人民银行：《支付机构互联网支付业务管理办法（征求意见稿）》
10	2012年3月8日	中国人民银行关于印发《支付机构反洗钱和反恐怖融资管理办法》的通知（银发〔2012〕54号）
11	2012年11月1日	中国人民银行：《支付机构预付卡业务管理办法》
12	2013年3月7日	支付清算协会：关于印发《支付机构互联网支付业务风险防范指引》的通知
13	2013年6月7日	中国人民银行：《支付机构客户备付金存管办法》（中国人民银行公告〔2013〕第6号）
14	2013年7月5日	中国人民银行：《银行卡收单业务管理办法》
15	2013年12月3日	中国人民银行、工业和信息化部、中国银行业监督管理委员会、中国证券监督管理委员会、中国保险监督管理委员会《关于防范比特币风险的通知》（银发〔2013〕289号）（本通知为虚拟货币如比特币的监管依据之一）

附录二　与互联网金融相关的法律法规汇总

续表

序号	时间	文件信息
16	2014年3月14日	中国人民银行支付结算司关于暂停支付宝公司线下条码（二维码）支付等业务意见的函[140314]（附：推动创新规范服务——央行有关负责人回应当前互联网金融监管热点话题）
17	2014年3月18日	中国人民银行：《关于手机支付业务发展的指导意见全文及起草说明》
18	2014年3月18日	中国人民银行：《支付机构网络支付业务管理办法（征求意见稿）》
19	2014年3月25日	最高人民法院、最高人民检察院、公安部关于办理非法集资刑事案件适用法律若干问题的意见（公通字〔2014〕16号）
20	2014年4月3日	银监会、人民银行：《关于加强商业银行与第三方支付机构合作业务管理的通知》（银监发〔2014〕10号）[140403]
21	2014年4月15日	中国保险监督管理委员会对《关于规范人身保险公司经营互联网保险有关问题的通知（征求意见稿）》公开征求意见
22	2014年12月18日	中国证券业协会：《私募股权众筹融资管理办法（试行）（征求意见稿）》及起草说明（中证协发〔2014〕236号）
23	2015年7月18日	中国人民银行、工业和信息化部、公安部、财政部、国家工商总局、国务院法制办、银监会、证监会、保监会、国家互联网信息办公室联合印发了《关于促进互联网金融健康发展的指导意见》（银发〔2015〕221号）
24	2015年7月31日	中国人民银行：《非银行支付机构网络支付业务管理办法（征求意见稿）》
25	2015年9月1日	最高人民法院：《关于审理民间借贷案件适用法律若干问题的规定》（法释〔2015〕18号）
26	2015年10月1日	保监会：《互联网保险业务监管暂行办法》（保监发〔2015〕69号）
27	2015年12月28日	银监会：《网络借贷信息中介机构业务活动管理暂行办法（征求意见稿）》
28	2016年3月1日	中国人民银行：《非银行支付机构网络支付业务管理办法》（中国人民银行公告〔2015〕第43号）[160701]（附"中国人民银行有关负责人就《非银行支付机构网络支付业务管理办法》答记者问"和"中国人民银行：《非银行支付机构网络支付业务管理办法》条款释义"）
29	2016年2月4日	国务院出台《关于进一步做好防范和处置非法集资工作的意见》
30	2016年4月14日	14部委联合出台《互联网金融风险专项整治工作实施方案》
31	2016年8月24日	银监会、工业和信息化部、公安部、国家互联网信息办公室联合发布《网络借贷信息中介机构业务活动管理暂行办法》
32	2016年10月13日	国务院办公厅公布了《互联网金融风险专项整治工作实施方案》

表 2.1.2　各主要地区和城市互联网金融相关政策

序号	时间	文件信息
1	2013 年 10 月 11 日	北京市海淀区人民政府：《关于促进互联网金融创新发展的意见》（海行规发〔2013〕3 号）[131011]
2	2013 年 12 月 25 日	中关村国家自主创新示范区领导小组：关于印发《关于支持中关村互联网金融产业发展的若干措施》的通知（中示区组发〔2013〕4 号）[131225]
3	2014 年 2 月 27 日	天津开发区推进互联网金融产业发展行动方案（2014–2016）[140227]
4	2014 年 3 月 15 日	深圳市人民政府《关于支持互联网金融创新发展的指导意见》（深府〔2014〕23 号）[140315]
5	2014 年 7 月 17 日	南京市人民政府印发《关于加快互联网金融产业发展的实施办法》的通知（宁政发〔2014〕193 号）[140717]
6	2014 年 8 月 4 日	上海市人民政府印发《关于促进互联网金融产业健康发展若干意见》的通知（沪府发〔2014〕47 号）[140804]
7	2014 年 12 月 5 日	上海市黄浦区人民政府印发《黄浦区关于进一步促进互联网金融发展若干意见》的通知 [141205]
8	2015 年 8 月 17 日	上海市黄浦区人民政府印发《黄浦区关于进一步支持互联网金融健康发展的若干意见》[150817]
9	2014 年 12 月 14 日	杭州市人民政府《关于推进互联网金融创新发展的指导意见》（杭政函〔2014〕166 号）[141214]
10	2015 年 1 月 29 日	广州市人民政府办公厅《关于推进互联网金融产业发展的实施意见》（穗府办〔2015〕3 号）[150129]
11	2015 年 6 月 19 日	南宁市人民政府办公厅关于印发《南宁市促进互联网金融产业健康发展若干意见》的通知[南府办〔2015〕44 号][150619]
12	2015 年 11 月 9 日	江苏省人民政府《江苏省政府关于促进互联网金融健康发展的意见》（苏政发〔2015〕142 号）[151109]
13	2016 年 4 月 5 日	上海公布了《进一步做好防范和处置非法集资工作的实施意见》
14	2016 年 5 月 6 日	浙江省工商行政管理局贯彻落实《开展互联网金融广告及以投资理财名义从事金融活动风险专项整治工作实施方案》
15	2016 年 5 月 18 日	上海率先发布《上海网络借贷平台信息披露指引》
16	2016 年 5 月 30 日	北京市人民政府办公厅《北京市互联网金融风险专项整治工作实施方案》（京政办发〔2016〕24 号）[160530]
17	2016 年 10 月 20 日	黑龙江省出台了《黑龙江省互联网金融风险专项整治工作实施方案》

2.2 互联网金融相关法律法规和金融法律法规汇总（按类别）

一、综合

(一) 基本法规

1. 《中华人民共和国民法通则》
2. 《中华人民共和国合同法》(节选)
3. 《中华人民共和国物权法》
4. 《中华人民共和国担保法》
5. 《中华人民共和国票据法》
6. 《中华人民共和国商业银行法》
7. 《中华人民共和国中国人民银行法》
8. 《中华人民共和国银行业监督管理法》
9. 《关于促进互联网金融健康发展的指导意见》
10. 国务院印发《普惠金融发展规划，鼓励网络借贷、股权众筹、网络金融产品销售等互金服务》
11. 《中国互联网金融协会会员自律公约/互联网金融行业健康发展倡议书》
12. 《第三方电子商务交易平台服务规范》
13. 法询金融专栏：《关于互联网金融及其监管模式》

(二) 整治政策合集

1. 总方针

（1）《互联网金融风险专项整治工作实施方案》

（2）关于印发《通过互联网开展资产管理及跨界从事金融业务风险专项整治工作实施方案》的通知

（3）中国人民银行上海分行《关于做好2016年上海市反洗钱工作的通知》

（4）法询金融专栏：详解"一行三会"近期最严整顿、列举10部监管文件

2. 非银行支付机构

（1）关于印发《非银行支付机构风险专项整治工作实施方案》的通知

（2）《非银行支付机构分类评级管理办法》

（3）《非银行支付机构自律管理评价办法（试行）通知》

（4）《非银行支付机构风险评估实施办法》

（5）《非银行支付机构个人支付账户实名比例核查工作要求》

（6）国家外汇管理局经常项目管理司《关于开展第三方支付机构跨境外汇支付业务专项核查的通知》

（7）法询金融专栏：网络支付实名制

3. P2P 网络借贷机构

（1）《P2P 网络借贷风险专项整治工作实施方案》

（2）《P2P 网络借贷风险专项整治工作摸底排查方案》

（3）《杭州市网络借贷机构风险排查工作方案》

（4）《广东省 P2P 网络借贷风险专项整治工作摸底排查方案》

（5）《关于加强北京市网贷行业自律管理的通知》

4. 与互联网企业合作从事金融活动（涉及非法集资）

（1）《关于开展互联网金融广告及以投资理财名义从事金融活动风险专项整治工作实施方案》

（2）《关于请加强对区域性股权市场与互联网平台合作销售企业私募债行为监管的函》

（3）《关于在防范和处置非法集资活动中加强金融投资理财类广告监管有关工作的实施意见》

（4）上海市人民政府《关于印发本市进一步做好防范和处置非法集资工作实施意见的通知》

（5）处置非法集资部际联席会议：防范和处置非法集资法律政策宣传座谈会发言材料

5. 股权众筹

（1）《股权众筹风险专项整治工作实施方案》（[2016]29 号）

（2）关于征求《广东省股权众筹风险专项整治工作实施方案（征求意见稿）》意见的函

（3）法询金融专栏：股权众筹

6. 证券期货经营机构与互联网企业合作

（1）深圳证监局《关于证券期货经营机构与互联网企业合作开展业务自查整改的通知》

（2）湖南证监局《关于证券期货经营机构开展与互联网企业进行业务合作的自查整改工作的通知》

（3）上海证监局《关于做好互联网金融风险专项整治工作的通知》

（4）《关于北京辖区公募基金管理人及基金销售机构开展互联网金融风险专项整治工作的通知》

（5）证券期货经营机构与互联网企业合作开展业务情况摸底排查工作底稿

（6）法询金融专栏：各地证监集合清理互金门户：投顾行为、网上开户、参股 P2P 平台、私募线上发行等皆重点整治

7. 互联网保险

（1）《关于印发互联网保险风险专项整治四个分领域工作方案的通知》

（2）《关于开展上海市互联网保险风险专项整治工作的通知》

二、各主要地区和城市关于互联网金融的相关政策

1. 广东省人民政府办公厅关于印发《广东省促进大数据发展行动计划（2016—2020年）》的通知
2. 深圳市人民政府《关于支持互联网金融创新发展的指导意见》
3. 广州市人民政府关于印发《广州市构建现代金融服务体系三年行动计划（2016—2018年）》的通知
4. 广州市人民政府办公厅《关于推进互联网金融产业发展的实施意见》
5. 汕头市人民政府办公室关于印发《汕头市"互联网+"行动计划（2016—2020年）》的通知
6. 北京市海淀区人民政府《关于促进互联网金融创新发展的意见》
7. 中关村国家自主创新示范区领导小组：关于印发《关于支持中关村互联网金融产业发展的若干措施》的通知
8. 天津开发区《推进互联网金融产业发展行动方案（2014—2016）》
9. 《大连区域性金融中心建设促进条例》
10. 大连市人民政府《关于促进互联网金融健康发展的实施意见》
11. 广西壮族自治区人民政府《关于进一步促进资本市场健康发展的实施意见》
12. 南宁市人民政府办公厅关于印发《南宁市促进互联网金融产业健康发展若干意见》的通知
13. 海南省人民政府《关于大力推进大众创业万众创新的实施意见》
14. 青海省人民政府《关于大力发展电子商务加快培育经济新动力的实施意见》
15. 安徽省人民政府《关于推进普惠金融发展的实施意见》
16. 合肥市人民政府关于印发《合肥市国民经济和社会发展第十三个五年规划纲要》的通知
17. 黑龙江省工商行政管理局关于印发《2016网络市场监管专项行动方案的通知》
18. 陕西省人民政府《关于积极推进"互联网+"行动的实施意见》
19. 辽宁省人民政府《关于进一步做好防范和处置非法集资工作的实施意见》
20. 吉林省人民政府办公厅《关于促进互联网金融规范健康发展的若干意见》
21. 吉林省人民政府办公厅《关于推进普惠金融发展的实施意见》
22. 吉林省人民政府《关于积极推进吉林省"互联网+"行动的实施意见》

23. 济南市人民政府关于印发《济南市"互联网+"行动计划（2016－2018年）的通知》

24. 上海市人民政府印发《关于本市进一步促进资本市场健康发展实施意见的通知》

25. 上海市人民政府印发《关于促进互联网金融产业健康发展若干意见》的通知

26. 上海市黄浦区人民政府印发《黄浦区关于进一步促进互联网金融发展若干意见》的通知

27. 江苏省人民政府《关于促进互联网金融健康发展的意见》

28. 江苏省人民政府关于《加快推进"互联网+"行动的实施意见》

29. 南京市人民政府印发《关于加快互联网金融产业发展的实施办法》的通知

30. 杭州市人民政府《关于推进互联网金融创新发展的指导意见》

31. 《杭州市智慧经济促进条例》

32. 《山东省地方金融条例》

三、专项法律法规

（一）支付机构类

1. 关于印发《中国支付清算协会行业风险信息共享管理办法（暂行）》的通知

2. 关于印发《中国支付清算协会支付清算综合服务平台行业风险信息共享系统业务管理办法（试行）》的通知

3. 中国人民银行《关于改进个人银行账户服务加强账户管理的通知》

4. 《非金融机构支付服务管理办法》

5. 《非金融机构支付服务管理办法实施细则》

6. 《非银行支付机构网络支付业务管理办法》

7. 《非金融机构支付服务业务系统检测认证管理规定》

8. 《非金融机构支付业务监督管理工作的指导意见》

9. 《国家外汇管理局关于开展支付机构跨境外汇支付业务试点的通知》

10. 《支付机构反洗钱和反恐怖融资管理办法》

11. 《关于加强商业银行与第三方支付机构合作业务管理的通知》

12. 《手机支付业务发展的指导意见（征求意见稿）》

13. 中国人民银行办公厅《关于进一步加强金融机构和支付机构反恐怖融资工作的通知》

14. 《支付结算执法检查规定》

15. 《涉及恐怖活动资产冻结管理办法》

16. 《电子支付指引（第一号）》

17. 《支付结算办法》

18. 《决定对从事支付清算业务的非金融机构进行登记的公告》
19. 《支付机构客户备付金存管办法》
20. 《银行卡业务管理办法》
21. 《银行卡收单业务管理办法》
22. 《关于规范商业预付卡管理意见的通知》
23. 《支付机构预付卡业务管理办法》
24. 《关于进一步加强预付卡业务管理的通知》
25. 《关于规范商业预付卡管理的意见》
26. 《关于建立支付机构监管报告制度的通知》
27. 《支付机构互联网支付业务风险防范指引》
28. 中国人民银行支付结算司《关于暂停支付宝公司线下条码（二维码）支付等业务意见的函》
29. 国务院新规：申请颁发第三方支付牌照，将减少两个步骤

（二）P2P 网络借贷

1. 银监会关于《网络借贷信息中介机构业务活动管理暂行办法（征求意见稿）》公开征求意见的通知
2. 法询金融专栏：P2P 网络借贷机构
3. 法询金融专栏：我国 P2P 借贷业务各个环节的细分
4. 《上海个体网络借贷（P2P）平台信息披露指引（试行）》
5. 《中华人民共和国刑法》节选：第一百七十六条、第一百九十二条
6. 《关于审理非法集资刑事案件具体应用法律若干问题的解释》
7. 《最高人民法院关于非法集资刑事案件性质认定问题的通知》
8. 《关于审理民间借贷合同纠纷案件若干意见》
9. 《关于审理民间借贷案件若干问题的指导意见》
10. 最高人民法院《关于依法妥善审理民间借贷纠纷案件促进经济发展维护社会稳定的通知》
11. 最高人民法院《关于审理民间借贷案件适用法律若干问题的规定》
12. 《关于人人贷有关风险提示的通知》
13. 《关于以高利贷形式向社会不特定对象出借资金行为法律性质问题的批复》
14. 《最高人民法院关于非法集资刑事案件性质认定问题的通知》
15. 《关于办理非法集资刑事案件适用法律若干问题的意见》
16. 法询金融专栏：非法吸收或者变相吸收公众存款的风险
17. 关于适用《中华人民共和国合同法》若干问题的解释（一）（节选）

18. 关于适用《中华人民共和国合同法》若干问题的解释（二）（节选）

19. 《中华人民共和国担保法》（节选）

20. 关于适用《中华人民共和国担保法》若干问题的解释

（三）小额贷款类/征信类

1. 《非存款类放贷组织条例（征求意见稿）》

2. 重庆市高级人民法院印发《关于审理涉及小额贷款公司、担保公司、典当行商事案件若干问题的解答》的通知

3. 《关于做好小额贷款公司试点工作有关事项的通知》

4. 《关于小额贷款公司执行＜金融企业财务规则＞的通知》

5. 《关于小额贷款公司试点的指导意见》

6. 《关于小额贷款公司接入人民银行征信系统及相关管理工作的通知》

7. 《征信业管理条例》

8. 中国人民银行（征信管理局）关于征求《征信业务管理办法（草稿）》意见的通知

9. 参考牌照大全——法询金融专栏：关于个人征信

（四）众筹

1. 《中华人民共和国刑法》（节选）

2. 《中华人民共和国合伙企业法》

3. 四部委《关于整治非法证券活动有关问题的通知》

4. 《中华人民共和国公司法》

5. 最高人民法院：关于适用《中华人民共和国公司法》若干问题的规定（一）

6. 最高人民法院：关于适用《中华人民共和国公司法》若干问题的规定（二）

7. 最高人民法院：关于适用《中华人民共和国公司法》若干问题的规定（三）

8. 国务院办公厅《关于严厉打击非法发行股票和非法经营证券业务有关问题的通知》

9. 《中华人民共和国证券法》（节选）

10. 《中华人民共和国证券投资基金法》

11. 《中华人民共和国公益事业捐赠法》

12. 《私募投资基金监督管理暂行办法》

13. 关于《私募投资基金监督管理暂行办法》相关规定的解释

14. 《关于对通过互联网开展股权融资活动的机构进行专项检查的通知》

15. 《场外证券业务备案管理办法》

16. 《私募股权众筹融资管理办法（试行）（征求意见稿）及起草说明》

（五）虚拟货币

1. 《中华人民共和国反洗钱法》（节选）
2. 《关于规范网络游戏经营秩序查禁利用网络游戏赌博的通知》
3. 《关于进一步加强网吧及网络游戏管理工作的通知》
4. 《关于个人通过网络买卖虚拟货币取得收入征收个人所得税问题的批复》
5. 《关于加强网络游戏虚拟货币管理工作的通知》
6. 《"网络游戏虚拟货币发行企业""网络游戏虚拟货币交易企业"申报指南》
7. 《网络游戏管理暂行办法》
8. 《互联网文化管理暂行规定》
9. 《关于防范比特币风险的通知》

（六）互联网保险

1. 《保险公司开业验收指引》
2. 《关于提示互联网保险业务风险的公告》
3. 《关于专业网络保险公司开业验收有关问题的通知》
4. 《加强网络保险监管工作方案》
5. 《关于规范人身保险公司经营互联网保险有关问题的通知（征求意见稿）》
6. 《中华人民共和国保险法》（节选）
7. 《关于加强保险公司筹建期治理机制有关问题的通知》
8. 《互联网保险业务监管暂行办法》
9. 《互联网保险业务信息披露管理细则》
10. 《中国保监会关于规范中短存续期人身保险产品有关事项的通知》
11. 法询金融专栏：互联网保险牌照介绍

（七）网络基金销售

1. 《证券投资基金信息披露管理办法》
2. 《证券投资基金销售业务信息管理平台管理规定》
3. 《证券投资基金销售适用性指导意见》
4. 《网上基金销售信息系统技术指引》
5. 《证券投资基金销售结算资金管理暂行规定》
6. 《证券投资基金管理公司管理办法》
7. 《证券投资基金托管业务管理办法》
8. 《证券投资基金销售机构通过第三方电子商务平台开展业务管理暂行规定》
9. 《证券投资基金销售管理办法》
10. 《开放式证券投资基金销售费用管理规定》

11. 《公开募集证券投资基金风险准备金监督管理暂行办法》
12. 《基金管理公司及其子公司特定客户资产管理业务电子签名合同操作指引(试行)》
13. 《公开募集证券投资基金运作管理办法》
14. 《私募投资基金监督管理暂行办法》
15. 《中华人民共和国证券法》
16. 《私募投资基金募集与转让业务指引（试行）》
17. 《中华人民共和国证券投资基金法》
18. 《资产管理行业"互联网+"行动计划》
19. 《关于设立保险私募基金有关事项的通知》
20. 《私募投资基金募集行为管理办法（试行）（征求意见稿）》
21. 《货币市场基金监督管理办法》

（八）互联网信息服务法规

1. 《互联网信息服务管理办法》
2. 《中华人民共和国电信条例》
3. 《外国机构在中国境内提供金融信息服务管理规定》
4. 《规范互联网信息服务市场秩序若干规定》
5. 《关于加强网络信息保护的决定》
6. 《电信和互联网用户个人信息保护规定》

（九）其他

1. 《非法金融机构和非法金融业务活动取缔办法》
2. 《电子银行业务管理办法》
3. 《电子银行安全评估指引》
4. 《中华人民共和国电子签名法》
5. 《网络交易管理办法》
6. 《电子认证服务管理办法》

参考文献

[1] 柏亮. 中国 P2P 借贷服务行业白皮书 [M]. 北京：中国经济出版社，2014：67–69.

[2] 李耀东，李钧. 互联网金融框架与实践 [M]. 北京：电子工业出版社，2014：47–55.

[3] 黄震，邓建鹏. 互联网金融法律与风险控制 [M]. 北京：机械工业出版社，2013：145–150.

[4] 罗明雄，唐颖，刘勇. 互联网金融 [M]. 北京：中国财政经济出版社，2013：210–212.

[5] 谢平. 互联网金融的基本理论要点 [N]. 21 世纪经济报道，2014：102–105.

[6] 马梅，朱晓明，周金黄，季家友，陈宇. 支付革命：互联网时代的第三方支付 [M]. 北京：中信出版社，2014：33–38.

[7] 叶谦，常胜. 信用理论与实务 [M]. 北京：高等教育出版社，2015：67–71.

[8] 芮晓武，刘烈宏. 中国互联网金融发展报告（2014）[M]. 北京：社会科学文献出版社，2014：43–51.

[9] 李耀东，李钧. 互联网金融框架与实践 [M]. 北京：电子工业出版社，2014：249–256.

[10] 吴晓求. 中国资本市场研究报告（2014）[M]. 北京：北京大学出版社，2014：210–217.

[11] [美] 乔埃塔·科尔基特. 信用风险管理 [M]. 第 3 版. 北京：清华大学出版社，2015：110–113.

[12] 宫晓林. 互联网金融模式及对传统银行业的影响 [J]. 南方金融，2013（5）：120–123.

[13] 黄海龙. 基于以电商平台为核心的互联网金融研究 [J]. 上海金融，2013（8）：45–48.

[14] 梁璋，沈凡. 国有商业银行如何应对互联网金融模式带来的挑战 [J]. 新金融，2013（7）：47–51.

[15] 牛锡明. 互联网时代的金融创新与银行变革 [J]. 新金融，2013（7）：4–9.

[16] 雷曜. 互联网语境下的货币概念 [J]. 中国金融，2013（17）：42–44.

[17] 郑宇帅. 对我国互联网货币的新探索 [J]. 国际商贸，2013（7）：120–121.

[18] 姜立文，胡玥. 比特币对传统货币理念的挑战 [J]. 南方金融，2013（10）：31–35.

[19] 肖本华. 美国众筹融资模式的发展及其对我国的启示 [J]. 南方金融，2013（1）：52–56.

[20] 李雪静. 众筹融资模式的发展探析 [J]. 上海金融学院学报，2013（6）：73–79.

[21] 汪莹，王光岐. 我国众筹融资的运作模式及风险研究 [J]. 浙江金融，2014（4）：62–65.

[22] 李允尧，刘海运. 平台经济理论研究动态 [J]. 经济学动态，2013（7）：123–129.

[23] 张惠. 中小企业平台金融服务模式研究——基于平台经济理论与发展的应用 [J]. 西部金融，2013（7）：37–42.

[24] 袁新峰. 关于当前互联网金融征信发展的思考 [J]. 征信，2014（1）：39–42.

[25] 刘馨蔚. 互联网金融迈入平台经济时代 [J]. 中国对外贸易，2014（3）：56–57.

[26] 贾潇. 互联网金融的优势分析及对现实挑战的解构 [J]. 经济师，2014（8）：175–177.

[27] 马辉. 浅探两岸金融合作的突破点 [J]. 中国商贸, 2014（14）: 124-125.

[28] 姚金杰. 我国互联网金融的发展现状及趋势 [J]. 现代经济信息, 2014（13）: 356.

[29] 王芳. 分析互联网金融现状与发展趋势 [J]. 时代金融, 2014（23）: 185-186.

[30] 陶毅. 浅谈互联网金融的潜在风险 [J]. 时代金融, 2014（35）: 251-253.

[31] 张莉. 我国互联网金融的风险与防范策略 [J]. 辽宁行政学院学报, 2014（12）: 88-91.

[32] 李娜. 新时期互联网金融发展探究 [J]. 现代营销（下旬刊）, 2014（8）: 86-87.

[33] 邱峰. 互联网金融催生新型银行运作模式——直销银行 [J]. 金融会计, 2014（3）: 35-40.

[34] 叶玉萍. 网络外部性视角下的互联网金融内在机理及绩效分析 [J]. 常州工学院学报, 2014（2）: 47-52.

[35] 陈鸿祥. 互联网金融的经济逻辑与演进安排 [J]. 金融发展研究, 2014（11）: 37-43.

[36] 关伟, 蒋逸. 互联网金融的理论解释与中国现实 [J]. 金融理论与实践, 2014（12）: 8-11.

[37] 田光宁. 互联网金融的理论框架与规制约束 [J]. 宏观经济研究, 2014（12）: 43-48.

[38] 王海军, 王念. 普惠金融背景的互联网金融——理论解构与政策分析 [J]. 上海金融学院学报, 2014（4）: 32-44.

[39] 卢小群. 平台金融：平台经济时代银行创新之路 [J]. 中国金融电脑, 2014（10）: 22-25.

[40] 卞旭东. 长尾理论对互联网金融的实践启示 [J]. 现代经济信息, 2014（18）: 321-323.

[41] 乔海曙, 吕慧敏. 中国互联网金融理论研究最新进展 [J]. 金融论坛, 2014（7）: 24-29.

[42] 刘志坚, 张国斌. P2P创新：P2B网络借贷探索 [J]. 对外经贸, 2014（10）: 105-108.

[43] 李广明, 元如林. P2P网络借贷平台发展趋势分析 [J]. 上海金融学院学报, 2014（6）: 61-66.

[44] 芦国荣. 普惠金融与P2P网络借贷——美国经验与中国实践 [J]. 甘肃金融, 2014（9）: 37-40.

[45] 姚莲芳. 我国P2P网络借贷业务模式发展研究 [J]. 武汉金融, 2014（9）: 20-22.

[46] 董喆. 基于互联网金融平台的大数据挖掘研究 [J]. 现代经济信息, 2014（22）: 360-361.

[47] 霍兵, 张延良. 互联网金融发展的驱动因素和策略——基于长尾理论视角 [J]. 宏观经济研究, 2015（2）: 86-107.

[48] 唐霁. 互联网金融对传统金融的影响 [J]. 经营管理者, 2015（1）: 1.

[49] 鲁小兰, 王鹏程. 我国移动支付产业发展中存在的问题及对策 [J]. 武汉金融, 2015（4）: 39-42.

[50] 冯欣. 我国移动支付发展存在的问题及建议 [J]. 河北金融, 2015（11）: 69-72.

[51] 王欣. 我国移动支付发展现状及趋势分析 [J]. 福建金融, 2015（12）: 34-36.

[52] 闵敏, 柳永明. 互联网货币的价值来源与货币职能——以比特币为例 [J]. 学术月刊, 2014（12）: 97-108.

[53] 江海涛, 卜国祥. "虚拟货币"的风险剖析 [J]. 中国金融电脑, 2014（7）: 79-81.

[54] 张琳, 向晓丹. 网络虚拟货币发展及现实风险分析 [J]. 编译研究, 2014（5）: 73-76.

[55] 郑联盛. 中国互联网金融：模式、影响、本质与风险 [J]. 国际经济评论, 2014（5）: 103-119.

[56] 王永利. 互联网货币及清算体系值得高度关注 [J]. 银行家，2014（5）：83-84.

[57] 陈道富，王刚. 比特币的发展现状、风险特征和监管建议 [J]. 发展研究，2014：88-92.

[58] 李志鹏，姚小义. 我国互联网货币基金收益波动风险比较 [J]. 财会月刊，2015（26）：120-124.

[59] 张景智，吕斌，杨晓萍. 互联网货币基金对商业银行经营的影响 [J]. 国际金融，2015（3）：12-17.

[60] 叶文辉. 大数据征信机构的运作模式及监管对策——以阿里巴巴芝麻信用为例 [J]. 互联网金融，2015（7）：61-63.

[61] 邓舒仁. 关于互联网征信发展与监管的思考 [J]. 征信，2015（1）：14-17.

[62] 宋琳. 互联网社交金融的法律规制——由"微信红包"引发的思考 [J]. 南方金融，2015（8）：92-97.

[63] 祁光明. 我国互联网反垄断法存在的问题对策 [J]. 法制博览，2015（9）：79-80.

[64] 张宇润. 浅议互联网金融立法、监管及其基准 [J]. 理论建设，2015（2）：32-35.

[65] 谢尔曼等. 互联网金融的网络安全与信息安全要素分析 [J]. 上海大学学报（社会科学版），2015（4）：27-36.

[66] 王建红等. 中国互联网金融发展的三大难题 [J]. 征信，2015（3）：6-11.

[67] 姚国章. 互联网金融及其风险研究 [J]. 南京邮电大学学报（自然科学版），2015（4）：8-21.

[68] 苗文龙. 互联网支付：金融风险与监管设计 [J]. 当代财经，2015（2）：55-65.

[69] 迟有雷. 阿里小贷效应 [N]. 经济观察报，2013-4-7.

[70] 史紫薇. 大数据嫁接金融，智能洞察是核心竞争力 [N]. 中国计算机报，2013-6-17（29）.

[71] 杨颖. 大数据时代，何处挖金 [N]. 经济时报，2013-1-8（6）.

[72] 肖怀洋. 大数据时代银行应该"接地气"互联网金融乃生态之争 [N]. 证券时报，2013-6-14（B01）.

[73] 戴正宗. 大数据时代企业风险管理更加灵活多变 [N]. 中国会计报，2013-7-12（10）.

[74] 张剑光. 商业银行发展互联网金融的路径选择 [N]. 金融时报，2013-9-23（10）.

[75] 徐炳胜. 迎接"平台经济"新挑战 [N]. 文汇报，2013-10-11（5）.

[76] 傅军. 从"二八定律"到"长尾理论" [N]. 青岛日报，2014-3-28（4）.

[77] 文茜. P2P网络借贷：机制、风险与监管 [N]. 光明日报，2014-8-26（7）.

[78] 李珮. 促进传统金融行业互联网化转型升级 [N]. 金融时报. 2015-11-25（2）.

[79] 马庆圆. 券商业务须互联网化 [N]. 中国证券报，2015-04-14（A05）.

[80] 周文静. 传统银行加速互联网化 [N]. 中国证券报，2015-01-09（A06）.

[81] 李娟. 互联网金融发展研究 [D]. 长安大学学报，2014.

[82] 向思遇. 互联网金融业态现状及发展趋势研究 [D]. 华中师范大学学报，2014.

[83] 白杰. 我国互联网金融的演进及问题研究 [D]. 河北大学学报，2014.

[84] 张小明. 互联网金融的运作模式和发展策略研究 [D] 山西：山西财经大学学报，2015.